Hans-Jürgen Meyer · Blinkzeichen am Rügendamm

Hans-Jürgen Meyer

Blinkzeichen am Rügendamm

Militärverlag
der Deutschen Demokratischen
Republik

ISBN 3-327-00196-0

3. Auflage, 1986

Lizenz-Nr. 5
Printed in the German Democratic Republic
Satz: Karl-Marx-Werk Pößneck V15/30
Druck und buchbinderische Weiterverarbeitung: Sachsendruck Plauen
Lektor: Siegfried Jaeger
Schutzumschlag und Einband: Wolfgang Ritter, Uwe Drechsler
Typografie: Günter Molinski
LSV: 7003
Bestellnummer: 7453250
00670

1

Ich schritt allein über die Treppe, die zum Bahnsteig 1 des Rostocker Hauptbahnhofs führte. Der Zug nach Stralsund stand bereit und sollte in zehn Minuten abfahren. Ich ging an den Wagen vorbei, die nur wenig besetzt waren. Der Heizer schaufelte Kohlen auf, schwarze Rauchwolken stiegen in den klaren blauen Himmel. Eine Bahnhofsatmosphäre, wie ich sie von meinen Urlauben kannte, doch es ging weniger turbulent zu als gewöhnlich, kaum jemand nahm Abschied, man reiste nur noch selten. Wer es irgendwie einrichten konnte, blieb zu Hause. Wir schrieben den 24. April 1945.

«Wir werden erst in einer Viertelstunde abfahren, Herr Oberleutnant, und kaum pünktlich in Stralsund ankommen», meinte der Zugführer. «Sie werden verstehen, Versorgungs- und Wehrmachttransporte haben die Vorfahrt, und die Strecke ist nur eingleisig.» Er grüßte und ging zur Lokomotive, auf deren Tender die Worte «Erst siegen, dann reisen!» standen, die seit einigen Jahren zur Einschränkung aufriefen.

Es war nicht schwer, ein leeres Abteil zu finden. Ich hatte auch das Bedürfnis, allein zu sein. Als dann der Zug anfuhr, trat ich ans Fenster, um von meiner Vaterstadt, in der ich geboren und aufgewachsen war, Abschied zu nehmen. Der Wasserturm tauchte auf, in dessen Nähe die elterliche Wohnung lag. Wir überquerten die Ausfallstraße nach Schwaan, und bald rollten die Wagen über die Warnowbrücke, die sich im dunklen Blau des Wassers spiegelte. Der Fluß lag verlassen. Immer weiter blieb die Stadt zurück. Deutlich zeichneten sich in ihrer Silhouette die Spuren des Krieges ab. Die Bomben hatten im April 1942 Lücken in das Bild der Stadt gerissen, markante Bauwerke und Kirchen sowie ganze Straßenzüge in Schutt und Asche gelegt.

Der Zugführer schien recht zu behalten. Schon auf der ersten Station hielten wir längere Zeit, um Güterzüge vorbeizulassen. Über die Bahnlinie Rostock–Stralsund rollte ein beträchtlicher Teil des Nachschubverkehrs der im Nordabschnitt der Oderfront eingesetzten Truppen. Nur selten tauchten sowjetische und amerikanische Maschinen an der Küste auf. Hier waren die Züge noch nicht so gefährdet wie in West- und Mitteldeutschland sowie im Berliner Raum, den Brennpunkten des Kampfgeschehens, wenn dort überhaupt noch welche verkehrten.

Wir standen im sechsten Kriegsjahr, und schon vor einigen Monaten hatten die Fronten deutschen Boden erreicht. Ich war vom ersten Tag des Krieges an dabei, hatte die ersten Feldzüge mitgemacht, in denen alles glatt ging, hatte erlebt, wie man sich über Sondermeldungen freute, war verwundet worden und wieder ausgeheilt. Die Monate an der Front waren nur von wenigen Tagen Urlaub unterbrochen worden. Als Soldat und später auch als Offizier hatte ich andere sterben sehen, war durch zerstörte Städte und Dörfer gekommen. 1941 hatte ich mit meiner Kompanie vor Moskau gelegen, unter dem Druck der Roten Armee den Rückzug mitgemacht. Aber die Eindrücke dieses Winters, die Gedanken, die mir bei den Briefen an die Angehörigen Gefallener durch den Kopf gegangen waren, verblaßten, als 1942 wieder neue Offensiven zur Wolga und zum Kaukasus einsetzten. Was dann folgte, ließ eigentlich wieder wenig Zeit zum Nachdenken, man sah zu, daß man gut herauskam, und als Kompaniechef hatte ich mich bemüht, meine Leute zu schonen. Bis jetzt war es mir gelungen zu registrieren, was geschehen war. Unklar war mir geblieben, wie es geschehen konnte, daß nach sechs Jahren Krieg die Fronten durch Deutschland verliefen und um die Hauptstadt gekämpft wurde.

Ich stand noch immer am Fenster, ich träumte nicht, aber es war doch ein eigenartiges Gefühl, als Offizier mit einem Befehl in der Tasche durch Orte zu fahren, die seit der Kindheit vertraut sind, die man auf Wanderungen und Ausflügen kennengelernt hat, und als Soldat zu wissen, daß um diese Orte vielleicht bald gekämpft werden kann. Erinnerte ich mich deshalb gerade jetzt an den ersten T-34 vor Moskau, an das Feuer der Stalinorgeln, denen wir nichts entgegenzusetzen hatten? In den Jahren vorher hatte ich kaum Zeit gehabt, an die nächste Woche zu denken. Jetzt hatte ich keine Verantwortung mehr für eine Kompanie, ich hatte Zeit, und nun schienen mich die Ereignisse zu überrollen. Wie sollte es weitergehen? Würde die sowjetische Offensive vor Berlin aufzuhalten sein? Aber was dann? In Sachsen und Thüringen standen amerikanische Truppen. Ich hatte den Rückzug von der Weichsel erlebt, wenige Wochen nur. Vor der Oder war ich von einem Artillerieüberfall erwischt worden. Und im Lazarett wurde viel erzählt, gemunkelt und spekuliert. Es war anders gewesen als bei den anderen Verwundungen. Das Lazarett war stärker belegt, die Verwundeten kamen aus den verschiedensten Waffengattungen, das Personal war nervös und überarbeitet, die Ärzte älter – wie ihre Patienten auch, viele hätten unsere Väter sein können, viele waren schon im ersten Weltkrieg gewesen.

Natürlich drehten sich die Gespräche, wenn man genug über die Verpflegung hergezogen war, um die letzten Wochen, um «den Russen», um diese Offensive mitten im Winter über Hunderte Kilometer. Damals war das Gerücht vom Zusammengehen mit den Amerikanern aufgetaucht. Es stand im Zimmer nach dem Fliegeralarm, es wurde genährt, wenn jemand eingeliefert wurde, der vom Westen nach dem Osten verlegt worden war. Für manche war es ein Strohhalm, an den sie sich klammerten, viele waren aber zu sehr mit sich selbst beschäftigt, sie vermieden es, in den Gesprächen ihre Familien zu erwähnen, weil sie lange nichts von ihnen gehört hatten. Und manche fühlten sich im Lazarett auch geborgen. Es würden Wochen vergehen, bis sie entlassen werden könnten. Wer weiß, was sich bis dahin ereignete.

Ich kannte damals die Lage nicht genau. Ich wußte vom Angriff auf Berlin und von den Kämpfen an anderen Frontabschnitten nur durch die Wehrmachtberichte, die durch vorsichtige und verschwommene Formulierungen manches unklar ließen, größtenteils jedoch nicht der tatsächlichen Situation entsprachen.

Von Verhandlungen mit den Westmächten hatte ich etwas mehr durch einen älteren Stabsarzt in dem Berliner Lazarett, in das ich Anfang April 1945 eingeliefert worden war, erfahren. Kurz vor Frankfurt an der Oder hatte man mich aus dem Dreck gezogen. Ich war zwar nicht verwundet, konnte aber nicht gehen. Der nächste Transportzug nahm mich mit, und so kam ich in die Hände dieses Arztes. Nach gründlicher Untersuchung, in der er nur starke Prellungen mit langsam abklingenden Schockwirkungen feststellte, begann er eine längere Unterhaltung mit mir. Besonders als er erfuhr, daß ich vom ersten Tage des Krieges an dabei war, wurde er vertraulicher. Es war erstaunlich, welchen Überblick dieser Mann besaß. Sehr vorsichtig bemühte er sich, mir die Ursachen dieses Krieges zu erklären. Als ich nicht widersprach, ging er einen Schritt weiter; wenn ich heute darüber nachdenke, Jahrzehnte nach dem Krieg, bleibt mir unklar, weshalb er es tat und woher er den Mut dazu nahm. Denn Mut gehörte damals dazu, einem fremden Menschen, noch dazu einem Offizier, die Rolle des deutschen Faschismus zu erläutern. Ich kann mir nur einiges zusammenreimen, ich weiß ja nicht einmal seinen Namen. Er mußte schon den ersten Weltkrieg bewußt erlebt haben, die Niederlage und die Nachkriegsjahre, das heißt aber, daß viele Verwundete durch seine Hände gegangen waren, viele, denen er nicht mehr hatte helfen können, viele, die aus dem Lazarett wieder an die Front kamen. Mag es die Weisheit des Alters gewesen sein, die ihn nach dem Sinn seines Tuns fragen ließ?

Viele Einzelheiten wußte er zu berichten, und ich mußte ihm auch von mir erzählen. Es war schon sehr spät geworden, als wir uns verabschiedeten. Zuvor hatte er mir eine Überweisung nach Schwerin, dem Sitz meines Ersatzbataillons, in die Hand gedrückt. «Sehen Sie zu, daß Sie möglichst schnell aus Berlin kommen; gehen können Sie schon wieder etwas. Goebbels macht um die Stadt herum alles dicht. Wir werden eine Festung!»

Die Ruhe, die von diesem Mann ausstrahlte, und besonders die Offenherzigkeit, in der er mit mir sprach, hatten damals einen starken Eindruck auf mich gemacht. Aber die volle Wahrheit seiner Worte war mir verborgen geblieben, für seine Gedanken fehlte mir das nötige Verständnis, fehlten politische Einsicht und die Fähigkeit, Zusammenhänge zu erkennen. So war alles nur oberflächlich von mir aufgenommen worden, eine gewisse Neugier über das, was «oben» wirklich geschah und gedacht wurde, hatte seine Befriedigung gefunden. Als Arzt stand er für mich außerhalb des Kriegsgeschehens; vielleicht hatte ich ihm deshalb so ruhig zugehört. Was aber hatte er mit diesem Gespräch beabsichtigt? Wollte er mich vor Unbesonnenheit bewahren und damit mein Leben und das derer, denen ich zu befehlen hatte, erhalten?

Ich kam damals mit dem Nachtzug aus Berlin heraus und war am nächsten Tag bereits in Schwerin. Hier traf ich im Lazarett einige Soldaten und Unteroffiziere wieder, die ich von früher kannte. Sie müssen mit einem Feldwebel, der einmal unter meinem Befehl gestanden hatte und den man vor ein Kriegsgericht stellen wollte, über unsere Begegnung gesprochen haben. Er berief sich jedenfalls auf mich, und ich übernahm seine Verteidigung.

Die Anklageschrift war mehr als dürftig, nicht einmal die Unterschrift und das Siegel konnte man entziffern. Beim allgemeinen Rückzug im Raum Graudenz (Grudziądz) hatte er seine Einheit verloren. Nachts aufgegriffen, kam es nur zu dem vorliegenden Schriftstück. Für eine Verhandlung und ein Urteil ließen die nachdringenden sowjetischen Truppen keine Zeit mehr. In dem Durcheinander konnte mancher untertauchen; aber der Feldwebel meldete sich ordnungsgemäß bei seinem Ersatzbataillon, da er sich keiner Schuld bewußt war; selbst höchste Offiziere waren über die Oder entkommen, hatten nicht bis zur letzten Patrone gekämpft. Doch seine Akte war ebenfalls in Schwerin eingetroffen, und man nahm ihn fest. In all dem Durcheinander klappte eben die Bürokratie.

Ich informierte mich im Ersatzbataillon bei Teilnehmern des Rückzuges. So konnte ich schon am ersten Verhandlungstag die fadenscheinigen Beschuldigungen entkräften. Dem Anklagevertreter jedoch, einem korpulenten Hauptmann mit gewaltiger Stimme, ging es gar nicht um Wahrheitsfindung und um Recht. Er sah nur die Gelegenheit, ein abschreckendes Beispiel statuieren zu können, und als ich meine Ausführungen beendet hatte, geriet er außer sich vor Wut. In seiner Unbeherrschtheit verwickelte er sich in Widersprüche, verstieg sich sogar zu Beschuldigungen und Beleidigungen gegen mich und wollte die Zuhörer, die unruhig geworden waren, aus dem Saal weisen lassen. Ich gebe allerdings zu, daß sich unter ihnen eine Reihe von Bekannten befanden, Offiziere, denen es ähnlich wie dem Feldwebel gegangen war, die ich bewußt in die Verhandlung gelotst hatte.

Ich konnte den Vorsitzenden, den ich vor der nächsten Verhandlung aufgesucht hatte, von der Haltlosigkeit der Anklage überzeugen. Die zweite Sitzung, der es ebenfalls nicht an Turbulenz mangelte, endete mit dem Freispruch des Angeklagten, des Feldwebels Scheurer, der mir nach dem Krieg noch schrieb. Bei allem haben wir beide Glück gehabt. Er hätte schon vor Monaten, als man ihn aufgriff, vor ein Standgericht gestellt werden können, dort hätte es keinen Verteidiger, vielleicht nicht einmal eine Verhandlung gegeben, und bei einem anderen Vorsitzenden, bei anderem Publikum hätte die Verhandlung selbst für mich übel ausgehen können.

Immer noch hielt der Zug in Bentwisch, der ersten Station hinter Rostock. Ich wollte schon aussteigen und mich nach der Weiterfahrt erkundigen, aber draußen standen bereits einige Männer und Frauen, und ich verspürte keine Lust, mich in ein Gespräch einzulassen.

Von der Stadt sah man nur noch die höchsten Dachfirste, zwischen denen der Stumpf des zerstörten Turmes der Petrikirche herausragte. Früh am Morgen hatte ich meine Fahrt von Schwerin nach Stralsund angetreten und sie in Rostock nur unterbrochen, um meine Eltern aufzusuchen.

Mein Vater war nicht zu Hause gewesen. Mit vielen anderen hatte man ihn an den Rand der Stadt zum Stellungsbau geschickt. Ich fand ihn hinter der Gartenstadt auf dem Übungsplatz, eine Schaufel in der Hand. Freude strahlte aus seinem Gesicht, als wir uns begrüßten.

Ich berichtete ihm von meinen Erlebnissen in Schwerin und von meiner Kommandierung nach Stralsund, die mir nur wenig Zeit für ein Wiedersehen ließ. Er hörte geduldig zu. Solange ich sprach, veränderte er seine Haltung nicht, blieb immer auf die Schaufel gestützt. Zum Schluß rutschte es mir heraus, es sollte ein Scherz sein: «Und du bist unter die ‹Schaufler› gegangen?»

Während ich erzählt hatte, war er immer ernster geworden, doch jetzt verschwand der letzte Anflug von Wiedersehensfreude aus seinem Gesicht. Er nahm meinen Arm und drehte mich herum; vor uns lag ein breiter Graben. Am Rand und auf der Sohle arbeiteten Männer und Frauen.

«Hier siehst du, was ich mache. Du bist Soldat, bist Offizier, du weißt doch, was das soll?!»

Verdutzt über die Wirkung meiner Frage, die ich gedankenlos hingeworfen hatte, wußte ich nichts zu sagen. Er aber sprach schon weiter; noch war er ruhig, obwohl ich ihm die innere Erregung anmerkte.

«Und was wird, wenn die Schießerei losgeht? Du, ich habe in den letzten Wochen viel nachgedacht; schade, daß wir nicht länger miteinander sprechen können, aber ich habe Vertrauen zu dir.»

Ich wollte etwas erwidern, aber er ließ mich nicht zu Worte kommen.

«Du weißt genau, daß das nicht jeder haben kann, es sind genügend verpfiffen worden. Aber eines will ich dir sagen, ich nehme keine Flinte mehr in die Hand, und glaube mir, ich bin nicht der einzige, der so denkt.»

Seine Erregung war gewachsen; so hatte ich ihn noch nicht erlebt. Was sollte ich ihm sagen? Er erwartete keine Antwort; ich spürte, daß er sich einiges vom Herzen reden wollte. Schon hatte er sich wieder herumgedreht. Ich folgte ihm unwillkürlich, und wir beide sahen auf die Stadt vor uns.

«Muß ich dir erklären, was los sein wird, wenn auf diese Häuser noch einmal Bomben und Granaten fallen? Kein Stein bleibt auf dem anderen. Vergiß nicht die vielen Menschen, die in diesen Mauern leben! Neben den Rostockern die vielen Geflüchteten. Der Krieg ist zu Ende. Wir werden neu anfangen müssen, es darf nicht noch mehr zum Teufel gehen, wir ...»

Eine Tür knallte. Mein Vater stockte mitten im Satz, und wir sahen uns unwillkürlich um. Aus einem etwas entfernt stehenden Schuppen war ein braun Uniformierter getreten und kam langsam auf uns zu.

«Da kommt dein alter Lateinlehrer; er kommandiert hier herum.»

Mein Vater ließ die Schaufel fallen und ergriff mit beiden Händen meine Rechte. Ihm schien jetzt leichter ums Herz zu sein.

«Nichts für ungut, mein Junge, aber es mußte heraus. Laß dir's durch den Kopf gehen; denk nach, bevor du Befehle gibst. Auf Wiedersehen! Und komm gesund zurück.»

Schnell wandte er sich ab. Zu einer richtigen Unterhaltung waren wir gar nicht gekommen; ich konnte nur noch seinen Gruß erwidern. Vielleicht war der kurze Abschied gut so. Auf jeden Fall war es gut, daß mein Vater nicht Zeuge des Gesprächs mit meinem ehemaligen Lehrer wurde.

«Heil Hitler! Wollen Sie jetzt bei uns mitmachen? Es zieht einen doch immer wieder dorthin zurück, wo man gelebt und die Schulbank gedrückt hat.»

Etwas plump vertraulich war er schon als Lehrer zu uns Schülern gewesen, 1933 trat er der NSDAP bei und kam häufig in Uniform zum Unterricht. Nach dem Gespräch mit meinem Vater spürte ich wenig Neigung, mich noch aufhalten zu lassen. Ich nannte ihm mein Reiseziel und versuchte wegzukommen. Er aber äußerte sich noch recht zuversichtlich zu den Kämpfen um Berlin; er glaubte, daß die Hauptstadt nicht von den sowjetischen Truppen bezwungen werden würde.

«Sie haben bestimmt auch gehört, daß der Führer selbst den Oberbefehl über die Truppen in der Hauptstadt übernommen hat.»

«Das weiß ich. Aber Sie entschuldigen mich, der Zug wartet nicht», beendete ich das Gespräch endgültig. Es war wohl deutlich genug.

Wir verabschiedeten uns, und ich verschwand schnell. Einen letzten Gruß winkte ich zu meinem Vater hinüber, dann war ich auf der Straße.

Die letzten Minuten, die mir verblieben waren, sollten meiner Mutter gehören. Sie nickte zustimmend, als ich ihr vom Gespräch am Stadtrand erzählte. Auch sie hatte während der letzten Wochen die starken Veränderungen an meinem Vater wahrgenommen.

Ich kann mich nicht erinnern, daß in meinem Elternhause auch nur einmal über Politik gesprochen worden war. In meiner Kindheit gab es mehr Sorgen als Freuden, und das bestimmte unser Leben. Aber die Frage nach den Gründen hatte keiner gestellt. Auch als die Nazis die Regierung übernahmen und damit in unserer Familie bald die Zeit der Arbeitslosigkeit vorbei war, änderte das nichts an der politischen Ruhe bei uns. Doch am Panzergraben war das ganz anders gewesen. Vieles mußte sich in der Vergangenheit in meinem Vater aufgespeichert haben, das jetzt herausdrängte und in diesen entscheidenden Stunden aktiv werden wollte.

Inzwischen rollten die Räder wieder über die Schienen. Ich hatte keine rechte Ruhe, mich zu setzen. Vom Fenster aus sah ich auf das dunkle Band der Chaussee, das den Zug bis vor Ribnitz begleitete. Aber meine Gedanken schweiften ab. Ich war als Adjutant zum Stab des Kampfkommandanten nach Stralsund versetzt und fuhr gewissermaßen ins Unbekannte. Adjutant war ich vorher auch schon gewesen, aber damals hatte es noch keine Kampfkommandanten in deutschen Städten gegeben. Ich wußte nicht, was mich erwartete.

Oberst Bierbaum, mein letzter Regimentskommandeur, hatte einmal bei einer Dienstbesprechung nachdrücklich betont: «Sie haben die Befehle gehört, und über ihren Inhalt gibt es keine Debatte; unsere vornehmste Pflicht ist es zu gehorchen!» Davon hatte auch ich mich bisher im Grunde genommen leiten lassen. Gewiß, ich hatte manchmal räsoniert und nicht jeden Befehl wörtlich befolgt, wenn ich krasse Maßnahmen oder Entscheidungen nicht einsah, doch das hatte im Prinzip nichts an der mir anerzogenen Haltung zu verändern vermocht, auch nicht die Niederlagen und Rückzüge an den Fronten.

Ich erinnere mich, daß ich damals unruhig im Abteil auf und ab ging, und weiß, daß die Erlebnisse der letzten Tage und Wochen und besonders das Gespräch mit meinem Vater den eingefahrenen Rhythmus Befehlen – Gehorchen empfindlich gestört hatten. Unter «Verantwortung» hatte ich bisher nur die Durchführung von Befehlen, für die ich eben «verantwortlich» war, verstanden, und ich glaube, daß dieser Begriff in jenen Tagen eine neue Qualität anzunehmen begann, mehr zur «Mitverantwortung» wurde, der sich letzten Endes niemand entziehen konnte, auch wenn ein Befehl dahinterstand. Aber erst die Geschehnisse in Stralsund und auf Rügen sollten diesen Entwicklungsprozeß beschleunigen, denn noch bestimmte die bisherige Gewöhnung mein Verhalten.

Die rauhe Wirklichkeit des Krieges riß mich aus den ungewohnten Gedanken. Ein starker Ruck schleuderte mich an die Abteilwand. Bremsen quietschten, und der Zug stand ... Schrill ertönte die Dampfpfeife, und alle Reisenden stürzten ins Freie. Auch ich sprang hinaus und warf mich mit den anderen an die Böschung. Drei Flugzeuge rasten über den Zug hinweg, aber der Beschuß blieb aus. Alle kletterten durch die Wagen auf die andere Seite. An der Küste würden die Maschinen sicher wenden und bald wieder zurück sein. Dann kamen sie, lärmten über uns hinweg und waren schnell im Blau des Himmels verschwunden. Ich glaubte, etwas Rotes an den Tragflächen erkannt zu haben. Dem Typ nach mußten es Russen gewesen sein. Warum mochten sie nicht geschossen haben? Nicht einmal die Lokomotive war angegriffen worden.

Aufatmend klopften wir unsere Sachen ab und stiegen wieder in die Wagen. Die Fahrt ging weiter. Die Sonnenstrahlen fielen schon schräg in die Abteilfenster, es war Nachmittag geworden. Vor Stralsund gab es noch einmal einen längeren Aufenthalt, dann lief der Zug in den Bahnhof ein.

Es war inzwischen Abend geworden, und es lohnte sich einfach nicht mehr, noch zur Kommandantur zu gehen. Ich hielt es für vernünftiger, mich erst richtig auszuschlafen, um am nächsten Morgen frisch zu sein.

2

Der 25. April versprach ein schöner Tag zu werden. Die Sonne blinzelte durch die Bäume, die den Knieperteich umsäumten, und die Strahlen malten auf dem Wasser goldene Figuren, die auf der Oberfläche umhertanzten. Nach ein paar Schritten hatte ich das Stadttheater erreicht, in dem sich die Kommandantur befand. Der Haupteingang war geschlossen. So betrat ich das Haus durch eine Seitentür. Eine kleine Treppe führte auf einen Flur. Eine besonders große Tür zog mich an. Ich öffnete sie, und ein größerer Raum tat sich vor mir auf. Langsam nur gewöhnten sich die Augen an das Dunkel, ich erkannte die Bühne. Wenig erinnerte an deren eigentliche Funktion, Unordnung und Durcheinander bestimmten das Bild, und statt der Kulissen entdeckte ich Lagerstätten, auf denen Flüchtlinge ihren ersten Unterschlupf gefunden hatten. Ich schloß nachdenklich die Tür. Was hatte ich denn aber erwartet? Die Theater waren geschlossen worden, als der «totale Krieg» verkündet worden war. Und jetzt barg dieses Theater Opfer dieses Krieges – Flüchtlinge –, und der Stab des Stadtkommandanten, Vollstreckungs- und Durchführungsorgan dieses Krieges, hatten sich unter demselben Dach eingerichtet.

«Der Kommandant ist nicht im Haus, Herr Oberleutnant, dritte Tür rechts, dort ist das Zimmer des Eins a.» Der Unteroffizier, den ich gefragt hatte, grüßte und ging zum Ausgang.

Ein junger Hauptmann empfing mich. Er nahm meine Papiere entgegen. Vor ihm stand ein kleiner Schreibtisch, der diesen Raum ziemlich ausfüllte; der Schreibtischstuhl stieß schon direkt an die Wand. Zur Tür hin führten einige Stufen in einen etwas höher gelegenen Nebenraum, der jetzt wohl als Schlafraum benutzt wurde. Auf dem Tisch lag eine Karte.

«Gut, daß Sie kommen, Herr Meyer», der Hauptmann blickte von meinen Papieren auf. «Soeben hat sich der ehemalige Adjutant, ein Oberstleutnant, bei mir verabschiedet. Er ist auf Wunsch des Generals abberufen worden und geht gerade dorthin, woher Sie gekommen sind, nach Schwerin. Er hatte kaum Fronterfahrung, nicht das Richtige für einen Festungsstab. Wie ich sehe, sieht es bei Ihnen etwas anders aus. Zwar kein Oberstleutnant, aber dafür ein Oberleutnant, der schon einiges mitgemacht hat. Nach dem Jahrgang zu urteilen, sind Sie von Anfang an dabei?»

Obwohl wir uns erst vor wenigen Minuten begrüßt hatten, äußerte er sich schon über meinen Vorgänger, als sei ich sein Vertrauter.

Ich berichtete kurz von meinen Einsätzen in Polen, Frankreich und in der Sowjetunion, und da er mich nicht unterbrach, wurde meine Vorstellung etwas ausführlicher.

«Mein Infanterieregiment vierhundertachtundfünfzig hatte schon Tureika, vor Moskau, nördlich von Naro-Fominsk, erreicht. Von dort sollte ich mit meiner Kompanie zur Stadt vorstoßen.»

Er war damals nicht dabeigewesen und wollte wohl auch nicht daran erinnert werden. Vielleicht störte es ihn auch, daß seine Uniform «kahl» geblieben war.

«Ja, ich weiß, wir schafften's nicht. Doch Sie haben es ja selbst erlebt, der Winter war härter, als man angenommen hatte, dazu der Dreck vorher.»

«Und wohl auch der Gegner», warf ich ein. «Er verteidigte sich hartnäckig. Seine Gegenstöße machten uns sehr zu schaffen.»

Ich erinnerte mich noch sehr gut an die Wochen vom Oktober 1941 bis Februar 1942. Wir hatten motorisierte Einheiten abgelöst, die nach Norden verlegt wurden, um Moskau zu umgehen, und unsere 258. Division sollte möglichst viele sowjetische Verbände durch ihre aktive Verteidigung binden. Anfang Dezember begann dann der zweite Angriff auf Moskau. Während Panzer und motorisierte Infanterie auf der Straße in Richtung Kubinka vorstießen, überschritt ich mit meiner Kompanie als Spitze des Regiments bei Tureika das Eis der Nara. Mit zwei Artilleriebeobachtern und mehreren älteren Sturmgeschützen gelang es uns, einige Verteidigungsstellungen zu durchbrechen. Aber der zweite Tag zeigte, daß unsere Führung nicht nur die Verteidigungskraft des Gegners unterschätzt, sondern ihre Soldaten auf einen Winterfeldzug weder vorbereitet noch entsprechend ausgerüstet hatte. Auch ein neuer sowjetischer Panzertyp, der T-34, war aufgetaucht, dem unsere Infanteriegeschütze nicht gewachsen waren.

Nur mit Mühe konnte ich meine Kompanie aus der Umklammerung, in die wir geraten waren, lösen. In die Ausgangsstellung zurückgeworfen, richteten wir uns endgültig zur Verteidigung ein. Meine Karte von Moskau, in die mein Angriffsziel am Rande der Stadt eingezeichnet war, konnte ich fortwerfen. Anfang Januar mußten wir weitere 100 Kilometer zurückgehen, harte Tage erster Rückzugsgefechte, die wir erlebten. Bei einem Gegenstoß wurde ich dann Mitte Februar 1942 durch Splitter einer Panzergranate zum ersten Mal schwer verwundet.

Ich war wohl doch vom Berichten ins Erzählen gekommen. Unwillig unterbrach mich der Ia. «Das liegt Jahre zurück, wertlos für die Gegenwart.»

Sein Gesicht hatte den freundlichen Zug der ersten Minuten verloren, und auch an seiner Sprache merkte ich, daß er dienstlich wurde. Er hob die Karte, an der er gearbeitet hatte, und kramte in einigen Papieren herum. Dann ging er zu einem kleinen Panzerschrank, aus dem er eine Akte hervorholte. Während er sie durchblätterte, nannte er mir das Generalkommando in Güstrow als vorgesetzte Dienststelle. Leider sei die Nachrichtenverbindung dorthin sehr schlecht und ständig überlastet, so daß exakte Berichte nur spärlich eingingen. Doch es existierten Befehle, in denen die wichtigsten Aufgaben festgelegt waren. Damit gab er mir ein Blatt in die Hand.

«Ich glaube, es ist gut, wenn Sie sich das hier erst einmal durchlesen!»

Ich spürte den Nachdruck, der in diesen Worten lag, und beugte mich über den Bogen. Nun fand ich also bestätigt, was ich schon gehört hatte ...

«Städte liegen an wichtigen Verkehrsknotenpunkten. Sie müssen daher bis zum Äußersten verteidigt und gehalten werden, ohne jede Rücksicht auf Versprechungen oder Drohungen, die durch Parlamentäre oder feindliche Rundfunksendungen überbracht werden. Für die Befolgung dieses Befehls sind die in jeder Stadt ernannten Kampfkommandanten persönlich verantwortlich.

Handeln sie dieser soldatischen Pflicht und Aufgabe zuwider, so werden sie sowie alle zivilen Amtspersonen, die den Kampfkommandanten von seiner Pflicht abspenstig zu machen versuchen oder gar ihn bei der Erfüllung seiner Aufgabe behindern, zum Tode verurteilt.

Ausnahmen von der Verteidigung von Städten bestimmt ausschließlich das Oberkommando der Wehrmacht.

Der Chef des Oberkommandos der Wehrmacht gez. Keitel
Der Reichsführer SS gez. Himmler
Der Leiter der Parteikanzlei gez. Bormann»

Ich sah es meinem Gegenüber an, daß er meine Meinung hören wollte. Konnte ich ihm schon antworten? So rettete ich mich erst einmal in Ausflüchte.

«Das ist eindeutig, Herr Hauptmann.» Ich gab ihm den Bogen zurück.

«Das will ich meinen, und damit steht unsere Aufgabe fest. Alles muß in die Ausführung dieses Befehls gestellt werden.»

Er mußte mich, während ich las, beobachtet haben. Als er den Befehl beiseite legte, schien ein leichter Triumph um seinen Mund zu spielen. Jetzt gab er sich wieder etwas freundlicher.

«Mit Personalfragen – wie früher – werden Sie hier als Adjutant kaum zu tun haben. Der Stab ist nicht voll besetzt. Da sind der Kommandant, Herr Generalmajor Hauschulz, und ich als sein Eins a, übrigens – mein Name ist Gastgeber. Ein Major der Nachrichtentruppen gehört noch zu uns, den Sie allerdings selten sehen werden. Hauptmann Winkler ist Artillerist, verfügt aber leider über keine Waffen, vielleicht erhält er noch welche.»

Er versuchte ein Lächeln, doch es wollte nicht recht gelingen.

«Zu den Besprechungen kommen die Verbindungsoffiziere aus den einzelnen Einheiten, ebenfalls die Kommandeure. Sie werden schon alle kennenlernen. Ich werde dem General vorschlagen, daß Sie ihn ständig begleiten und Ihrer Erfahrung gemäß den weiteren Ausbau unserer Verteidigungsanlagen überwachen. Einen Moment bitte.» Er verließ das Zimmer, kehrte aber sofort wieder zurück.

«Der General ist eben eingetroffen. Ich werde Sie ihm melden. Warten Sie hier!»

Ich setzte mich auf den Stuhl neben dem Schreibtisch. Meine Eindrücke über den ersten Winter in der Sowjetunion hatte er schroff unterbrochen. Was hatte ihm daran nicht gefallen? War es die Wahrheit, die er nicht hören wollte? Vielleicht war ich auch nur der Neue, dem man mit Vorsicht begegnen sollte. Und warum mußte er mir gleich den Befehl unter die Nase halten? Mein erster Eindruck war nicht der beste, er gehörte wohl zu denen, die sich rücksichtslos über alles hinwegsetzten. Ich nahm mir vor, ihm gegenüber auf der Hut zu sein. Schritte kamen über den Flur, der I a öffnete die Tür.

«Generalmajor Hauschulz erwartet Sie. Er fährt anschließend durch die Stadt. Wenn er Sie mitnimmt, können Sie sich einen ersten Einblick verschaffen. Gehen Sie schon!»

Ich hatte noch meine Uniform in Ordnung gebracht. Als ich schon auf dem Flur war, holte er mich noch einmal zurück.

«Der General ist herzkrank, beachten Sie das!»

Dann führte er mich vor das Zimmer. Ich klopfte und stand vor meinem neuen Vorgesetzten. Während meiner Meldung musterte er mich. Dann trat er auf mich zu und reichte mir die Hand. Er tat sehr freundlich, beinahe etwas väterlich, so wie sich ältere Offiziere den jüngeren gegenüber oft verhielten. Auch wollte er etwas über meine Erfahrungen wissen. Bald aber wurde unser Gespräch unterbrochen. Ein Maat meldete, daß der Wagen bereitstehe. Es waren jedoch noch einige Unterschriften zu leisten, und der General forderte mich auf, mich noch einen Augenblick zu setzen. Ich konnte mich etwas im Raum umsehen.

Das Zimmer war bedeutend geräumiger als das des Hauptmanns. Eine Karte von Mitteleuropa hing an der Wand, und natürlich fehlte das Hitlerbild nicht. Vor dem Schreibtisch stand ein längerer Tisch mit Stühlen. Zwei runde Klubtische mit Sesseln vervollständigten die Einrichtung. Das war also das Dienstzimmer des Kommandanten, eigentlich ein wenig spärlich eingerichtet. Er selbst hatte sich hinter seinen Schreibtisch gesetzt und überflog einige Schriftstücke, die in einer Mappe lagen. Das Gesicht war fein geschnitten und hatte eine recht frische Farbe, aber die Hände waren unruhig. Als er das letzte Blatt gelesen und unterschrieben hatte, stand er auf und griff nach seiner Mütze. «Sie kommen gleich mit und sehen sich alles an.»

Wir traten auf den Flur.

Ein großer schwarzer Wagen erwartete uns. So vornehm bist du ja noch nie gefahren worden, dachte ich gerade, als der Maat die Tür öffnete. Dann nahmen wir beide im Fond Platz. Der General schob die Scheiben zum Fahrer hin zu, so daß niemand unser Gespräch hören konnte.

Schon nach den ersten Metern bogen wir nach Norden ab. Rechts vom Schillschen Denkmal entdeckte ich einen breiten, tiefen Graben, der sich zum Sund hinunterzog. Ein Straßenbahnwagen, mit Steinen beschwert, die aus dem Pflaster gerissen worden waren, stand auf Schienen quer zur Straße, gerade dort, wo der Kniepérteich der Sarnowstraße am nächsten kam.

«Prägen Sie sich alles gut ein», begann der General, «seit Ende Januar wird daran gearbeitet, Stralsund zu einer Festung auszubauen. Von der anfangs vorgesehenen durchgängigen Verteidigungsfront rund um die Stadt mußten wir allerdings absehen. Am zwanzigsten April wurden über tausend Mann abgezogen. Ausgehend von der Lage der Stadt, dem personellen Bestand und der Ausrüstung, soll der Außenring der Verteidigung stützpunktartig ausgebaut werden und der Stadtkern die eigentliche Festung bilden. Damit meine ich das dreieckige Gelände, das vom Strelasund und von den Binnengewässern begrenzt wird. Das nötige Material, besonders zum Ausbau des inneren Ringes, wird laufend herangeführt und vor allem für die Panzersperren verwandt.»

Der General sprach langsam und ruhig. Jetzt unterbrach er seine Erläuterungen, denn wir hatten die Straßengabelung Prohner Straße–Kleine Parower Straße erreicht. Hier an der alten Schmiede wurde eine Sperre gebaut. In einiger Entfernung erkannte ich einen Panzergraben. Von der Schwedenschanze kommend, zog er sich hinter dem St.-Jürgen-Friedhof entlang und endete an der Brücke Wallensteinstraße. Nahezu zehn Kilometer sollte sich der Graben um Stralsund erstrecken, aber nur einzelne Teile des Hindernisses seien bis jetzt ausgehoben worden, erläuterte mir der General. Dann erschien vor uns offenes Gelände. Wir hielten und stiegen aus.

Einige Gräben, in gebrochener Linie angelegt, machte ich aus. Ich konnte meine Überraschung allerdings nur schlecht verbergen; den Ausbau einer Stadt zu einer Festung hatte ich mir anders vorgestellt.

«Das sind doch bestimmt noch die alten Stellungen, Herr General», platzte ich heraus. «Und die Stützpunkte, von denen Sie sprachen?»

Er warf einen Blick auf das Gelände und schaute dann längere Zeit prüfend auf den Stadtrand. Doch dort waren keine militärischen Anlagen zu erkennen. Auch eine Gruppe Soldaten, die in den Gräben an Maschinengewehren übte, wußte nichts von weiteren Stellungen. Hauschulz wandte sich zum Wagen.

«Ich werde ein Stück vorfahren; Sie sehen sich inzwischen alles gründlich an!»

Ein kleiner Hügel etwas abseits der Straße gestattete mir eine bessere Übersicht. Die ausgebauten Stellungen lagen wie auf dem Präsentierteller mitten im freien Felde. Sie waren bei einem Angriff schnell ausgemacht und eingedeckt. Laufgräben existierten nicht. In diesem Gelände konnten nur Vorposten mit gedeckten Rückzugsmöglichkeiten eingesetzt werden. Ein Stützpunktsystem am Stadtrand, artilleriefest ausgebaut und geschickt getarnt, könnte das flache Gebiet nach Norden und Nordwesten gut überstreichen.

Aus meiner Kartentasche nahm ich einen Block, setzte mich auf einen größeren Stein und skizzierte. Die Aufgabe des Generals hatte mich gefangen, und meine Gedanken bewegten sich nur um ihre Lösung. Ich war gerade dabei, die ersten Stützpunkte festzulegen, als der Wagen wieder angerollt kam. Der General wollte weiterfahren, und so blieb mir nichts weiter übrig, als einzusteigen. Ich berichtete knapp über meinen Eindruck.

«Die Stellungen haben keinen Sinn», entgegnete Hauschulz. «Ich habe sie mir von der Gegenseite angesehen. Die starke Konzentration der Arbeiten auf den inneren Ring muß jetzt aufgehoben werden. Sie fahren noch einmal hierher und machen dann entsprechende Vorschläge. Morgen werden Sie mir Ihre Gedanken vortragen, damit die Befehle herausgehen können.»

«Zu Befehl, Herr General.»

Der Wagen fuhr in die Stadt zurück. Natürlich hatte ich noch viele Fragen, auch einen genaueren Termin für meinen Auftrag wollte ich haben, aber da der General schwieg, sprach ich ihn nicht an. Kurz vor dem Kniepertor bogen wir links ein und erreichten bald durch die Wasserstraße den Frankendamm. Vor der ehemaligen Kommandantur hielten wir und standen nach ein paar Schritten vor einer Panzersperre, die denen glich, die man überall im Frühjahr errichtet hatte. Dicke Baumstämme waren zu Kästen zusammengefügt und die Lücken mit Sand und Steinen ausgefüllt worden. Wir gingen den Slalomkurs durch die Sperre hindurch und betrachteten schweigend dieses Gebilde. General Hauschulz fragte mich nach meiner Meinung. Ich sagte ihm ehrlich, daß solch eine Sperre für moderne Panzer kein ernst zu nehmendes Hindernis sei.

«Herr General, zweihundert Meter vor uns biegt die Straße nach rechts ab, und eine Nebenstraße mündet ein. Ohne Selbstbehinderung können sich mindestens drei Panzer gegenseitig Feuerschutz geben. Die an den Bürgersteigen stehenden Bäume sind eher eine Deckung als ein Hindernis.»

«Sie meinen also», unterbrach er mich, «daß wir hier unbedingt Schußfeld schaffen müssen. Das hieße, alle Bäume weg und einen großen Teil der Häuser. Die Kasernen hier könnten zum Schutz der linken Flanke benutzt werden. So hat man es in Breslau auch gemacht und wird dadurch die Stadt bestimmt längere Zeit halten können.»

Mein Blick war seinen Worten gefolgt und bei den Häusern haftengeblieben. Ich sah die vielen Fenster und in Gedanken die, die hinter ihnen wohnten; ich erschrak. Solche Stellen gab es bestimmt mehrere in der Stadt, und das hieße, den größten Teil der Häuser des Außenrings zu opfern. Aber die Einwohner? Sie konnten dann unmöglich in der Stadt bleiben. Doch wohin sollten sie gebracht werden?

«Haben Sie noch weitere Überlegungen?»

Der General sah mich forschend an. Er hatte still neben mir gestanden und mich bestimmt beobachtet. Konnte ich ihm sagen, was mich eben bewegt hatte?

«Ich bin noch nicht lange genug hier, um mir ein endgültiges Urteil erlauben zu können, Herr General, aber ich meine, bis hierher darf der Gegner gar nicht erst kommen. Die Hauptkampflinie muß weit außerhalb der Stadt liegen.»

Er nickte zwar zu meinen Worten, winkte dann aber ab und sagte: «Das sind Fragen, die unsere Verteidigung als Ganzes betreffen. Sie werden sich dafür beim Eins a den nötigen Einblick verschaffen, damit Sie das Notwendige mit unseren Möglichkeiten verbinden können. Heute um vierzehn Uhr ist Lagebesprechung, anschließend können Sie sich informieren. Morgen früh werde ich mit dem amtierenden Oberbürgermeister, Doktor Fichtner, zusammentreffen, er nennt sich Staatskommissar und ist SS-Sturmbannführer. Sie können mitkommen; es geht um die stärkere Einbeziehung des Zivilsektors in die Verteidigung der Stadt. Ich möchte jetzt zurückfahren.»

Wir gingen zum Wagen. Der Fahrer erwartete uns und bemühte sich sehr um seinen Vorgesetzten. Ich erinnerte mich an die Worte des I a. Der General sah abgespannt aus, seine Augen hatten die Lebhaftigkeit verloren, die sie noch am Morgen hatten. Sein Blick war auf die Häuser am Straßenrand gerichtet, aber er schien sie gar nicht wahrzunehmen. Erst als der Wagen hielt, faßte er sich wieder.

«Da wären wir ja! Also dann bis zur Besprechung. Ich gehe noch einmal zu Hauptmann Gastgeber, vielleicht hat er etwas Neues.»

Während er im Gebäude verschwand, wandte ich mich an den Fahrer.

«Wie ich hörte, fahren Sie den General schon einige Zeit. Er ist wohl immer sehr schweigsam, oder war das heute nur so?»

«Nein, Herr Oberleutnant, der Herr General fühlt sich an manchen Tagen nicht sehr wohl. Er hat mit dem Herzen zu tun. Ich mußte schon ab und zu mal anhalten. Auch heute scheint er nicht recht auf dem Posten zu sein.»

«Danke, das wollte ich nur wissen. – Wie kann man Sie erreichen? Ich werde öfter mal fahren müssen.»

«Über die Fahrbereitschaft, Herr Oberleutnant, aber ich muß für den General auf Abruf bereitstehen.»

«Den Generalswagen will ich ja nicht», erwiderte ich ihm. «Sagen Sie Bescheid, man soll mir ein Motorrad bereitstellen. Es ist fürs Gelände besser geeignet.»

Ich erwiderte seinen Gruß. Noch eine gute Stunde war Zeit bis zum Essen. Ich ging zum Strelasund, der Rügen von Stralsund trennt, und kam wieder an dem Straßenbahnwagen vorbei. Bis zum Strand zog sich ein Panzergraben hin. Eine frische Brise wehte von der Ostsee her. Drüben lag die Insel Rügen, deren Küste schon hier und dort einen grünen Schimmer zeigte. Während nach Norden hin der Landstreifen allmählich im Wasser zu verschwinden schien, hob sich südlich die Rügendammbrücke deutlich vom Hintergrund ab. Eine starke Eisenkonstruktion verband die Insel über mehrere Pfeiler mit dem Dänholm, einer kleinen Insel im Sund. Die letzte Lücke zum Festland schloß die Ziegelgrabenbrücke. Sie war als Klappbrücke gebaut, um auch größeren Schiffen die Durchfahrt zu ermöglichen.

Meine Gedanken kamen immer wieder auf das Gespräch mit dem General zurück. So also dachte er, aus Stralsund eine Festung zu machen.

Ich kannte die Stadt bereits. Nach meiner Verwundung im Februar 1942 war ich hierher ins Ersatzbataillon gekommen und im Marinelazarett noch längere Zeit in Behandlung gewesen. Ich konnte mir daher schon vorstellen, wie es aussehen sollte: Ein Außenring verläuft weit vor der Stadt, der den ersten Ansturm abwehrt; dann folgt die Hauptkampflinie aus Häusergruppen, die zu Stützpunkten ausgebaut waren. Alle übrigen Gebäude müssen wegen des Schußfeldes gesprengt werden. Und als letzte Bastion dient schließlich der Stadtkern, der endgültig jedem Angriff trotzt.

Aber in all den Gebäuden lebten Menschen, viele Frauen und

Kinder. Was würde sie erwarten? Wenn es um die Stadt ging, ging es um sie.

Da hatte ich den Krieg von Anfang an mitgemacht und mußte nun feststellen, daß ich plötzlich vor einer völlig neuen Situation stand. Mir wurde schlagartig bewußt, daß ich mich bisher wenig darum gekümmert hatte, welches Leid den Menschen der Ortschaften zugefügt wurde, durch die wir marschiert waren. Lagen die Orte an der Hauptkampflinie, so waren sie von den Bewohnern meist geräumt worden. Andere hatten die Einwohner bei unserem Vormarsch vorübergehend verlassen. Sie waren in die Wälder gegangen oder hatten abseits vom Kampfgeschehen Zuflucht gesucht. Die Frage nach dem Nachher stellten wir nicht. Hier waren es meine Landsleute. Hatte mich das Schicksal der Bevölkerung vorher nur deshalb nicht berührt, weil es um fremde Gebiete ging?

Als ich damals am Sund stand, kamen mir die Worte meines Vaters zum ersten Mal wieder ins Gedächtnis, keimten erste Gedanken aus der Frage über den Sinn, die Stadt zum Kampfplatz werden zu lassen. Aber ich wußte noch zuwenig über die Lage in der Stadt, über die Absichten des Kommandanten im Ernstfalle und über die Haltung der übrigen Angehörigen des Stabes.

Ein Blick zur Uhr zeigte mir, daß ich mich beeilen mußte, um die Mittagsmahlzeit nicht zu verpassen.

Die immer schmaler werdende Knieperstraße führte zum Alten Markt mit seinem Wahrzeichen, der berühmten Rathausfassade. Sie hob sich wirkungsvoll von der Umgebung ab. Groß und wuchtig wie alle Stralsunder Kirchen stand Sankt Nicolai daneben. Zur Linken befand sich das Offizierskasino der Marine. Hier sollte gegessen werden. Nur einen Raum hatte man hergerichtet, aber auch dessen Plätze waren kaum besetzt.

Kurz vor vierzehn Uhr stand ich wieder vor dem Zimmer des Generals. Der I a erschien und nahm mich mit hinein. Ich lernte den Artilleriehauptmann Winkler kennen und den Nachrichtenmajor. Auch Verbindungsoffiziere von den Einheiten waren gekommen, Stabsoffiziere in Flieger- und Marineuniform, aber ich konnte längst nicht alle Namen behalten.

Kaum hatten wir uns miteinander bekannt gemacht, steuerte der Artilleriehauptmann gleich auf mich zu.

«Ein Neuer in unseren Reihen, und dann noch Infanterist, das hatten wir noch nicht. Kommen Sie direkt von der Front? Ich denke, wir sehen uns nachher noch, zwei Zimmer weiter, da finden Sie mich bis zum Abend.»

Alle suchten sich einen Platz und warteten. Der I a sprach noch leise mit dem General.

«Meine Herren», begann Hauschulz, «bedauerlicherweise ließ sich bis jetzt keine Verbindung mit dem Generalkommando herstellen. Wenn Güstrow sich meldete, wurde gleich wieder unterbrochen. Da es auch in Stralsund für heute nichts Neues gibt, danke ich Ihnen für Ihr Kommen. Sobald ich Nachrichten habe, werden Ihnen diese durchgegeben. Nehmen Sie erst einmal mit dem Wehrmachtbericht vorlieb.»

Doch damit schienen die Anwesenden nicht einverstanden zu sein. Sie bedrängten den General, die Ungewißheit zu beenden.

«Meine Herren, ich kann Ihnen nicht mehr sagen. Ich werde einen Kurier nach Güstrow schicken, wenn wir nicht bald Nachricht erhalten.»

Damit schloß er die Besprechung.

Wie verabredet, ging ich mit dem I a. Kaum hatten wir Platz genommen, begann er recht lebhaft.

«Vom General erfuhr ich, daß Sie schon von ihm über einiges orientiert worden sind. Bevor wir uns weiter unterhalten, sehen Sie sich die Karte an.»

Während er einen leeren Bogen nahm und zu schreiben begann, machte ich mich mit den Eintragungen auf der Karte vertraut. Ein ganzes System von Gräben und Einzelstellungen hatte er um Stralsund herum eingezeichnet, aber viele Symbole waren nur gestrichelt, also waren die Anlagen noch nicht fertig. Nur im Süden staffelten sich die Stellungen zur Stadtmitte hin in die Tiefe. Als Rückgrat der Verteidigung waren die verschiedenen Kasernenanlagen gedacht. Eine starke Umrandung hob den Stadtkern hervor, und am Frankendamm, dem Tribseer Damm, an der Richtenberger Chaussee und in der Nähe des Stadttheaters waren die Sperren eingezeichnet. Minenfelder waren nicht angelegt, zur Sprengung waren die Ziegelgrabenbrücke und ein Teil der Rügendammbrücke vorbereitet worden. Als Gefechtsstände für den Stab hatte man das Stadttheater und einen Silo am Hafen vorgesehen. Ich wandte mich an den I a.

«An Stützpunkte mit entsprechendem Feuerbereich hatten Sie also nicht gedacht?»

«Ich weiß, Sie haben den Auftrag vom General. Bis jetzt waren

Maßnahmen größeren Stils noch nicht erforderlich. Ihre Erfahrung wird uns zugute kommen, Sie sind der einzige Infanterist unter uns. Der General und ich kommen von einer Fliegerabwehrschule. Als Festungsstab wurden wir erst vor vier Wochen eingesetzt. Vorher war Kapitän zur See Zollenkopf der Wehrmachtkommandant; er ist Kommandeur des ersten Schiffsstammregiments, das hier in Stralsund mit zwei Abteilungen liegt. Jetzt ist der Kapitän ausschließlich für die Fragen der Marine verantwortlich. Die starke Anlandung von Verwundeten macht ihm, aber auch uns viele Sorgen; die Franken- und besonders die Prinz-Moritz-Kaserne mußten schon mit ihnen belegt werden.»

Er sprach etwas verhalten, es klang fast, als ob er sich wegen der vergessenen Stützpunkte entschuldigen wollte. Doch dann richtete er sich auf, sah auf sein beschriebenes Blatt und dann zu mir.

«Halten wir uns nicht mit Nebendingen auf. Unsere Bewaffnung besteht im wesentlichen aus leichten Infanteriewaffen und Panzerfäusten. Artillerie und panzerbrechende Waffen wurden angefordert; ich glaube aber nicht, daß wir sie bekommen werden. Die personelle Lage ist etwas besser. Obwohl am zwanzigsten April auf Befehl Güstrows tausend Mann abgezogen wurden, verfügen wir noch über das Doppelte, also zweitausend Soldaten, die sich auf die Kasernen Schwedenschanze, Frankendamm, Andershof und auf den Dänholm – dort sind allein über tausend Mann – verteilen. In der Heilanstalt an der Rostocker Chaussee liegen Reste einer SS-Einheit. Diese bildet schon seit längerer Zeit Hitlerjungen aus, ungefähr einhundertfünfzig. Die SS steht außerhalb unseres Befehlsbereiches und kann, genau wie die Flieger in Parow, jederzeit abberufen werden. Das Benzin auf dem Flugplatz übrigens reicht gerade für einen Einsatz aus. Die örtliche Polizei unter einem Major Hübner, die Feuerwehr, die einhundertfünfzig Hitlerjungen und der Volkssturm unterstehen uns noch nicht. Hübner und der Bannführer der Hitlerjugend, Chamier, nehmen eine Sonderstellung ein, und der Kreisleiter der NSDAP, Krüger, unterstützt sie. Das zu Ihrer Orientierung.»

Während der letzten Worte sah er auf die Uhr.

«Mal hören, ob Güstrow sich inzwischen gemeldet hat; bin gleich wieder da!»

Ich lehnte mich zurück und blickte auf den Schreibtisch. Die Karte erschien mir jetzt wie ein Stück Papier ohne Wert. Keine Artillerie, keine Panzerabwehr, zweitausend Soldaten nur mit Gewehren, das war alles. Und damit sollte nun Stralsund erfolgreich verteidigt werden? Dazu der Volkssturm, Leute ohne Waffen, kaum ausgebildet, sie würden die Front nicht verstärken. Und dann noch die Zivilbevölkerung! Wer nicht durch zu erwartende Granaten umkam, den würden die Trümmer begraben.

Darüber mußte ich noch mit Gastgeber sprechen, bisher hatte er nur aufgezählt, was vorhanden, aber noch nicht gesagt, was damit beabsichtigt war.

Gastgeber kam zurück. Forsch trat er ins Zimmer und ließ die Tür laut ins Schloß fallen. Jede Wendung, von der er meinte, sie könne die Lage verbessern, konnte man aus seinem Auftreten ablesen.

«Verbindung hatten wir mit Güstrow, aber immer nur mit der Zentrale. An den Adjutanten oder den Eins a ist nicht heranzukommen. Hoffentlich klappt es heute noch. Also dann zur Lage an der Front, wenn auch von gestern.»

Offensichtlich war er stolz, mir Neuigkeiten vorsetzen zu können. Er schien wieder Silberstreifen am Horizont zu sehen.

«Wie Sie wohl schon wissen, hat der Führer selbst den Oberbefehl über Berlin übernommen. An der Westfront wurden wesentliche Truppenteile abgezogen, und diese sind in die Hauptstadt eingerückt. Die Moskauer Führung hat hier ihre Hauptkräfte, wenn nicht überhaupt alles, konzentriert. Das hat unser Führer erkannt und wird die Schlacht um Berlin zur entscheidenden Niederlage des russischen Feindes machen. Ich weiß, es gibt manchen, der daran zweifelt, aber viele Ereignisse bestätigen die Richtigkeit dieser Auffassung. Der Vormarsch auf Dresden konnte gestoppt werden; auf der Linie nach Norden wurden alle Angriffe abgewehrt, und vor Stettin hat sich der Gegner festgelaufen. Außerdem gehen Gerüchte um, daß einflußreiche Kreise in den USA und in Großbritannien bereit sind, einen separaten Frieden zu schließen.»

So wie er jetzt über den Separatfrieden sprach, hatte er sicher vorher vom Endsieg gesprochen. Er wurde mir unsympathisch.

«Ich habe schon Ähnliches gehört, als ich in Berlin kurze Zeit im Lazarett lag, aber nicht allzuviel darauf gegeben.»

Gastgeber hatte nicht gemerkt, daß ich ihn herausforderte, er stieg sofort ein und ereiferte sich noch mehr.

«Sagen Sie das nicht. Ich glaube, da ist was dran. Vielleicht werden wir noch heute einiges erfahren. Soweit ich die Lage übersehen kann, hat der Russe seine Kräfte überschätzt und wird vor Berlin ...»

Er brach jäh ab, denn die Tür wurde aufgerissen.

«Herr Hauptmann, Güstrow war da!»

«Was heißt hier war, ich will doch selbst mit dem Generalkommando sprechen!»

«Das geht nicht mehr, Herr Hauptmann, aber hier die Durchsage: Die Russen sind zum Angriff auf allen Fronten angetreten.»

Mit hochrotem Gesicht hielt der Unteroffizier einen Zettel hin.

«Das ist doch nicht möglich!»

Das paßte nicht in seine Kombinationen. Gastgeber riß das Blatt an sich. An seiner Bestürzung erkannte ich, daß die Meldung seinen Optimismus dämpfte. Ich fragte erregt, welche Informationen durchgegeben worden seien.

«Lesen Sie. Ich gehe schon zur Karte nebenan.»

Im Laufe des Tages war es nach dieser Meldung den russischen Verbänden gelungen, ihren Brückenkopf bei Gartz zu erweitern. Ihre Panzer stießen auf die Randow vor. Berlin war eingeschlossen. Und dann folgten neue Befehle: Alle Ortschaften und besonders die Städte sollen verstärkt zur Verteidigung ausgebaut werden. Die Kampfkraft der Truppen war durch die letzten Reserven der Bevölkerung zu erhöhen. Weitere Befehle wurden angekündigt.

Als ich auch zur Karte gehen wollte, kam mir Gastgeber bereits wieder entgegen. Ich gab ihm den Zettel zurück. Dann trat ich an die Karte. Die neuesten Nachrichen paßten gar nicht zu der Lageschilderung, die er gegeben hatte. Die Oderfront mußte offenbar auf breiter Front durchbrochen worden sein, wenn Berlin eingeschlossen worden war. Die Kämpfe würden gewiß alles übersteigen, was dieser Krieg gebracht hatte. Unsere Divisionen im Norden sollten durch die neuen Vorstöße bei Gartz gebunden und von Berlin abgehalten werden. Ich schätzte die noch nicht besetzten Gebiete auf der Karte ab. Nach der Entwicklung der letzten Wochen konnte es nur noch Tage, höchstens Wochen dauern, bis auch Mecklenburg und Vorpommern besetzt sein würden.

Ich wurde gerufen. Gastgeber zog sich gerade den Mantel über, als ich sein Zimmer betrat. Er hatte die Bestürzung noch nicht überwunden, suchte aber schon wieder nach einem Strohhalm.

«Finden Sie es nicht merkwürdig», begann er, «daß die westlichen Fronten nicht erwähnt wurden? Auch die Heeresgruppe

Mitte unter Feldmarschall Schörner müßte doch noch einiges aufbieten können. Auf jeden Fall konzentriert sich jetzt alles auf Berlin, denn sonst wäre es bei uns wohl nicht so still. Ich gehe zum General, um ihm zu berichten, und Sie werden einiges zu tun bekommen. Der letzte Teil der Meldung sagt das deutlich. Bleiben Sie in der Kommandantur, Güstrow wird sich gewiß noch einmal melden. Hauptmann Winkler sitzt einige Türen weiter. Ich bin so schnell wie möglich wieder hier.»

Ich begleitete ihn noch bis zum Ausgang, dann schritt ich langsam über den Flur. Die Entwicklung der Ereignisse verlangte zwingend Antwort auf die Fragen zur Verteidigung Stralsunds. Gastgeber und ich hatten unser Gespräch nicht mehr beenden können, aber ich glaubte zu wissen, was ich von ihm zu halten hatte. Hauschulz würde ihm sicher Befehle mitgeben. Auch er mußte sich jetzt entscheiden. In Gedanken versunken erreichte ich die Tür zu Winklers Zimmer.

Der Hauptmann saß recht salopp in einem breiten Sessel und las. Als ich eintrat, legte er das Buch beiseite.

«Sehen wir uns doch noch heute! Was sagen Sie zu den neuesten Ereignissen? Die Iwans verfügen bestimmt über mehr Kraft, als alle angenommen haben.»

«Sie mögen recht haben, aber wir hatten doch gerade an der Oder recht erhebliche Kräfte zusammengezogen.»

«Vergessen Sie nicht, mein Lieber, vorwärtssiegen ist leichter als rückwärtssiegen. Ich bin neugierig auf Ihre Meinung zu manchen Dingen. Nur heute habe ich eine dringende Verabredung und bin um so mehr erfreut, daß Sie da sind. Also kann ich gehen. Bis später!»

Eigentlich ganz sympathisch, dachte ich, als er gegangen war. Seine Art, wie er die Ereignisse aufnahm, erschien mir etwas unverständlich. Er tat, als ginge ihn alles nichts an, als stünde er wie ein Beobachter zwischen den Fronten, wie früher beim Manöver die Schiedsrichter. Zwei Offiziere hatte ich nun schon etwas näher kennengelernt. Sie schienen grundverschieden zu sein.

Es klopfte recht energisch, und auf meine Aufforderung hin trat ein Oberfeldwebel ein. Unser beider Erstaunen ließ die üblichen Formalitäten vergessen. Ich freute mich. «Mensch, Neumann, Sie hier!»

«Eine Freude, Herr Oberleutnant. Seit wann sind Sie denn bei uns?»

«Seit heute morgen. Und Sie?»

«Nach unserer Trennung an der Oder hat es mich vor einigen Wochen hierher verschlagen. Eben wollte ich zu Hauptmann Winkler.»

«Der ist nicht mehr da. Kommen Sie, setzen wir uns. Was gibt's Neues?»

«Mir reicht das, was vorhin durchkam, Herr Oberleutnant. Wenn die Russen erst einmal durchgebrochen sind, dann dauert es nicht mehr lange, bis sie hier sind. Wir haben das doch schon mitgemacht.»

«Das stimmt. Und wir sollen Stralsund verteidigen.»

Ich hatte einen Bekannten getroffen und wollte wissen, was er über die Festung dachte. Neumann hielt mit seiner Meinung nicht hinterm Berg.

«Nach den Befehlen! Die sind eindeutig. Hauptmann Winkler kennt sich in solchen Lagen aus; und daß er hier nichts zu melden hat, liegt nicht nur daran, daß wir keine schweren Waffen haben.»

«Also hält er wohl nicht viel von einer Verteidigung. Und wie denkt er sich das?»

«Er ist dagegen, Herr Oberleutnant, aber klar spricht er sich darüber nie aus. Dabei kann man so offen mit ihm reden wie mit Ihnen. Deshalb bin ich hergekommen. Ich wollte hören, wie er die Nachricht aufgenommen hat. Aber er ist verschwunden, sucht Ablenkung, um nicht daran denken zu müssen.»

«Wieso? Will er mit allem nichts zu tun haben?»

«Das kann man auch wieder nicht sagen, aber er ist so unschlüssig und wartet immer ab. Sie werden ihn ja noch kennenlernen.»

Mein Bild von Winkler rundete sich. Neumanns Urteil schien noch schärfer geworden zu sein, seit wir uns nicht mehr gesehen hatten.

«Und was gibt es sonst noch für Leute hier? Was halten Sie vom General und von Gastgeber?»

«Beim Hauptmann ist Vorsicht geboten. Der führt jeden Befehl aus, davon bin ich überzeugt. Wie er sich selbst verhalten wird, kann man bei ihm schlecht einschätzen. Den General spürt man nicht allzusehr, ich glaube, der würde sich am liebsten pensionieren lassen, um aus allem herauszukommen.»

Ich mußte lächeln; diese Beurteilung schien treffend zu sein.

Vielleicht verstand das Neumann falsch, denn er fuhr fort: «Sie haben mich nach meiner Meinung gefragt, und ich sagte sie

Ihnen, ganz nach meinen persönlichen Eindrücken, man sieht und hört doch einiges, Herr Oberleutnant, und macht sich seine Gedanken!»

«Sie werden gerufen. Vielleicht ist es Güstrow. Ich denke, wir sehen uns noch öfter.»

Er lief hinaus. – Über zwei Jahre war ich mit ihm zusammen gewesen. Seine offene Art hatte mir von Anfang an gefallen, und so war ein sehr gutes, kameradschaftliches Verhältnis entstanden.

Bald danach kam der I a zurück und holte mich aus dem Zimmer. Der General habe die Nachricht gefaßt aufgenommen, erzählte er.

«Sie sollen sich für die Besprechung beim Oberbürgermeister Gedanken machen. Das gilt besonders für Maßnahmen, die sich aus der neuen Lage ergeben. Um drei Viertel acht holt der General sie morgen früh hier ab. Gute Nacht zu sagen, scheint etwas übertrieben, aber den Schlaf brauchen wir auch. Die nächsten Tage werden es in sich haben.»

Es sah aus, als hätte es keine Meldung von Güstrow gegeben. Gastgeber kam vom General, er war wieder ganz der Alte, forsch und Befehlsübermittler.

«Gute Nacht, Herr Hauptmann!»

Bevor ich das Haus verließ, trat ich in unser Nachrichtenzimmer. Noch sei nichts hinzugekommen, meldete der Feldwebel. Als ich mich umsah, kam es mir vor, als ob die Männer mich fragend anblickten. Sie schienen in ihrer Ungewißheit auf ein Wort von mir zu warten. Doch was sollte ich ihnen sagen, war ich doch mit mir selbst noch nicht ins Reine gekommen. Ich grüßte und verließ den Raum. Die kühle Nachtluft tat wohl.

3

26. April 1945. Um 7.30 Uhr betrat ich wieder das Stabsgebäude des Stadtkommandanten. Der Nachrichtenfeldwebel hatte vergeblich gewartet, von Güstrow waren keine Nachrichten mehr durchgekommen. Das war ihm sicher auch neu, Nachrichtenleute waren während des ganzen Krieges gut informiert gewesen. Ich spürte

kein Bedürfnis, mich beim I a zu melden, und wartete draußen. Der große schwarze Wagen bog pünktlich um die Ecke, ich erkannte den General. Als ich eingestiegen war, erkundigte ich mich nach seinem Befinden.

«Das Alter läßt sich nicht leugnen, ein junges Herz verträgt eben mehr. Am frühen Morgen kann man noch nichts über den Tag sagen. In meinen Jahren heißt es abwarten.»

Es war nicht weit bis zum Rathaus. Schnell hatte ich dem General meine Überlegungen vorgetragen.

«Sprechen Sie nachher frei von der Leber weg, auch wenn es unangenehm sein sollte. In der jetzigen Lage darf nichts ungesagt bleiben.»

Er hatte recht, aber es wäre wenig sinnvoll gewesen, dem Oberbürgermeister, der außerdem SS-Offizier war, die Fragen zu stellen, die ich wirklich auf dem Herzen hatte. Ich hielt es für besser, dem Rat des Generals nicht zu folgen und den Soldaten hervorzukehren.

«Der Herr Staatskommissar erwartet Sie.»

Düster war der Raum, den wir betraten. Der Eingangstür gegenüber stand etwas erhöht ein schwerer Schreibtisch, und hinter ihm erhob sich eine große, schlanke Gestalt. Das verschlossene, etwas eingefallene Gesicht wirkte durch die schwarze SS-Uniform fahl. Dr. Fichtner begrüßte uns höflich, seine Stimme war nicht unangenehm.

Der General erläuterte kurz die neue Lage. Dann wurde ich aufgefordert, die sich daraus ergebenden Probleme vorzutragen. Es gab im wesentlichen drei Dinge, die ich zu klären hatte. Für besonders wichtig hielt ich die Versorgung Stralsunds mit Wasser und Lebensmitteln im Falle einer Einschließung, denn das Wasserwerk lag weit außerhalb der Stadt. Die weitere Aufnahme von Flüchtlingen mußte unterbunden werden, um die Versorgung aufrechterhalten zu können, und es war zu prüfen, wie die Einwohner aus den Randgebieten der Stadt untergebracht werden konnten. Nicht zuletzt fehlten exakte Angaben darüber, wie die Bevölkerung in die Verteidigung der Stadt einbezogen werden sollte; auch das Unterstellungsverhältnis der Polizei und des Volkssturms mußte endgültig geregelt werden. Weitere Fragen, wie der verstärkte Ausbau von Befestigungsanlagen und die Versorgung der Verwundeten, ergaben sich aus den Hauptpunkten.

Fichtner antwortete sofort. Bevor er jedoch zur Sache kam, mußten wir erst eine Art Präambel über uns ergehen lassen.

«Meine Herren, bereits in aller Frühe waren Mitarbeiter der Kreisleitung der NSDAP hier, um einige grundsätzliche Folgerungen aus der Lage zu ziehen. Der Krieg ist in seine entscheidende Phase getreten. Das deutsche Volk steht vor seiner größten Bewährungsprobe. Jetzt gilt es, zum endgültigen Schlag auszuholen.»

Was nun folgte, war eine Wiederholung der Vorstellung, die mir Gastgeber gestern abend gegeben hatte, nur etwas geschliffener, etwas überzeugter. Fichtner wußte viel, Fichtner wußte alles. Was sich in Berlin abspielte, geschah nur, um die Russen zu täuschen, ausbluten zu lassen. Ich hörte kaum noch hin, aber nun kehrte er wieder aus der Reichskanzlei nach Stralsund zurück.

«Obwohl den amerikanischen und britischen Armeen nur geringe Kräfte gegenüberstehen, gehen sie nur sehr langsam vorwärts. Trotz allem ist es möglich, daß die russische Führung Vorstöße gegen den Norden über das flache Land unternimmt. Wir müssen also vorbereitet sein. Wenn das auch im wesentlichen eine Aufgabe der Wehrmacht ist, so werden auch wir uns der großen Stunde würdig erweisen.»

Vor ihm lag eine dunkle Mappe, in die er des öfteren hineingesehen hatte. Jetzt schlug er sie zu und fuhr fort: «Nun zu Ihren Fragen. Die Lebensmittelversorgung der Stadt ist für mindestens sechs Wochen gesichert, die Zugänge laufen regelmäßig ein. Natürlich stellt die Wasserversorgung ein ernstes Problem dar. Bereits durchgeführte Untersuchungen haben ergeben, daß hier in der Nähe der Nicolaikirche eine ergiebige Quelle vorhanden ist, die Arbeiten, sie zu erschließen, sind eingeleitet worden. Außerdem wird das Wasser der großen Teiche untersucht. Die Ableitung der Flüchtlingsströme muß die Wehrmacht übernehmen. Sie können nur in die Landgemeinden oder auf die Insel Rügen gelenkt werden. Vielleicht kann der Inselkommandant, General Voigt, davon Kenntnis erhalten. Wenn Sie zahlenmäßige Vorstellungen über die zu räumenden Häuser haben, teilen Sie uns das mit, wir werden die nötigen Maßnahmen einleiten. Die Materialzufuhr für die Befestigungen wird beschleunigt. Wegen der Verwundeten müssen Sie Verbindung mit den Lazaretten aufnehmen, das ist nicht unsere Sache. Die Bevölkerung wird sofort für den Ausbau der Festung Stralsund herangezogen. Die Polizei bleibt verständlicherweise in meiner Hand, sie kann für Sie als Reserve dienen, ebenfalls der Volkssturm und die Hitlerjugend. Diese wird in der Heilanstalt weiter ausgebildet. Die SS dort ist uns und Ihnen eine gute Garantie für den richtigen Einsatz. Die Kreisleitung und ich erwarten von Ihnen, Herr General, daß alles getan wird, um jeden Angriff der Bolschewisten abzuwehren.»

Soviel Siegeszuversicht hatte wohl auch der General nicht erwartet, denn er schwieg eine Zeitlang. Dann dankte er für die Antworten auf unsere Fragen und erkundigte sich nach dem Gauleiter.

«Der Herr Gauleiter Schwede-Coburg wechselt zur Zeit seinen Standort. Sie können versichert sein, daß er und seine Mitarbeiter Schulter an Schulter mit unseren Soldaten dort stehen werden, wo es am nötigsten ist. Natürlich kann ich Ihnen im Augenblick nichts über seinen Aufenthalt sagen. Trotz aller Bemühungen unseres Sicherheitsdienstes gibt es immer noch Elemente, die nicht davor zurückschrecken, dem deutschen Volk seine politische Führung zu rauben, die es in schwerer Stunde so dringend braucht.»

«Das verstehe ich», meinte der General. «Haben Sie noch etwas?» wandte er sich an mich. «Ich glaube, uns genügt es.»

Ich merkte sehr gut, daß er nichts mehr über die Festung und die Sicherheit des Gauleiters hören wollte, aber ich wollte doch noch einiges wissen.

«Herr Staatskommissar, wie sieht es in der Stadt mit solchen ‹Elementen› aus, von denen Sie sprachen? Ist da im Ernstfall etwas zu erwarten?»

«Da können Sie beruhigt sein; es stehen zwar einige unter Polizeiaufsicht, aber die rühren sich nicht. Beim Kastenbau für die Befestigung gibt es Versuche, die Arbeit zu verzögern, aber das wird bald bereinigt. Solche Dinge überlassen Sie nur uns. Wir halten Ihnen den Rücken frei.»

Wir verabschiedeten uns. Im Vorzimmer erkundigte ich mich bei der Sekretärin nach dem Telefon und der Wohnung des Oberbürgermeisters. Vielleicht war es einmal notwendig, ihn außerhalb der Dienstzeit erreichen zu müssen.

«Doktor Fichtner wohnt nicht zu Hause. Er ist immer im Rathaus anzutreffen und übernachtet auch hier.»

Also nicht nur der Gauleiter, auch Fichtner hielt es nicht zu Hause aus. So ruhig schien es also in der Stadt doch nicht zu sein. Ich erzählte dem General, was ich soeben erfahren hatte.

«Kann schon sein, daß nicht alle seine Freunde sind», meinte er, «und vergessen Sie nicht, daß bei der augenblicklichen Frontlage mancher, der bisher untertauchen mußte, den Kopf wieder zu heben beginnt. Es werden zwar nur wenige sein, doch diese sind bestimmt, wenn auch mit Vorsicht, zu allem bereit. Was sagen Sie zu dieser Sitzung?»

«Ich habe mir solch einen Mann ganz anders vorgestellt, Herr General. Er sah mir nicht so energiegeladen aus, wie er tat. Wie mag er sich im Ernstfalle verhalten?»

Hauschulz schien ein wenig zu lächeln.

«Schon gut, es wird sich ja zeigen», bemerkte er. «Und was die Informationen betrifft, unsere Befehle erhalten wir von Güstrow. Fertigen Sie aber eine Aktennotiz an.»

«Zu Befehl, Herr General.»

Der Wagen hielt schon eine Zeit vor dem Theater, als wir endlich ausstiegen. Unser Gespräch hatte länger gedauert als die Fahrt.

Der General wollte gerade in sein Zimmer gehen, als der I a mit hochrotem Kopf angestürzt kam. Er war sehr erregt und bemühte sich, die Form zu wahren.

«Herr General, neueste Meldungen: Berlin ist völlig eingeschlossen. Starke russische Verbände sind aus den gestern gebildeten Brückenköpfen in Richtung Norden und Nordwesten zum Großangriff angetreten. Stettin ist gefallen. Alle verfügbaren Reserven sind sofort in Marsch zu setzen. Dazu haben wir den Befehl, über tausend Mann bereitzustellen. Sie sollen bereits in der Nacht oder morgen früh mit Lastkraftwagen abtransportiert werden. Es geht nach Tutow oder Barth und von dort mit Flugzeugen weiter zum Kampf um Berlin oder zu Entlastungseinsätzen an anderen Abschnitten.»

Der Generalmajor Hauschulz sah mich an.

«Das kann doch nicht möglich sein! Verstehen Sie das?» Ruckartig wandte er sich zu Gastgeber, der unwillkürlich einen Schritt zurücktrat, und fragte erregt: «Ich bin bereit, jeden Befehl auszuführen, auch Stralsund wird verteidigt, aber wer hier verteidigen soll, wenn alles abgezogen wird, hat man Ihnen das auch gesagt?»

«Jawohl, Herr General, das vergaß ich noch zu melden. Es bleiben so viele Soldaten hier, daß der Einsatz aller Einwohner organisiert werden kann, höchstens jedoch fünfhundert Mann. Das

Generalkommando erwartet ...» Der I a unterbrach sich. Hauschulz war nicht wiederzuerkennen. Sein Gesicht war rot.

«Ich habe meine Pflicht immer erfüllt, aber ...» Wir sprangen hinzu, denn der General schwankte und fiel schwer auf seinen Sessel.

«Schnell ins Lazarett! Ich werde telefonieren!» Gastgeber stürzte aus dem Zimmer. Andere bemühten sich um den Zusammengebrochenen. Ohne Widerspruch ließ er sich zum Wagen bringen. Das Tor zum Marinelazarett stand offen. Ich wollte den General noch weiter begleiten, aber er winkte ab.

Der Wagen rollte über das Pflaster der Großen Parower Straße zurück. Der sonst recht lebhafte Fahrer war still; ich brach das Schweigen. «Nun ist es wohl ernst geworden, was meinen Sie?»

«Etwas schlimmer als beim letzten Mal scheint es mir zu sein», antwortete er.

Was mochte den General nur so stark getroffen haben? Waren es die widersprüchlichen Meldungen, die Frontlage oder hatte er sich darüber erregt, die Stadt mit Zivilisten verteidigen zu sollen. Also wäre er bereit gewesen, unter besseren Voraussetzungen den Kampf um die Stadt aufzunehmen. – Der Wagen hielt am Theater.

«Liegt noch etwas an, Herr Oberleutnant?»

«Nein, danke! Ist die Fahrbereitschaft immer besetzt? Ich wollte heute nachmittag vorbeikommen.»

«Da gibt es immer zu tun. Ich werde Bescheid sagen, daß Sie kommen.»

Leise betrat ich das Zimmer des I a. Er telefonierte gerade. So erregt er bei allen besonderen Meldungen war, immer fand er sich schnell mit den Tatsachen ab.

«Wie geht es dem Kommandanten? Was sagt die hohe Medizin?»

«Darüber kann ich noch keine Auskunft geben, Herr Hauptmann, der General versuchte, vom Wagen aus allein zum Lazarett zu gehen, doch für die letzten Meter brauchte er Hilfe.»

«Auf jeden Fall habe ich es dem Generalkommando sofort gemeldet. Sie wollen möglichst schnell einen ständigen Stellvertreter schicken, verständlich, gerade in dieser Lage.»

Nervös begann er in seinen Blättern auf dem Schreibtisch zu kramen. Also war er doch nicht so ruhig, wie es ausgesehen hatte.

«Was soll nun werden? Ich meine hier in Stralsund. Haben Sie schon etwas veranlaßt?» versuchte ich das Gespräch wieder aufzunehmen.

«Natürlich! Ich habe sofort den Dänholm angerufen und alles durchgegeben. Sie hatten aber auch schon direkt Nachricht erhalten. Mit denen verlieren wir die letzte voll intakte Truppe, auch sämtliche LKWs gehen weg.»

«Und das ergibt eine völlig neue Lage, haben Sie bereits Vorstellungen über das Schicksal Stralsunds?»

«Was heißt hier Schicksal», erwiderte er unwillig, «wir haben die Befehle, und die werden exakt ausgeführt. Dabei muß die neue Lage natürlich berücksichtigt werden. Für Sie bedeutet das, möglichst schnell entsprechende Pläne für den Ausbau und die Verteidigung der Stadt auszuarbeiten. Heute noch oder spätestens morgen wird der Vertreter kommen. Bis dahin muß alles vorliegen. Ich werde versuchen, die personellen Fragen zu klären.»

Für ihn war das Gespräch beendet, ich aber versuchte es fortzusetzen. «Wir bleiben also bei unserer Verabredung heute abend. Sie können danach schon die nötigen Befehle geben.»

Er drehte sich ruckartig zu mir herum. «*Ich* gebe keine Befehle, das ist Sache des Kommandanten. Wir haben Vorschläge zu machen, die dann entschieden werden. Auf Wiedersehen!»

Das war deutlich genug. Ich grüßte wortlos und ging. Da die Mittagszeit vorüber war, ließ ich mir einen Schlag aus dem Essenkübel geben, der jeden Tag aus einer Kaserne gebracht wurde. Dann verließ ich die Kommandantur und machte mich auf den Weg zur Fahrbereitschaft. In meinem Kopf schwirrte es ziemlich durcheinander, und ich bemühte mich, Ordnung in meine Gedanken zu bringen. Schließlich verlangte man morgen von mir eine Einschätzung der Lage, und dazu mußte ich mir eine Meinung bilden.

Wenn ich alle Kräfte berücksichtigte, standen nach Abzug der Einheiten vom Dänholm noch rund tausend Mann zur Verfügung. Der Artilleriehauptmann hatte immer noch keine Geschütze erhalten, so daß im wesentlichen nur Gewehre, Maschinengewehre und Panzerfäuste ausgegeben werden konnten. Damit konnte man die Stadt nicht verteidigen.

Sollte man es trotzdem am Rande Stralsunds zu einem Gefecht kommen lassen, so würden die schweren Waffen des Gegners, seine Panzer und nicht zuletzt auch seine Flugzeuge eingesetzt werden. Bomben, Granaten und der Häuserkampf ließen keinen

Stein auf dem anderen und von den Soldaten nicht einen Mann am Leben.

Aber auch die Bewohner mußten in die Überlegungen einbezogen werden. Wenn sie nicht die Stadt verließen, gingen sie im Kampf zugrunde. Doch wohin sollten diese Menschen noch flüchten? Und wenn sie zurückkehrten, fänden sie nur Trümmer und Tote vor.

Nüchterne Überlegungen ließen nur eine Antwort zu: Um Stralsund durfte nicht gekämpft werden. Welchen Sinn sollte es auch noch haben? Der Ausgang des Krieges konnte dadurch nur verzögert, aber nicht mehr geändert werden, und auch diese nur sehr kleine Verzögerung stände in keinem Verhältnis zu den Opfern. Jedes zerstörte Haus aber mußte wieder aufgebaut werden, und jeder Gefallene fehlte dazu.

Meine Überlegungen standen im Gegensatz zu den Befehlen, sie stimmten auch nicht mit der Meinung Gastgebers überein, wenn man bei ihm überhaupt von einer Meinung reden konnte. Nach seinen letzten Worten stand für ihn fest, daß um Stralsund gekämpft würde. Über das Wie und Warum hatte er sich nicht ausgelassen. Mit welchen Ergebnissen rechnete er bei der Verteidigung Stralsunds? Die vorliegenden Befehle allein konnten ihn nicht zu dieser Haltung veranlassen. Fürchtete er den Vertreter für Hauschulz, der morgen eintreffen sollte?

Aber gerade der mußte alles erfahren, damit seine Entscheidungen den neuen Verhältnissen entsprachen. Als Mitglied des Stabes fühlte ich mich mitverantwortlich für alles, was geschah. Es war sinnlos, um Stralsund zu kämpfen, und das wollte ich dem Stellvertreter des Generalmajors Hauschulz vor Augen führen.

Ohne auf die Umgebung zu achten, war ich durch die Straßen gegangen. Erst die Panzersperre am Frankendamm ließ mich aufblicken. Diese «Befestigungen» sollten den Vormarsch des Gegners stoppen. In Gedanken sah ich Soldaten und Einwohner hinter ihnen liegen. Dort drüben kamen die Panzer angerollt. Bevor sie im Bereich der Panzerfäuste waren, löschten ihre Kanonen jedes Leben aus, die Geschosse aus den Handfeuerwaffen prallten surrend ab. Dann waren sie heran. Leicht drückten sie die Stämme auseinander, und ihre Ketten zermalmten alles, was noch hinderlich sein konnte.

Bevor ich in die rechte Seitenstraße einbog, die zur Fahrbereitschaft führte, blieb ich noch einen Augenblick an der Ecke stehen. Die Geschehnisse an der Front belasteten mich nicht wenig, und doch spürte ich ein Gefühl der Erleichterung; ich wußte, was ich morgen tun würde.

Es ist mir noch heute gegenwärtig, wie mir damals zumute war. Bisher hatte ich nie daran zu denken gewagt, mich gegen einen Befehl des Oberkommandos zu stellen, ja nur daran zu denken, ihn nicht auszuführen. Ich hatte aber auch noch nie in solch einer Lage gestanden. Noch wußte ich nicht, welche Konsequenzen sich aus meinen Überlegungen ergaben, was ich tun mußte. Mich beherrschte immer noch die Vorstellung, daß auch andere so denken würden, wenn sie sich diesen Tatsachen gegenübergestellt sahen.

Ich blickte auf die Menschen, die an mir vorbeigingen. Gern hätte ich jemand angesprochen, aber jeder hatte mit sich zu tun, und die Gesichter waren verschlossen. Von dem Leben derer, über die ich auch eben nachgedacht hatte, wußte ich nicht viel. Daß die Lebensmittel sehr knapp waren, bedeutete für die meisten bestimmt das wenigste. Viele hatten Angehörige verloren oder bangten noch um die, von denen sie lange ohne Nachricht waren. Was mochten sie denken?

In der Fahrbereitschaft hatte man mir ein Motorrad bereitgestellt. Es brachte mich schnell in Richtung Andershof. Nach einigen Kilometern hielt ich an. Hier waren nur einige Stellungen zu sehen. Erst hinter der Andershofer Kaserne waren Gräben und einzelne Löcher ausgehoben worden und verliefen an der Straße durch die Vorgärten der Siedlung bis zur Panzersperre bei der Brauerei. Dahinter zog sich der tiefe Einschnitt der Eisenbahnlinie durch das Gelände. Alle Stellungen waren leer, und auch weiter herum bis zum Bahnhofsgelände hatten die Soldaten ihre Posten verlassen. Sie waren in die Kasernen zurückgerufen worden. Nach dem Abzug der Truppen vom Dänholm waren auch in den anderen Einheiten Umstellungen notwendig geworden.

In der Heilanstalt an der Ausfallstraße nach Rostock stieß ich auf die ersten Uniformierten. Hier wurden die Hitlerjungen ausgebildet, von denen Gastgeber und Fichtner gesprochen hatten. Einige exerzierten auf der Straße vor den Gebäuden. Ein junger Scharführer meldete. Ich erkundigte mich nach dem Alter der Jungen.

«Fünfzehn bis sechzehn Jahre, Obersturm ..., Verzeihung,

Oberleutnant, aber schon recht brauchbar. Machen alle eisern mit.»

Sie trugen Stahlhelme, die einige Gesichter ziemlich verschwinden ließen. Das war das letzte Aufgebot des Staatskommissars Fichtner, und auch diese Jungen würden die Besetzung Stralsunds durch die Rote Armee nicht verhindern können. Diese Begegnung konnte mich nur in meiner Meinung bestärken.

Ich kehrte in die Stadt zurück. Nun wußte ich, wie es um Stralsund aussah. In der Fahrbereitschaft nahm ein älterer Bootsmann das Krad in Empfang. Er hatte es nicht besonders eilig, und es sah aus, als habe er etwas auf dem Herzen.

«Ist etwas an der Maschine nicht in Ordnung?» versuchte ich scherzhaft zu fragen. Er ging nicht recht darauf ein. Sein Blick schien mich abzutasten. «Nein, nein, Herr Oberleutnant, wenn sie bis jetzt gelaufen ist, kann ich sie so wegstellen. Aber Sie kommen doch vom Stab des Stadtkommandanten?»

«Das wissen Sie doch schon vom Fahrer des Generals, und darum geht es Ihnen doch auch gar nicht.»

Er zögerte einen Augenblick, aber dann faßte er sich. «Auf dem Dänholm habe ich einen Bekannten. Wissen Sie, ob alle aus der Abteilung weggehen und wohin sie kommen?»

«Wenn es das nur ist», erwiderte ich, «etwas über tausend Mann rücken über Nacht oder morgen ab, aber wohin, das kann ich Ihnen nicht genau sagen.»

«Aber die können doch gar nicht mehr weit fahren, denn, wie ich gehört habe, rücken die Russen doch auf uns zu, Herr Oberleutnant. Ich weiß nicht, ob Sie mich verstehen, aber was wird aus Stralsund, wenn die Russen bis hierher kommen?»

«Und ob ich das verstehe!» unterbrach ich ihn.

Er nickte mit dem Kopf und sah mich neugierig an. Beinahe kam es mir vor, als habe er meine Gedanken von vorhin erraten.

«Sie haben sicher vom Fahrer gehört, daß der General im Lazarett liegt. Ich weiß im Augenblick auch nicht mehr als Sie.»

Ihm ging es offensichtlich darum zu erfahren, ob Stralsund verteidigt werden sollte. Er fragte nicht direkt, sondern versuchte sich heranzutasten. Unter anderem fragte er nach der sowjetischen Artillerie. Ich lenkte ab.

«Wenn ich wieder vorbeikomme, können wir uns ausführlicher unterhalten.»

Er richtete sich zum Gruß auf und schob das Krad in einen Nebenraum. Bei mir hinterließ er einen guten Eindruck, denn er gehörte zu den älteren Unteroffizieren, zu denen ich stets Kontakt gesucht hatte. Ihre Lebenserfahrung war mir oft eine wertvolle Hilfe gewesen. Aus seinen Fragen und seinem Verhalten schloß ich, daß er am Sinn einer Verteidigung zweifelte. Ich nahm mir vor, ihn wieder aufzusuchen.

Die Schatten der Bäume waren schon länger geworden, und es hatte sich stark abgekühlt. Mich trieb es zum Stab.

Das Zimmer des I a war verschlossen. Er sei fortgegangen, hieß es. Niemand wußte, wohin. Ich vermißte ihn nicht. Vielleicht war es gut so, daß wir uns an diesem Abend nicht mehr begegneten. Ich wollte versuchen, Hauptmann Winkler oder Oberfeldwebel Neumann zu finden. Sie waren die einzigen, mit denen ich mich aussprechen konnte. Von Neumann wußte ich, daß man Winkler vertrauen durfte. So trat ich in den Raum, in dem ich zumindest einen von ihnen vermutete. Ich hatte das Glück, beide anzutreffen.

«Das trifft sich gut», begann Winkler, «wir sind gerade bei den letzten Meldungen. Es sieht böse aus.»

Ich holte mir einen Sessel heran, berichtete von meinen Tageserlebnissen und schloß: «Nach allem, was ich gesehen und gehört habe, meine ich, daß Stralsund nicht verteidigt werden kann. Ein Kampf um die Stadt ist nicht nur militärisch sinnlos.»

Oberfeldwebel Neumann nickte stumm, aber es dauerte eine Weile, bis der Hauptmann antwortete.

«Ich nehme an, Sie kennen die letzten Befehle vom Führerhauptquartier und wissen, daß Sie nach diesen Worten Ihr Todesurteil in der Tasche haben. Das sage ich nur zur Warnung für Sie. Wir sind aber derselben oder zumindest ähnlicher Meinung.»

«Die Befehle kenne ich», erwiderte ich, «aber hier ist doch eine völlig neue Lage entstanden. Wenn die russischen Armeen erst vor Stralsund stehen, wozu dann noch Opfer? Das müssen auch der Stellvertreter von Hauschulz und Gastgeber einsehen.»

Oberfeldwebel Neumann wurde herausgerufen. Hauptmann Winkler wandte sich ganz zu mir und antwortete: «Das mag ja alles stimmen, was Sie sagen, aber wer macht da mit? Gastgeber bestimmt nicht, und der Stellvertreter? Ich weiß nicht, was Sie hinter sich haben, aber ich erlebe das nicht das erste Mal und habe meine Erfahrungen. Ich spreche nicht gern darüber, und wenn ich

Ihnen davon erzähle, dann nur, damit Sie sich keine Illusionen über die Haltung unserer Vorgesetzten machen.»

Sein Gesicht wurde nachdenklich.

«Anfang Februar dieses Jahres war ich in Hinterpommern», begann er. «Ich gehörte zur Heeresgruppe Weichsel oder, genauer gesagt, zur elften Armee. Den Oberbefehl hatte Himmler. Er sollte den Vormarsch der russischen Truppen nach Norden nicht nur zum Stehen bringen, sondern in südlicher Richtung in ihre Flanke fallen, um die Front an der Oder zu entlasten.

Unser Gebiet war stark ausgebaut worden. Sie haben bestimmt vom Pommernwall gehört. Er erstreckte sich von Norden nach Süden, von Stolp bis Schneidemühl. Bis zum Beginn der Kämpfe wurde daran gearbeitet. Dazu hatte man Scharen aus der deutschen und polnischen Bevölkerung sowie Gefangene herangezogen. Einige Städte waren zu Festungen ausgebaut worden. An der Front und in den tiefgestaffelten Feldbefestigungen standen die verschiedensten gut ausgerüsteten Verbände. Über zweihunderttausend Mann gehörten zu unserer Armee, die am sechzehnten Februar mit Teilen im Raum westlich Stargard zum Angriff antrat. Nach anfänglichen Erfolgen mußten die Divisionen jedoch wieder zurückweichen. Anfang März gingen dann die russischen Truppen in die Offensive. Sie durchbrachen die Stellungen und nahmen eine Ortschaft nach der anderen. Es gab Städte, die weiße Fahnen setzten, und andere, um die längere Zeit gekämpft wurde. Schon Mitte März war ich nicht mehr jenseits, sondern diesseits der Oder.»

Er unterbrach seinen Bericht, stand auf und trat ans Fenster. Dann drehte er sich um und streckte eine Hand und den Kopf etwas vor, als ob er jetzt erst zum Kern kommen wolle.

«Sie können sich bestimmt vorstellen, daß damals in einigen Städten ähnliche Situationen eintraten wie hier in Stralsund. Auch dort waren Menschen, die überlegten, einsahen, nicht mehr konnten oder wollten. Und es gab auch andere. Ich habe sie selbst erlebt, die Kettenhunde der Feldgendarmerie und die Kommandos der SS. Jeder, der sich nicht exakt ausweisen konnte, wurde aufgegriffen, vor Gericht gestellt und erschossen. Doch das schien noch nicht genügend zu wirken. Wir sollten die Vollstreckungen miterleben, sollten stets vor Augen haben, was uns erwartete, wenn wir wankend würden. Und es sollte noch schrecklicher kommen.»

Während der letzten Worte hatte er nervös in die Tasche gegriffen und ein Päckchen Zigaretten herausgeholt. Doch dann rauchte er nicht, vergessen drehte er die Zigarette zwischen den Fingern und sprach weiter.

«Ich fuhr mit meinem Abteilungskommandeur zum Stab. Auch wir wurden angehalten, konnten uns aber ordnungsgemäß ausweisen. Dann sahen wir die Henker. Auf einem Lastwagen standen die Verurteilten: Zivilisten, Soldaten und Offiziere, die Hände gefesselt. Unter jedem Baum und an jeder Laterne wurde angehalten. Wer an der Reihe war, bekam die Schlinge um den Hals. Das andere Ende wurde festgebunden, und der Wagen fuhr weiter, wieder einen Erhängten zurücklassend. Einige trugen ein Schild auf der Brust. ‹Ich war ein Feigling› oder ‹Ich wollte mit den Russen paktieren›. Als dann sogar eine Krankenschwester umgebracht wurde, konnte ich mich nicht mehr beherrschen. Mein Kommandeur hatte Mühe, mich zurückzuhalten. Seit dieser Zeit werde ich die Bilder nicht mehr los.»

Er blickte aus dem Fenster, als sähe er alles wieder vor sich. Schließlich unterbrach er die Stille, die nach seinem Bericht im Zimmer gelastet hatte. Er zündete die Zigarette an, die er vergessen hatte, und fuhr fort: «Ich habe mich damals bemüht, diese gräßlichen Vorgänge sogar noch zu verstehen. Ich dachte mir, in jeder Armee gibt es Deserteure, Feiglinge und Verräter, und man wird diese in jedem Falle zur Verantwortung ziehen. Aber dann kamen die Zweifel: Wie kann eine Führung in diesem Umfang zu solchen Mitteln greifen? Und die Henker blieben nicht bei den eigenen Leuten stehen. Kriegsgefangenenlager mußten geräumt werden. Jetzt wurden die Gefangenen lästig, unnütze Esser. Jeder wußte, daß diese Lager nach dem Völkerrecht entweder ordnungsgemäß evakuiert oder dem Gegner übergeben werden mußten. Die Genfer Konvention wurde mit Füßen getreten. Die Lager wurden verlegt, und die Begleitkommandos sorgten dafür, daß die Zahl der Gefangenen mit wachsender Strecke abnahm. Ihr Weg hinterließ eine gräßliche Spur, und sie wird bei den Russen Haß gegen uns wecken, denn es waren meist ihre Landsleute, die nicht überlebten.»

Winkler ließ sich in den Sessel fallen und stützte seinen Kopf in die Hand. Ich war erschüttert über diesen Bericht. Daß Deserteure vor Gericht gestellt wurden, wußte ich, und was sich dort abspielte, konnte ich nach dem Prozeß in Schwerin ahnen. Aber Winkler hatte mir vor Augen geführt, was sich in den nächsten

Tagen auch hier in Stralsund abspielen konnte. Da die Lage heute weitaus kritischer war als vor einigen Monaten, lag es nahe, daß noch grausamer gemordet wurde.

«Was Sie berichtet haben, ist kaum zu fassen. Doch was hat das alles genutzt? Die Russen stehen doch in Berlin, vielleicht haben solche Urteile sogar dazu beigetragen, unsere Verteidigung zu zersetzen.»

«Natürlich», antwortete Winkler, «mit dem Gedanken, schlimmer kann es bei den Russen auch nicht sein, liefen immer mehr über. Außerdem hatte sich herumgesprochen, daß sie die Gefangenen nicht umbrachten, wie man uns immer weismachen wollte. Eine Gefangenschaft stelle ich mir schrecklich vor, aber wäre ich nicht durch einen glücklichen Umstand über die Oder gekommen, hätte ich in meiner damaligen Verfassung den Weg zu den Russen gefunden.»

«Was Sie geschildert haben, ist furchtbar, und dafür werden wir uns verantworten müssen, wenn ich auch von mir selbst und von meiner Kompanie mit gutem Gewissen sagen kann, daß wir an ähnlichen Vergehen nicht teilgenommen haben. Der Gegner wird nicht alle über einen Kamm scheren. Von der Angst vor der Gefangenschaft sollten wir uns deshalb nicht leiten lassen.»

«Ihr Wort in Gottes oder besser gesagt in der Russen Ohr. Vielleicht ist der Stellvertreter von Hauschulz, der morgen kommt, schon einer von der Sorte, wie ich sie erlebt habe?»

«Das kann ohne weiteres möglich sein», mußte ich zugeben. «Aber bedenken Sie die Lage in der Stadt. Es stehen weder Soldaten noch Waffen zur Verfügung, und diese Tatsachen müssen doch überzeugen.»

Hauptmann Winkler sprang erregt auf.

«Natürlich ist das und vieles andere überzeugend für Sie, für mich, ja vielleicht für die meisten hier in der Stadt. Aber was haben Sie und die anderen davon, wenn Sie Ihre Meinung laut hinausschreien und man Sie dafür an die Wand stellt? Tun Sie, was Sie nicht lassen können, aber seien Sie vorsichtig, und setzen Sie nicht zuviel Verständnis für Ihre Überlegungen voraus, so real sie auch sein mögen.»

Bei den letzten Worten war er wieder ruhiger geworden. Ich wollte doch noch einmal zum Zimmer des I a sehen. Während ich aufstand, um mich zu verabschieden, fragte ich ihn: «Sie werden doch morgen bei der ersten Besprechung mit dem Stellvertreter anwesend sein?»

Er schüttelte den Kopf. «Ich glaube kaum, daß ich dazu aufgefordert werde, und von mir aus sehe ich keine Veranlassung zu kommen.»

Ich verabschiedete mich. Er hatte mich einen Blick in sein Innerstes tun lassen. Das war nicht der Schiedsrichter, der Mann, der über den Dingen stand, wie ich zu Anfang gedacht hatte. Er billigte meine Überlegungen, würde mich aber kaum unterstützen. Die Erlebnisse hatten ihn geschockt, aus der Bahn geworfen.

Gastgebers Zimmer war immer noch verschlossen. Auch gut, dachte ich und ließ mir mein Abendbrot geben.

Draußen war es schon dunkel geworden, und die Straßen waren menschenleer. Ich ging noch ein paarmal um das Theater. Der Bericht Winklers ließ mich nicht los. Ich begriff, daß solche Erlebnisse sehr nachhaltig sein konnten. Er wollte morgen nicht dabeisein, wenn der Neue kam, und gerade dort hätte er mir als Verbündeter nutzen können.

4

27. April 1945. – Es war noch recht früh, als ich beim I a anklopfte. Auch ihn hatte es aus dem Bett getrieben, keiner wußte, wann der Vertreter des Stadtkommandanten zu erwarten war. Nachdem wir uns begrüßt hatten, begann er: «Ich war gestern nachmittag auf dem Dänholm. Dort konnten Sie noch eine voll intakte Truppe sehen. Bis vor einigen Tagen haben die regelrecht Friedensausbildung gemacht, eine Ausbildung, wie wir beide sie noch erlebt haben. Es ist ein Jammer, daß wir diese Leute loswerden. Heute rücken sie im Laufe des Vormittags ab. Aber was hilft's! Wir müssen eben so zurechtkommen. – Sie haben sich also umgesehen. Wird an den Befestigungen weitergearbeitet?»

Ich mußte bei dem Wort «Befestigungen» lächeln und antwortete: «Keine Menschenseele war weit und breit zu sehen, nur der Posten tat Dienst, der die Wagen mit den Flüchtlingen auf die Insel Rügen lenkte. Die Stellungen waren leer, alles war in die Kasernen abgezogen. Ich nehme an, daß es heute morgen nicht anders aussieht.»

Es klopfte, und ein Unteroffizier trat ein.

«Herr Hauptmann, die Meldungen über die augenblicklichen Stärken der Einheiten.»

Gastgeber nahm die Umschläge in Empfang. Er öffnete sie und zeigte auf einige Blätter Papier.

«Bitte nehmen Sie sich etwas zum Schreiben. Auch ich bin neugierig, was uns verblieben ist. Beginnen wir mit ...»

Er unterbrach sich, denn draußen auf dem Gang waren eilige Schritte zu hören. Ein Gefreiter trat ein. «Herr Hauptmann, draußen steigt ein General aus dem Wagen.»

Wir standen auf, ließen Meldungen Meldungen sein und griffen nach unseren Mützen. «Gehen wir», meinte Gastgeber.

Kaum hatten wir das Zimmer verlassen, kam uns schon ein großer, breitschultriger Mann entgegen. Er schien den ganzen Gang auszufüllen. Golddurchwirkte geflochtene Schulterstücke auf dem Mantel wiesen ihn als Generalmajor aus. Sein kantiges Gesicht ließ im Halbdunkel des Flures keine freundlichen Züge erkennen. Der I a meldete und stellte uns beide vor.

«Da treffe ich ja gleich die beiden Richtigen. Breusing ist mein Name. Gehen wir zu Ihnen.»

An uns vorbei trat er ins Zimmer. Mitten im Raum drehte er sich um. «Reichlich klein hier. Für Theaterpuppen mag es ausgereicht haben. Zeigen Sie mir lieber mein Dienstzimmer. Ich hoffe, es wird etwas größer sein. Bringen Sie alles gleich mit, was zu meiner Orientierung nötig ist.»

Während Gastgeber ein paar Bogen zusammenraffte, zeigte ich dem General das Zimmer von Hauschulz. Er zog seinen Mantel aus und setzte sich gleich an den Schreibtisch. Nachdem ich ihm mitgeteilt hatte, daß er im Kasinogebäude der Prinz-Moritz-Kaserne wohnen würde, erkundigte er sich nach Hauschulz. Ich berichtete ihm kurz das Vorgefallene. Er nahm alles ohne innere Anteilnahme auf, kein persönliches Wort fiel, von ihm strahlte nur «Dienst» aus. Als der I a erschien, trat er mit uns an die Wandkarte.

«Bevor wir über die Lage in Stralsund sprechen, werde ich Sie über die Ereignisse an der Front aufklären. Um Berlin wird hart gekämpft. Die Russen haben zwar die Stadt umschlossen, müssen sich aber gegen zwei Fronten wehren, gegen den Widerstand der

Verteidiger und gegen die Kräfte, die von außen her ständig angreifen. Starke Verbände unserer Truppen rücken aus dem Raum Luckenwalde nach Norden in Richtung Potsdam mit Erfolg vor und werden sich mit der vom Westen angreifenden zwölften Armee vereinen. Beide Kräftegruppen haben den Befehl, den Ring um Berlin zu sprengen. Die Heeresgruppe Mitte unter Feldmarschall Schörner wird ebenfalls durch verstärkte Angriffsoperationen die Verteidiger der Hauptstadt wirksam unterstützen. Der anfänglich erfolgreiche Vorstoß der Russen in Richtung Norden, also gegen Vorpommern und Mecklenburg, ist zum Stehen gekommen. Alle Städte im Süden von uns sind zu Festungen ausgebaut worden und leisten energischen Widerstand.

Durch eine Weisung der NSDAP wurde den Kommandeuren befohlen, allen Offizieren und Soldaten klarzumachen, daß der Krieg nicht im Westen, sondern im Osten entschieden wird. Das Halten der Ostfront ist also eine Voraussetzung für die Wende des Krieges. Daher gilt es, Zeit zu gewinnen. Jeder Tag, jede Stunde, die den Gegner durch die Verteidigung einer Ortschaft oder Stadt aufhalten, sind kostbar. Somit gelten alle diesbezüglichen Befehle in verstärktem Maße. Wie ich hörte, soll Stralsund im Ausbau recht gut vorangekommen sein. Über einiges bin ich schon orientiert. Darf ich dann um Ihren Bericht bitten.»

Hauptmann Gastgeber breitete die Karte von Stralsund vor dem General aus, nahm die letzten Meldungen zur Hand und begann sofort mit seinen Ausführungen. Während Breusing saß und auf die Karte sah, standen wir beide rechts und links neben ihm.

«Herr General, ich erhielt kurz vor Ihrem Eintreffen die Meldungen über den personellen Bestand in den Einheiten, nachdem durch den gestrigen Befehl über tausend Mann zum Kampf um Berlin in Marsch gesetzt wurden.»

Er wandte sich zu mir: «Sie notieren die angegebenen Zahlen, damit wir nachher die Gesamtsumme zur Hand haben.»

Die Ausbeute war nicht zu groß. In der Kaserne Schwedenschanze waren Kadetten, gerade 17 Jahre alt, und das Ausbildungspersonal für diesen Offiziersnachwuchs geblieben, etwas über 300 Mann insgesamt. Auf dem Dänholm lagen noch 150 Mann und über 100 Genesende. Die übrigen Kasernen gaben zusammen nicht mehr als 300 Mann an, so daß nicht ganz tausend zusammenkamen.

Der General wandte sich zu uns.

«Das kann doch nicht alles sein, was uns zur Verfügung steht?»

«Im wesentlichen ja», erwiderte der I a, «der Flugplatz Parow ist zur Räumung bereit. Die Flieger haben Befehl, nach Flensburg abzurücken, und die Reste der SS-Einheiten in der Heilanstalt stehen uns nur bei einem unmittelbaren Angriff zur Verfügung, falls sie nicht auch vorher abberufen werden. In der Stadt befinden sich einhundertfünfzig Hitlerjungen in der Ausbildung. Sie, die Polizei und die Feuerwehr sind dem Polizeimajor Hübner unterstellt.

Unsere Bewaffnung besteht im wesentlichen aus Gewehren, Maschinengewehren und Panzerfäusten. Ein Silo am Sund ist als Befehlsstand eingerichtet worden, die nötigen Telefon- und Funkanlagen sind eingebaut. Die Ziegelgrabenbrücke über den Sund ist zur Sprengung vorbereitet. Zum Stellungsbau wird Oberleutnant Meyer Auskunft geben.»

Ich hatte nicht viel zu berichten. Die ausgebauten Stellungen im Norden und Süden der Stadt, die Panzersperren und die nicht fertig gewordenen Panzergräben hatte ich bald auf der Karte angedeutet.

Der General sah uns fragend an.

«Das ist also alles, was hier gemacht worden ist? Sehr dürftig, meine Herren. Darf ich wissen, wie Sie sich die Verteidigung der Stadt nun konkret gedacht haben?»

Da Gastgeber schwieg, ergriff ich das Wort, denn auf diese Frage hatte ich gewartet.

«Ihre Bestürzung, Herr General, ist berechtigt, von einer ernsthaften Verteidigung der Stadt kann unter diesen Umständen keine Rede sein. Ein Beschuß würde ein furchtbares Blutbad unter Frauen, Kindern und vielen Verwundeten in den Lazaretten anrichten.»

Weiter kam ich nicht. Der General stand auf, und ich trat unwillkürlich einen Schritt zurück. Er blitzte mich an.

«Was reden Sie da? Ich will Stralsund nicht verteidigen? Ich verbitte mir solche Unterstellungen und will nicht hoffen, daß das Wort Kapitulation zu Ihrem Wortschatz gehört. Ich halte Ihnen die augenblicklichen schwierigen Umstände zugute. Stralsund wird verteidigt, und wenn die vorhandenen Mittel nicht ausreichen, so ist es unsere Aufgabe, sie zu beschaffen. Einem Wallenstein hat die Stadt getrotzt. Auch uns werden die Russen nicht unvorbereitet antreffen.»

Er wandte sich an den I a. «Durch den plötzlichen Ausfall von

Herrn Hauschulz scheint einiges ins Schleppen geraten zu sein. Bei meiner Herfahrt sah ich am Rand Stralsunds kaum Soldaten in den Stellungen, soweit man die paar Gräben und Löcher so bezeichnen kann. Folgende Fragen müssen noch heute geklärt oder in Angriff genommen werden:

Alle Einheiten erhalten den Befehl, sämtliche Männer in die Stellungen zu schicken, um diese weiter auszubauen.

Die Lazarette sind aufzufordern, alle Einsatzfähigen in Marsch zu setzen und unseren Einheiten zuzuführen. Entlassungen und Beurlaubungen nach außerhalb sind verboten.

Alle Zivilisten werden zum Ausbau der Sperren herangezogen. Dazu möchte ich den Bürgermeister sprechen. Verabreden Sie einen geeigneten Zeitpunkt.

Der Gefechtsstand im Silo ist sofort so herzurichten, daß er jederzeit besetzt werden kann. Für eine ständige Wache ist Sorge zu tragen.

Der Stab ist auf mindestens sechs Offiziere zu erweitern.

Um dreizehn Uhr kommen alle Stabsangehörigen und Kommandeure der Einheiten zu mir.

Sofort muß ein Offizier nach Güstrow fahren, sich über die Lage informieren und versuchen, schwere Waffen herzuleiten. Wer könnte das tun?»

Ich glaubte eine Gelegenheit zu haben, meine Bedenken am richtigen Ort vortragen zu können. Daher meldete ich mich sofort. Der General sah mich prüfend an, dann stimmte er zu.

«Ich bin einverstanden. Ich gebe Ihnen ein Schreiben mit, und Sie besorgen sich inzwischen die nötigen Papiere, damit Sie durchkommen. Meine Auffassung ist Ihnen bekannt, und die wird vertreten.»

«Zu Befehl, Herr General.»

Ich verließ sofort den Raum, um alles in die Wege zu leiten.

Das also war die erste Begegnung mit dem Neuen. Fast alle Angehörigen des Stabes hatten große Erwartungen in ihn gesetzt. Wie andere auch hatte ich insgeheim gehofft, einen Vorgesetzten zu erhalten, der die Tatsachen anerkennen, sich ihnen nicht verschließen würde. Wir wurden enttäuscht. Einige jedoch waren froh, daß ihnen die eigene Entscheidung abgenommen wurde und sie sich auf den Befehl berufen konnten. Der General, der nach Stralsund gekommen war, war bereit, die Stadt zu verteidigen und alle Befehle auszuführen.

In der Schreibstube traf ich Oberfeldwebel Neumann. Ich erzählte ihm von der Begegnung mit dem General und meiner bevorstehenden Fahrt nach Güstrow. Dort wollte ich die Lage Stralsunds ungeschminkt darlegen und hoffte, beim Generalkommando auf Verständnis zu stoßen.

«Meinen Sie, Herr Oberleutnant, daß man in Güstrow für Sie ein Ohr hat? Ich glaube nicht, daß Sie jemand finden werden, der sich für Stralsund die Finger verbrennt. Kommen Sie schnell zurück, wenn Sie erfahren haben, was dort gespielt wird.»

Als ich ihm sagte, daß der General seine Meinung vielleicht doch noch ändern würde, wenn er sich erst einmal alles genauer angesehen hätte, schüttelte er den Kopf.

«Ich weiß nicht recht, Herr Oberleutnant, ob Sie da nicht zuviel erwarten. Auf jeden Fall gute Fahrt!»

Ich hatte mir im Kochgeschirr etwas Essen holen lassen. Dann nahm ich Brief und Papiere in Empfang, und bald darauf rollte der Wagen der Rostocker Chaussee zu. Bereits nach einigen Kilometern wurden wir angehalten. Ein Offizier der Feldgendarmerie kontrollierte alles, was vorbeikam. Ich wartete nicht, sondern ging vor und wies mich aus, denn meine Zeit war mir zu kostbar. Mehrere Feldgendarmen mit angelegten Maschinenpistolen hielten sich im Hintergrund und beobachteten mißtrauisch die Szene.

Wir passierten, und weiter ging es nach Rostock, von dort in Richtung Süden. Da nur wenige Fahrzeuge auf der Straße waren, kamen wir schnell voran. Der Fahrer und ich hatten bisher nur wenig miteinander gesprochen, denn immer wieder hielten uns Frauen oder Kinder an, die ein Stück mitfahren wollten. Jetzt war der Wagen das erste Mal leer.

«Jabos! Vor uns!» rief der Fahrer plötzlich und lenkte den Wagen unter einen großen Baum. Die Bremsen quietschten, zwei Jagdflugzeuge rasten links und rechts im Tiefflug über die Straße. Hatten sie uns gesehen, dann kamen sie bestimmt von der Seite wieder zurück. Wir verhielten uns ruhig, bis sie abgeflogen waren. Vielleicht bot unser Wagen kein lohnendes Ziel, oder sie hatten nichts bemerkt. Ohne weitere Zwischenfälle erreichten wir schließlich Güstrow. Der Kasernenkomplex, in dem das Generalkommando seinen Sitz hatte, war schnell gefunden. Ich gab einem jungen Leutnant meinen Brief und wartete. Es dauerte nicht lange, bis ein schlanker Oberst mich in sein Zimmer rief.

«Wie ich sehe, ist General Breusing bereits in Stralsund angekommen. Sie kennen den Inhalt des Briefes?»

Um mehr zu erfahren, bejahte ich die Frage.

«Das ist gut», antwortete er, «dann können Sie die Antwort mündlich überbringen. Wir sind nicht in der Lage, seinen Wünschen zu entsprechen. Wir verfügen weder über Reserven noch über schwere Waffen. Alles Verfügbare ist aufgeboten, um den russischen Vormarsch aufzuhalten und nach Süden vorzustoßen. Wie lange wird Stralsund mit den augenblicklichen Mitteln gehalten werden können?»

Ich zögerte einen Augenblick mit der Antwort.

«Zwei bis vier Stunden, je nachdem, was der Gegner aufbietet, sind das höchste», gab ich zurück.

Er schien damit nicht zufrieden zu sein.

«Soweit ich mich erinnere, liegt der Stadtkern doch recht vorteilhaft, im wesentlichen durch Seen und Sund begrenzt. Wenn nach außen Schußfeld vorhanden ist und Stützpunkte günstig gewählt werden, müßte hier doch bedeutend mehr zu machen sein.»

Ich beging einen Fehler und antwortete zu schnell.

«Dazu, Herr Oberst, müßten die meisten Häuser, ja ganze Straßenzüge der Außenbezirke gesprengt werden. Aber gerade dort liegen die Lazarette mit Tausenden von Verwundeten. Und dann wissen wir nicht, wo wir die Einwohner unterbringen sollen. Außerdem würde der Gegner statt ein paar Stunden höchstens einen Tag aufgehalten werden können, die Innenstadt aber in Flammen aufgehen. Die Verluste stünden in keinem Verhältnis zum Ergebnis.»

Der Oberst fiel mir ins Wort und fuhr mich unwirsch an.

«Ein paar Stunden, sagten Sie? Ist Ihnen nicht bekannt und nicht bewußt, daß jede Stunde, die wir dem Feind abringen, entscheidend für das Schicksal unseres Vaterlandes sein kann? Wenn es um große Dinge geht, sind kleinliche Bedenken fehl am Platze. Ich bin überzeugt, Herr General Breusing teilt Ihre Ansichten nicht. Sie warten hier. Sie erhalten schriftliche Weisungen. Nehmen Sie Platz.»

Während ich mich setzte, ging er hinaus. Ich mußte meine Erregung unterdrücken. Ein zweites Mal hatte man mich zurechtgewiesen. Überschätzte ich die Gefahren, die Stralsund drohten? Was der Oberst mit dem Schicksal des Vaterlandes meinte, konnte ich mir denken. Doch sind das nicht die Menschen, um die es geht? Waren es «kleinliche Bedenken», wenn ich an die Opfer möglicher Kämpfe um Stralsund dachte? Der zurückkehrende Oberst unterbrach meine Gedanken. Er hielt einen versiegelten Brief in der Hand.

«Bestätigen Sie mir den Empfang und fahren Sie sofort los.» Da mir nichts anderes einfiel, bat ich um eine Anweisung zum Tanken. Er drängte zu schneller Abfahrt.

«Lassen Sie das Ihren Fahrer machen, ich rufe bei der Tankstelle an. Essen Sie schnell noch. Der General muß heute noch das Schreiben erhalten. Sie haften dafür!»

Ich grüßte und verließ den Raum. Eine gute Stunde noch, dann fuhren wir wieder.

Zurück fuhren wir durch einige kleine Städte, an deren Ausgängen immer wieder Leute mitgenommen werden wollten. Der Fahrer schien das gern zu tun, denn meist wurden ihm Zigaretten als Dank zugesteckt. Mich kümmerte das wenig. Ich hatte den Brief aus der Tasche genommen und betrachtete ihn. Ob der Oberst meinen Einwand erwähnt hatte? Wenn wir in diesem Tempo weiterfahren würden, wüßte ich es bald. Doch wozu? Breusing sollte ihn heute noch erhalten, hatte der Oberst befohlen. Und wenn ich den General am späten Abend nicht mehr anträfe? Ich wollte in Ruhe überlegen.

Der Wagen hatte gerade keine Gäste, und ich bat den Fahrer zu halten. Wir befanden uns in einem Waldstück. Er ließ den Wagen ausrollen und hielt an einer Schneise. Ich ging ein Stück in den Wald und setzte mich auf einen Baumstumpf. Ein Streifen von frischem saftigem Gras zog sich an dem Grabenrand entlang, und wie ein blaues Band, von Baumwipfeln umsäumt, erschien ein Teil des Himmels über dem Waldweg. Still war es ringsum. Kein Strauch, kein Baum bewegte sich. Die aufragenden, noch kahlen Äste teilten die Sonnenstrahlen, die das Moos an den Baumwurzeln aufleuchten ließen. Gegenüber der Schneise raschelte es. Ein Reh hatte im Lauf verhalten, jetzt setzte es seine Lauscher auf und äugte nach allen Seiten. Obwohl ich still saß, hatte es mich doch wahrgenommen, verschwand und führte mich damit in die Gegenwart zurück.

Ein Sprung über den Graben brachte mich wieder auf die Straße. Der Fahrer sah mich fragend an, mein «Austreten» hatte etwas länger gedauert. Ich lächelte.

«Schon ungeduldig geworden? Ich habe ein Reh beobachten können, aber jetzt geht es weiter.»

Es war noch nicht spät, als der Wagen in Stralsund vor dem Theater hielt. Ich ging zum Oberfeldwebel Neumann und war erst einmal beruhigt, als ich erfuhr, daß der General und sein I a bereits gegangen waren.

«Ich habe, so gut es ging, versucht aufzupassen, Herr Oberleutnant. Eine Zeitlang haben die beiden noch im Kommandantenzimmer gesessen, dann fuhren sie zusammen los. Zur Besprechung am Nachmittag waren viele erschienen. Doch da ging wohl nicht alles glatt, denn der General wurde manchmal recht laut. Übrigens kommen noch zwei Offiziere zu uns in den Stab.»

Ich erzählte von meinem Versuch in Güstrow und zeigte ihm den Brief, den ich möglichst erst am nächsten Morgen abgeben wollte. Er hatte vom Generalkommando nichts anderes erwartet und befürchtete, daß Breusing so handelte, wie man es von ihm verlangte, vielleicht noch schärfer durchgreifen würde. Nachdem ich mich von ihm verabschiedet hatte, fiel ihm noch etwas ein; er kam mir bis zur Tür nach.

«Zwei Dinge werden Sie auch interessieren, Herr Oberleutnant. Hermann Göring ist abgelöst worden, und der Gauleiter Schwede-Coburg soll schon auf Rügen sein und sich dort eingenistet haben.»

Das war wirklich nicht uninteressant. Was mochte sich in Berlin im Führerhauptquartier während dieser Tage abspielen? Und dieser Schwede-Coburg? Die Ratten verließen also das sinkende Schiff!

Ob der General sich einen Überblick von der Lage in Stralsund verschafft hatte? Vielleicht stand ich mit meiner Meinung nicht allein. Ich mußte morgen früh unbedingt noch mehr über den Verlauf der Besprechung am heutigen Nachmittag erfahren.

An einem Fenster des Ganges war ich stehengeblieben. In Gedanken ließ ich den Tag an mir vorüberziehen. Die Hoffnung, mit meinen Argumenten meine Vorgesetzten beeinflussen zu können, war gescheitert. Sie hielten sich weiterhin an die Befehle. Und ich, ein kleiner Oberleutnant, wollte mich nicht an diese Befehle halten?

Immer dringender wurde für mich die Antwort, wie ich meine Überlegungen verwirklichen sollte. Zwar erkannte ich, daß es wohl besser wäre, in Zukunft diesen Vorgesetzten gegenüber zu schweigen und auf eigene Faust oder mit Hilfe einiger Verbündeter der drohenden Katastrophe entgegenzuwirken. Aber wer sollten die Verbündeten sein. Ich suchte keine und konnte mich auch zu keiner Tat durchringen.

Plötzlich wurde ich angesprochen.

«Entschuldigen Sie bitte, Herr Oberleutnant, ich sah Sie noch im Gang stehen. Ich glaube, der General kommt zurück.»

Ich hatte mich sofort umgedreht. Oberfeldwebel Neumann war unvermutet von hinten an mich herangetreten. Ich zog ihm mit mir ein Stück auf die Treppe zum nächsten Stockwerk hinauf.

«Hören Sie, ich möchte den Brief erst morgen abgeben. Wenn der General sich bei Ihnen nach mir erkundigt, so sagen Sie ihm, daß ich zurück sei, aber ich hätte gerade wieder das Gebäude verlassen. Von dem Schreiben kein Wort, klar?»

Er sah mich an.

«Ich verstehe, Herr Oberleutnant, das geht in Ordnung.»

Während Neumann in den Flur zurückging, wartete ich, bis der General und sein I a vorbei waren. Dann verschwand ich aus dem Gebäude.

Draußen war es dunkel geworden. Der 27. April neigte sich dem Ende zu. Morgen früh mußte ich zuallererst den I a abfangen, um von der Besprechung zu erfahren. Vor allem interessierte mich, ob es jemand unter den Offizieren gegeben, der Bedenken oder Zweifel geäußert hatte.

5

Im Gegensatz zu allen Ereignissen hielt sich das gute Wetter. Zu meiner Verfassung hätte am Morgen des 28. April eher ein wolkenverhangener Himmel gehört. Trotz allem empfand ich die wärmende Sonne angenehm und betrat gefaßt den Seiteneingang des Theaters.

Gastgeber saß schon an seinem Schreibtisch; General Breusing hatte ihm wohl einiges aufgebürdet. Ich grüßte freundlich. Hauptmann Gastgeber hob den Kopf aber nur wenig, sagte unwillig ein «Guten Morgen» und vertiefte sich wieder in seine Aufzeichnungen. Er ließ mich spüren, daß ich ihn nicht nur bei der Arbeit störte. Mit meinen Auffassungen und mit mir wollte er wenig zu tun haben. Doch ich ließ mich davon nicht beeindrucken und erzählte von meiner Fahrt nach Güstrow. Ob er wollte oder nicht, das mußte ihn interessieren.

«Das Generalkommando kann die Wünsche des Kommandanten nicht erfüllen», begann ich. «Wir sollten froh sein, meint man, daß man uns noch so viele Soldaten läßt. An den Fronten werde jetzt jeder Mann gebraucht.»

Ohne aufzusehen, erwiderte Hauptmann Gastgeber: «Das hätten wir uns denken können. Die Fahrt nach Güstrow wäre nicht nötig gewesen, das heißt, wenn Sie nichts weiter zu berichten haben.»

Ich holte den Brief aus meiner Kartentasche und hielt ihn so, daß die Siegel auffallen mußten. Jetzt wurde er aufmerksam, griff nach dem Umschlag und besah ihn von allen Seiten.

«Wissen Sie, was drin steht?» fragte er neugierig-forschend.

«Nein», antwortete ich, «ein Oberst übergab es mir in verschlossenem Zustand. Zum Inhalt sagte er nichts. Ich habe für den Brief unterschreiben müssen und soll ihn dem General persönlich aushändigen.»

«Haben Sie keine Sorge, ich öffne ihn nicht. Der General wird bald kommen. Sie können ihm dann alles selbst sagen und übergeben.»

Er tat, als sei die Sache für ihn erledigt, und schrieb weiter. Hatte ich ihn jetzt beleidigt? Ich ließ nicht locker.

«Sie entschuldigen, aber es ist doch wohl notwendig für mich, einiges über die gestrige Dienstbesprechung zu erfahren.»

Gastgeber richtete sich auf und antwortete: «Natürlich, Sie waren ja nicht dabei.»

Etwas zugänglicher wandte er sich an mich: «Übrigens, was war denn gestern vormittag mit Ihnen los? Sie kannten den neuen General doch noch gar nicht. Ihre Äußerungen klangen sehr nach kampfloser Übergabe, und gerade vorher hatte er uns die Notwendigkeit der unbedingten Verteidigung klargemacht. Sie haben noch einmal Glück gehabt. Vergessen Sie nicht, Hauschulz war ein kranker Mann. Jetzt weht ein anderer Wind, und das wird höchste Zeit. Noch am Vormittag hat General Breusing mit dem Staatskommissar Doktor Fichtner verhandelt. Die Zivilisten werden sich in den nächsten Tagen wundern, besonders im Panzergrabenbau ist noch vieles nachzuholen. Alle Soldaten sind ab heute in den Stellungen, auch dort muß aufgeholt werden.»

Jetzt hatte er seinen üblichen Ton wiedergefunden, und dozierend fuhr er fort: «Bei der Besprechung waren viele anwesend. Es schien so, als wollte jeder den neuen Kommandanten kennenlernen. Schade, daß Sie nicht dabei waren, die Haltung des Generals ist eindeutig. Das zeigte sich besonders, als einige auf die schwierige Situation hier in Stralsund hinwiesen und daran zweifelten, die Stadt längere Zeit wirksam verteidigen zu können. Leider kann ich Ihnen nicht wörtlich wiedergeben, was der General geantwortet hat. Aber mit wenigen Sätzen waren alle Unklarheiten beseitigt, wobei die vorliegenden Befehle weitere Anfragen dieser Art überflüssig machten. Eines steht fest, wenn der General die Unterstellung aller Bereiche unter seinen Befehl durchsetzen wird, und daran zweifle ich nicht, dann läßt sich hier wirklich noch sehr viel machen.» Er sah auf die Uhr.

«Sie werden verstehen, ich habe zu tun, bis der General kommt. Sie können bei mir warten, wenn Sie wollen.»

Daran war ich nun nicht mehr interessiert und verließ deshalb den Raum.

Es gab also noch einige, die die Meinung Breusings nicht teilten. Man müßte sie kennen, aber vom Ia würde ich die Namen kaum erfahren. Es wäre unklug gewesen, Gastgeber danach zu fragen. So wartete ich auf den General, schließlich wußte ich noch nicht, was in dem Brief stand. Endlich fuhr der schwarze Wagen vor. Ich benachrichtigte den Ia. Gastgeber unterbrach sofort seine Arbeit, und wir gingen beide in das Zimmer des Kommandanten.

Nachdem ich meine Meldung erstattet hatte, händigte ich dem General den Brief aus. Breusing öffnete ihn sofort. Gespannt verfolgte ich sein Mienenspiel. Doch er blieb ruhig.

«Hätte ich mir denken können», begann er, «die sind auch nicht in der Lage, uns zu helfen, sie haben mit sich selber zu tun. Was soll aber der ausdrückliche Hinweis bedeuten, alle personellen und örtlichen Möglichkeiten der Stadt zu nutzen, um den Gegner eine möglichst lange Zeit zu binden? Mir ist das klar! Haben Sie da irgendwelche Bedenken geäußert?»

Damit war ich gemeint. «Nein, Herr General, diese Hinweise gingen noch einmal an alle Festungskommandanten, ich konnte den für Stralsund gleich mitnehmen.»

Er gab sich mit der Antwort zufrieden. Dann schickte er den Ia an die Arbeit, wie er sagte, ich sollte ihn begleiten.

Vor dem Theater warteten schon ein Major und ein Hauptmann auf uns, dann gingen wir zusammen zum Sund. Am Ufer blieben wir stehen. Ein Bagger hatte hier schon begonnen, einen Graben auszuheben, doch im Augenblick stand das Gerät.

«Meine Herren», begann Breusing, «der Panzergraben wird zum Durchstich erweitert und, mit Wasser gefüllt, ein noch größeres Hindernis bieten. Um in Richtung Norden den Angriff besser abwehren zu können, muß Schußfeld geschaffen werden. Dazu ist notwendig, daß zunächst diese beiden Häuser hier verschwinden. Ob es ausreichen wird, wird sich dann herausstellen. Herr Meyer, ich mache Sie für die Durchführung dieser Befehle verantwortlich. Außerdem fahren Sie zum Flugplatz und erkunden dort die Lage. Es genügt, wenn Sie den Eins a orientieren. Das wär's für Sie. Ich gehe mit den Herren weiter zum Bahnhof.»

Ich hatte den Eindruck, daß er mich los sein wollte. Nach meinen Fragen am Vortag störte ich seine Überlegungen. Die mir erteilten Befehle zeugten eindeutig davon, daß sich sein Entschluß, mit 1000 Mann um Stralsund zu kämpfen, gefestigt hatte und daß er dabei vor nichts zurückschreckte. Er war bereit, dem Zerstörungswerk der Granaten vorzugreifen. «Schußfeld schaffen» nannte er das.

Ich wartete auf den Baggerführer und überlegte. Der Durchstich und die befohlenen Sprengungen hatten militärisch überhaupt keinen Sinn. Aber wozu wurden sie dann so nachdrücklich befohlen? Ich fand keine andere Erklärung, als daß der General damit greifbare Nachweise seiner bedingungslosen Zuverlässigkeit bieten wollte. Warum erhielt gerade ich diese Befehle? Wollte Breusing meinen Widerspruch herausfordern oder mich prüfen? Wollte er gerade mich mit diesen Maßnahmen belasten, weil ich Zweifel geäußert hatte? Seine Entscheidung verstärkte meine persönliche Abneigung gegen den neuen Vorgesetzten. Er wollte mich zu seinem Handlanger machen. Ich hatte geschwiegen, um Zeit zu gewinnen. Die nächsten Schritte mußten überlegt werden.

Einige Steinchen klickten an der befestigten Uferböschung ins Wasser. Der Baggerführer war gekommen. Er war kriegsversehrt, sein linker Arm schien verletzt gewesen zu sein. Als ich auf ihn zuging, sah er mich betreten an. Er wollte sich entschuldigen, aber ich unterbrach ihn und fragte nach seinem Auftrag.

«Ich soll den Sund mit dem Teich da drüben verbinden.»

Er antwortete zurückhaltend, wahrscheinlich hätte er viel darum gegeben, wenn er diese Arbeit nicht auszuführen brauchte. Ich erkundigte mich nach seiner Wohnung.

«Ich bin nicht aus Stralsund, sondern wohne etwa fünf Kilometer von hier. Warum wollen Sie das wissen?»

Ich merkte, daß er mir den Ort nicht nennen wollte, er traute mir nicht. Was sollte ich tun? Das beste wäre es, ihn einfach wegzuschicken. Soweit konnte ich jedoch nicht gehen. Ich mußte etwas finden, das die Arbeit verzögerte, deshalb ging ich auf ihn zu.

«Ihren Auftrag haben Sie verstanden, das wollte ich nur wissen. Für heute kehren Sie aber in Ihren Betrieb zurück, ich muß noch einmal alles genau ausmessen und überlegen, bevor die Arbeit fortgesetzt wird. Es geht um die verschiedenen Wasserstände. Sie erhalten Bescheid, wann und wie weitergearbeitet wird. Sollte Ihr Chef Sie fragen, dann berufen Sie sich auf mich. Ich bin Adjutant des Kommandanten.»

Anfangs schien er unschlüssig, dann aber machte er sich auf den Weg. Ich rief ihn noch einmal zurück.

«Vielleicht können Sie dafür sorgen, daß den Bagger niemand in Gang setzen kann, es ist sicherer für Sie und für mich.»

Kopfschüttelnd stieg er in die Kabine. Als er herauskletterte, sagte er: «Den bekommt keiner vorwärts, so sollte es doch sein, wenn ich Sie richtig verstanden habe?»

«In Ordnung», erwiderte ich und grüßte zum Abschied. Ob er mich tatsächlich verstanden hatte? Beinahe schien es mir.

Es wurde Zeit, daß ich zum Stab zurückkam, denn ich mußte Hauptmann Gastgeber noch unbedingt sprechen. Er schien das Vertrauen des Generals gewonnen zu haben. Vielleicht konnte ich von ihm erfahren, welche Maßnahmen an anderen Stellen der Stadt geplant waren und was sonst noch vorgesehen war.

Im Flur des Theaters herrschte ungewohnte Stille, auch aus den Räumen war nichts zu hören. Breusing hatte wohl alles aufgescheucht. Ich klopfte beim I a und war diesmal ganz froh, als ich seine Stimme vernahm. Er sah mich fragend an.

«Schickt Sie der General? Was gibt es?»

«Nichts für Sie, Herr Hauptmann», erwiderte ich. Er schien aufzuatmen.

«Das beruhigt mich. Und was sollen Sie machen?»

Ich berichtete von meinen Aufträgen.

«Und nun will ich das nötige Sprengmaterial besorgen», schloß ich. Meine Antwort legte er als Eifer aus, und fast begeistert erläuterte er mir, was gestern ausgeheckt worden war.

«Ich sagte Ihnen gleich, jetzt geht es los. Ich kümmere mich um den südlichen Teil der Außenstadt. Hier wird tiefgestaffelt und hinhaltend verteidigt bis zum Stadtkern, der die eigentliche Festung bilden soll. Einen ähnlichen Auftrag erhalten die beiden anderen Offiziere für den Norden. Die Einheiten auf der Schwedenschanze werden sich kämpfend in unsere Richtung zurückziehen, und das sollen Sie wohl vorbereiten. Alle Außenbereiche Stralsunds werden geräumt, die Einwohner ziehen in die umliegenden Ortschaften. Nach Rügen werden nur die Flüchtlinge geschleust, die immer noch von Süden kommen. Das ist mit Generalmajor Voigt, dem Inselkommandanten, abgesprochen. Heute nachmittag gehe ich noch einmal mit dem General zum Staatskommissar. Wir sind der Meinung, daß nur die verteidigungswichtigen Betriebe besetzt zu bleiben brauchen. Alle anderen männlichen Arbeitskräfte gehen zur Schwedenschanze und sollen dort kurzfristig ausgebildet werden.»

Ich und der General gehen ... Wir sind der Meinung ... Solche Typen waren mir auch in den vergangenen Jahren begegnet. Radfahrer wurden sie manchmal genannt, und ich hatte sie belächelt. Was jetzt geschah, war nicht lächerlich. Der Hauptmann und der General waren gewillt, ihre Macht zu gebrauchen, zu mißbrauchen.

«Übrigens, Ihr Sprengmaterial erhalten Sie aus der Kaserne Frankendamm; am besten, Sie rufen gleich mal an. – Vergessen Sie nicht, heute abend um neunzehn Uhr Besprechung.»

Damit war ich verabschiedet. Mir war nach diesem Gespräch klar, das war erst der Anfang. Doch wie konnte diese Entwicklung aufgehalten werden? Im Augenblick besaß ich nur den guten Willen, wußte aber noch immer nicht, was unternommen werden könnte. Breusing und Gastgeber nutzten jede Minute. Und ich? Ich dachte an General Hauschulz. Wenn ich auch nicht glaubte, daß er meine Auffassungen voll teilen würde, so hatte er doch bisher keine besondere Initiative beim Ausbau der Stellungen gezeigt und war auch nicht so eindeutig aufgetreten wie Breusing. Schon kleine Meinungsverschiedenheiten zwischen den beiden Generalen könnten von Nutzen sein, und letzten Endes war Hauschulz der Kommandant. Versuchen konnte ich es jedenfalls.

Noch heute wollte ich ihn im Lazarett besuchen. Die Unterhaltung würde zeigen, wie er dachte.

Ich ging in die Zentrale und ließ mich mit der Kaserne Frankendamm verbinden. Der I a hatte recht, ich konnte alles bekommen, was nötig war. Noch heute würden Pioniere das Sprengmaterial an Ort und Stelle bringen und morgen früh dort auf mich warten. Dann rief ich die Fahrbereitschaft an und ließ mir mein Motorrad zum Theater bringen. Ich brauchte nicht lange zu warten. Ein Marinesoldat übergab mir die Maschine.

Die Essenkübel waren gerade gebracht worden. Zum Kasino wollte ich nicht mehr gehen. Hier schmeckte es mir auch.

Die Abzweigung zum Flugplatz hatte ich bald erreicht. Eine schmale, aber gute Betonstraße führte bis zum Wachgebäude, das noch besetzt war. Ich meldete mich telefonisch beim Adjutanten an und betrat das Gelände. Vor dem Hauptgebäude erwartete mich ein Stabsoffizier der Luftwaffe. Des besseren Überblicks wegen blieben wir auf der Treppe stehen, und ich stellte meine Fragen.

Die Antworten waren klar und eindeutig. Die Truppe auf dem Fliegerhorst befand sich im Aufbruch. Der Kommandeur, Oberst von Wild, hatte den Befehl erhalten, Flugplätze und -häfen in Schleswig-Holstein anzufliegen. Wenn es auch gelingen würde, den Komplex ziemlich zu räumen, so müßten doch sogar modernste Maschinen wegen Treibstoffmangels zurückbleiben. Sämtliche Offiziere und Soldaten hätten Marschbefehl erhalten. Sie waren abberufen worden. Mit ihnen konnte Breusing also nicht rechnen. Ein entscheidender Posten in seinen Überlegungen war geplatzt. Ich bat den Fliegeroffizier, beim Stab des Stadtkommandanten anzurufen, wenn die Räumung endgültig vollzogen wäre, und verabschiedete mich.

Natürlich machte ich mir bei der Rückfahrt Gedanken über dieses «Absetzen» nach Schleswig-Holstein. Aber ich näherte mich schnell der Stadt, und der Besuch bei Hauschulz war erst einmal das Näherliegende.

Hoch und ausladend stand das Gebäude des Marinelazaretts vor mir. Ich meldete mich am Eingang. Ein älterer Soldat führte mich durch viele Gänge und über einige Treppen, so daß ich bald nicht mehr wußte, in welchem Teil des Gebäudes ich mich befand. Wir begegneten übermüdeten und erschöpften Schwestern. Immer noch träfen Verwundete ein, Soldaten, aber auch Zivilisten, erzählte mir mein Begleiter. Auf den Fluren standen schon die Betten, und in den Nischen hatte man die leichteren Fälle auf Matratzen gelegt. In einem kleinen Zimmer lag General Hauschulz. Er war über meinen Besuch erfreut und begrüßte mich recht munter.

«Eben hatte ich mich nur etwas gelegt», begann er, «mir geht es bedeutend besser. Ich wollte schon wieder heraus, doch hier hat die Medizin die Befehlsgewalt. Heute oder morgen ist es aber soweit. Wie geht es beim Stab? Ich habe gehört, daß mein ständiger Vertreter bereits eingetroffen ist.»

Ich setzte mich und erzählte von meiner Fahrt nach Güstrow und dem Wirken Breusings. Hauschulz hatte sich im Bett aufgerichtet und hörte genau zu. Ab und zu nickte er, aber einiges schien ihm nicht recht zu gefallen. Ich war am Schluß meines Berichtes angelangt.

«Mit dem meisten werde ich nicht richtig fertig, Herr General. Bei aller Wertschätzung der Tätigkeit von Herrn General Breusing habe ich das Gefühl, er übersieht das Ganze noch nicht. Seine Maßnahmen stehen kaum im Einklang mit unseren Möglichkeiten, die heute nicht besser sind als vor zwei Tagen. Ich bin nicht der einzige, der so denkt und deshalb auf Ihre Rückkehr wartet, Herr General. Sie sind besser mit allem vertraut.»

Sein Gesicht war nachdenklich, aber nicht unfreundlich geworden. «Ich freue mich, daß Sie mir so offenherzig Bericht erstattet haben. Einige Ihrer Bedenken verstehe ich schon, aber Herr Breusing wird bestimmt genauere Instruktionen mitgebracht haben. Der Abzug der letzten Einheiten verlangt schließlich auch völlig neue Überlegungen. Falls es Sie beruhigt, ich kann Ihnen fest zusagen, daß ich morgen früh beim Stab sein werde. Sie brauchen mein Kommen nicht anzukündigen, aber sorgen Sie bitte für einen Wagen, der mich abholt. Haben Sie die neuesten Frontberichte mitgebracht?»

Ich mußte ihn enttäuschen.

«Leider ist das sehr spärlich, Herr General, was ich Ihnen berichten kann. Der Russe rückt langsam vor, er müßte in der Gegend von Prenzlau sein.»

Er legte sich wieder und meinte: «Es gibt die widersprüchlichsten Meldungen, vielleicht auch, weil sie hier im Lazarett von Mund zu Mund gehen und aus den verschiedensten Quellen kommen. Niemand weiß genau Bescheid, und jeder möchte doch sichergehen. Sehen Sie, so müssen Sie auch manche Befehle von

Herrn Breusing verstehen. Die Verantwortung, die auf uns lastet, war noch nie so groß wie jetzt.»

Da hatte er wohl recht, und gerade darüber hätte ich mit ihm gern noch gesprochen, doch er wurde zur Behandlung gerufen. Ich verabschiedete mich und ließ mir Zeit, den Ausgang zu erreichen.

Viel hatte ich mit meinem Besuch nicht erreicht. Gewiß, General Hauschulz würde morgen wieder beim Stab sein, aber nicht die leiseste Andeutung einer Entscheidung war seinen Worten zu entnehmen gewesen. Sehr vorsichtig, zu vorsichtig, hatte er sich ausgedrückt. Ich hatte so große Hoffnungen in den General gesetzt, fast gläubig war ich zum Lazarett gefahren, daß ich mir meine Enttäuschung nicht eingestehen wollte. Und so hoffte ich auf den nächsten Tag, auf Hauschulz' Rückkehr.

Es blieben noch etwa zwanzig Minuten bis zum Beginn der Besprechung, aber im Flur des Theaters standen schon mehrere Offiziere. Sie hatten sich zu kleinen Gruppen und Grüppchen zusammengefunden und unterhielten sich gedämpft. Mancher sah sich erst ein paarmal um, bevor er dem anderen etwas sagte. Es stimmte wohl, Breusing in der Nähe – das mahnte alle zur Vorsicht. Dann ging die Tür auf, und der I a bat uns ins Dienstzimmer des Kommandanten. Trotz des Ernstes der Lage mußte ich lächeln, die Sessel und die einzelnen Stühle waren ganz nach Dienstgrad verteilt. Ordnung mußte eben sein.

General Breusing stand hinter seinem Schreibtisch. Kein Blatt Papier, keine Notiz auf irgendeinem Zettel waren zu sehen. Als sich alle gesetzt hatten, begann er.

«Meine Herren, der Vormarsch der Russen geht nur langsam voran. Unsere Kräftekonzentrationen um und in Berlin und die Entlastungsangriffe scheinen doch nicht ohne Erfolg zu sein.»

Das war alles, was er von der Frontlage zu berichten wußte oder vielleicht auch nur aussagen wollte, um seinen Absichten nicht das Wasser abzugraben. Dann ging er auf Stralsund ein und erläuterte seinen Verteidigungsplan, der im wesentlichen darauf beruhte, am Rand der Stadt den Häuserkampf zu suchen und den Kern als Festung zu benutzen. Dann fuhr er fort: «Südlich von uns liegt Greifswald mit einem bewährten Kampfkommandanten, dem Ritterkreuzträger Oberst Petershagen. Weitere Orte werden ebenfalls starke Bollwerke gegen den anrückenden Gegner sein. Sie werden kostbare Zeit gewinnen helfen. Auch Stralsund wird nicht zurückstehen.»

Zum Schluß äußerte er sich noch recht unwillig darüber, daß die Unterstellungsfrage noch nicht geklärt worden sei, damit endlich alle Kräfte, auch der Volkssturm, unter einem Kommando stünden. Als letztes befahl er, kleine Trupps aus zuverlässigen Soldaten in die umliegenden Ortschaften zu entsenden, um von dorther ein Benachrichtigungssystem aufzubauen, das die Drahtverbindungen ergänzen, vielleicht sogar ersetzen sollte.

Während der Ausführungen Breusings war es still im Raum. Niemand flüsterte mit seinem Nachbarn, und niemand wagte in den Redepausen des Generals eine Zwischenbemerkung. So nahm es nicht wunder, daß auch am Schluß keine Fragen gestellt wurden, obwohl vom I a ausdrücklich dazu aufgefordert wurde. Das erste Zusammentreffen mit dem General am Tage zuvor hatte wohl zu denken gegeben. Nach Abschluß der Besprechung leerte sich der Raum schnell. Jeder hatte es eilig.

Auch Generalmajor Breusing hatte mit einigen Offizieren das Gebäude verlassen. Gastgeber und ich gingen als letzte aus dem Raum. Wir hatten bisher noch kein Wort miteinander gewechselt. Erst auf dem Flur wandte er sich an mich.

«Hören Sie, da fällt mir gerade ein, Ihre Sprengaktion hat sich schon herumgesprochen. Am Spätnachmittag war eine Frau da und wollte mir etwas vorjammern. Sie wohnt in einem der Häuser, die Platz machen müssen. Wir führen Krieg, und da heißt es eben Opfer bringen, habe ich ihr gesagt. Ich mußte sie ziemlich energisch wieder hinausschicken.»

Er ging in sein Zimmer und schloß die Tür hinter sich. Ich hätte mich auch nicht viel länger beherrschen können. Meine Vermutung vom Vormittag bestätigte sich. Mein Name sollte sich mit diesen sinnlosen Sprengungen verbinden. «Ihre Sprengaktion», hatte er gesagt. Nun stand erst recht für mich fest: Nicht nur der Durchstich, auch diese Sprengungen werden nicht durchgeführt. Morgen kommt Hauschulz zurück. Er wird hoffentlich eingreifen und einiges verändern.

Es war schon spät geworden. Trotzdem ging ich zu dem größeren der beiden Häuser, Sarnowstraße 6. Ich konnte gerade noch die Hausnummer entziffern. Jedes Fenster war verdunkelt und die Tür fest verschlossen. Noch nie hatte mich ein Gebäude so nachdenklich gestimmt. Ob alle Einwohner schon wußten, was ihnen zugedacht war?

Ich wandte mich um. Kein Lüftchen regte sich, und erst die

Schlackenstraße am Knieperteich dämpfte den harten Klang meiner Stiefel.

Auch an diesem Tag war nicht wenig auf mich eingestürmt. Etwas Zuversicht hatte mir das Gespräch mit Hauschulz gegeben. Würde seine Anwesenheit am nächsten Morgen auch andere dazu bringen, ihre wahre Meinung zur Lage der Stadt zu sagen? Diese Frage mußte offenbleiben. Ich ging in den Schlafraum.

6

Heute trug das Kalenderblatt eine rote Zahl. Der 29. April war ein Sonntag. Der Sprengtrupp hatte sich pünktlich eingefunden, ein Unteroffizier meldete mir. Er war im Gegensatz zu seinen Leuten schon etwas älter. Während die Soldaten warteten, ging ich mit ihm etwas beiseite.

«Wir können noch nicht mit den Vorbereitungen beginnen», eröffnete ich ihm. «Die Häuser müssen erst geräumt werden. Ein Mann bleibt als Posten bei dem Material. Wir treffen uns gegen elf Uhr hier wieder. Sie warten auf mich.»

Ich erwiderte seinen Gruß und ging zum Stab. Hier erwartete mich bereits Hauptmann Winkler. Er wies auf einen älteren Zivilisten.

«Es ist wohl das beste, er wendet sich an Sie, Herr Meyer, es geht um die Sprengung da drüben.»

Ich fragte den Mann, ob er wegen seines Hauses käme.

«Ja, Herr Oberleutnant», antwortete er, «heute morgen erschienen Soldaten, und dann liegt da das viele Material im Hausflur, da wollte ich Gewißheit haben. Einige Einwohner sind schon ausgezogen. Sie gingen zu Verwandten aufs Land. Ich habe aber niemand. Und was wird aus meinen Sachen?»

Was sollte ich nun mit ihm anfangen. Der Baggerführer hatte mich gestern wohl verstanden. Den Unteroffizier hatte ich eben noch hinhalten können. Konnte ich nun dem Nächsten, der um seine Sachen bangte, reinen Wein einschenken? Konnte er mich nicht auch als Verräter denunzieren, weil er vielleicht vor den sowjetischen Truppen Angst hatte?

Wir waren auf die Straße getreten. «Alles, was Sie gehört und gesehen haben, dient nur der Vorbereitung. Das Haus bleibt vorläufig stehen. Sollte es der Ernstfall verlangen, dann erhalten Sie und die Einwohner rechtzeitig Bescheid. Die Durchführung dieser Aktion liegt in meiner Hand, und Sie können mir glauben, daß ich auch mit Ihrer Wohnstätte nicht leichtfertig umgehen werde. Achten Sie bitte mit darauf, daß an das Sprengmaterial auf dem Flur kein Unbefugter herangeht, und sorgen Sie dafür, daß die Haustür abends rechtzeitig verschlossen wird.» Er sah mich immer noch fragend an. Deutlicher konnte ich nicht werden.

«Machen Sie sich keine Sorgen. Es wird schon alles gut gehen, auch für Sie. Mehr kann ich Ihnen nicht sagen.»

«Ich hoffe, daß es gut ausgeht. Auf Wiedersehen!»

Ich ging zum Theater zurück. Winkler stand noch auf dem Flur und führte mich in sein Zimmer. Er schien mir nicht mehr so ruhig zu sein wie sonst. Dennoch versuchte er zu lächeln, als er begann.

«Über Nacht wäre ich beinahe großer Artilleriekommandeur geworden. Eine Eisenbahnflak kam von Grimmen hoch und hielt hier in Stralsund, um Verpflegung aufzunehmen. Natürlich fuhr ich gleich hin, als der Anruf vom Bahnhof zu uns kam. Geschütze verschiedenen Kalibers waren darunter, dazu Offiziere und Mannschaften. Der Kommandeur, ein Major, erzählte mir, er habe Prenzlau brennen sehen, und sein Marschbefehl laute, nach Flensburg durchzufahren.»

«Entschuldigen Sie, aber allmählich sind die Rückzüge in Richtung Westen recht augenfällig. Auch Parow, ich meine den Fliegerhorst, hat denselben Befehl erhalten. Was halten Sie davon?»

«Was soll ich davon halten?» erwiderte er. «Ich kann Ihnen noch mehr solcher Tatsachen bringen. Peenemünde ist ebenfalls geräumt worden.»

Ich stand auf und trat ans Fenster. Wenn auch meine Blicke auf die Baumgruppen hinter dem Theater gerichtet waren, so gingen sie doch ins Leere. In meinem Kopf jagten sich die Gedanken. Unwillkürlich entfuhr es mir: «Wenn man bloß wüßte, was man wirklich im Führerhauptquartier vorhat. Auf der einen Seite werden alle Kräfte und Reserven aufgeboten, um den russischen Vormarsch aufzuhalten, und andererseits verlegt man Artillerie, ganze Fliegerhorste und moderne Waffen an die Westfront, wo so gut wie nicht mehr gekämpft wird.»

Ich schwieg, doch meine Gedanken gingen weiter. Ob doch etwas Wahres an dem dauernden Gerede über gesonderte Verhandlungen mit dem Westen war? Sollte es möglich sein, daß unsere Verbände an der Westfront umkehrten und mit den anglo-amerikanischen Armeen gegen die Sowjetunion marschierten? Der Stabsarzt in Berlin hatte ähnliche Gedanken ausgesprochen, aber er bezweifelte sie, und ich konnte mir auch nicht denken, daß die Westmächte mit einem so gut wie besiegten Deutschland zusammengehen würden.

Damals wußte ich nicht, daß diese Gerüchte nicht aus der Luft gegriffen waren. Ich hatte weder Zeit noch Gelegenheit und schon gar nicht die Kenntnisse, mich ernsthaft mit dieser Frage zu beschäftigen. Die Frontlage ließ mir diese Möglichkeit einer Wende geradezu unreal erscheinen.

Was war aber wirklich geschehen?

In der Kursker Schlacht hatten die faschistischen Truppen eine schwere Niederlage erlitten, die Rote Armee ging zu entscheidenden Gegenoffensiven über und übernahm endgültig die militärische Initiative. Nun mehrten sich die Versuche von Vertretern jener Kreise und Gruppen, die zehn Jahre vorher dem deutschen Faschismus den Staatsapparat in die Hände gespielt hatten, in der Schweiz erste Kontakte mit Vertretern britischer und amerikanischer Monopole aufzunehmen. Andere Verbindungen wurden über Schweden geknüpft oder erneuert, denn ganz waren sie eigentlich nie abgerissen. Ziel aller Bemühungen war es, die Positionen der deutschen Monopole zu retten. Dafür war man bereit, die Kampfhandlungen im Westen einzustellen und die faschistische Wehrmacht allein gegen die Sowjetunion zu werfen. Erst der energische Einspruch der sowjetischen Regierung bereitete diesen Machenschaften ein Ende, was besonders der britische Feldmarschall Montgomery nach dem Krieg bedauerte.

Jetzt wurde der SS-Obergruppenführer Wolff beauftragt, wenigstens in Italien einen Teilerfolg herauszuschlagen. Er traf Anfang März 1945 mit Allan Dulles in Zürich zusammen, und wieder waren die Westmächte bereit, Verrat an ihrem Bündnispartner zu begehen. Die Kämpfe an der italienischen Front sollten eingestellt und den deutschen Verbänden die Möglichkeit gegeben werden, sich nach Norden zurückzuziehen. Schon war dieser Plan von den herrschenden Kreisen in den USA und in England gebilligt worden, schon hatte man die ersten deutschen Divisionen abgezogen, da vereitelte der entschiedene Protest der Sowjetunion auch dieses Treiben. Am 9. April erst traten die anglo-amerikanischen Truppen an der italienischen Front wieder zum Angriff an.

Mitte April herrschte in der Reichskanzlei plötzlich Hochstimmung, als USA-Präsident Roosevelt gestorben war. Vor allem Goebbels geiferte vor Genugtuung, daß mit Roosevelt eines der Häupter der Antihitlerkoalition ausgeschieden war. Wie ein Ertrinkender selbst im Strohhalm eine Rettung sieht, berauschte er sich an Beispielen aus der Geschichte, in denen der Zufall eine Wende herbeigeführt hatte. Ihm hatte es vor allem das Jahr 1762 angetan, in dem der Thronwechsel in Rußland während des Siebenjährigen Krieges die Entwicklung zugunsten Preußens beeinflußte. – Aber die Völker aller am Krieg beteiligten Länder und die Erfolge der immer stärker werdenden Sowjetarmee ließen es nicht zu, den siegreich und unter großen Opfern bestandenen Krieg gegen die faschistischen Mächte in einen Krieg gegen die Befreier Europas, die sowjetischen Menschen, umzuwandeln. So warteten Hitler und die Monopolherren vergebens.

Als diese Pläne gescheitert waren, ging es der faschistischen Führung nur noch darum, den endgültigen Zusammenbruch ihres Regimes so lange wie möglich hinauszuzögern.

Hauptmann Winkler war hinter mich getreten. Seine rechte Hand lag auf meiner Schulter.

«Ich glaube, solche Überlegungen nützen uns zur Zeit wenig, mein Lieber. Wichtiger für uns wäre zu wissen, was die Führung in Stralsund beabsichtigt. Als ich heute früh General Breusing mein nächtliches Erlebnis berichtete, entfuhr ihm ein ‹Auch das noch›, und ein vielsagender Blick ging zu Gastgeber. Breusing hat gestern abend noch mit dem Kommandanten von Rügen längere Zeit telefoniert. Er muß sich nach Dingen erkundigt haben, die kaum mit der Verteidigung Stralsunds zusammenhängen. Es sollen Worte gefallen sein wie ‹Unterkunft auf Rügen›, ‹was macht der Gauleiter› und ‹Schiffe nach Saßnitz›, sogar von Dänemark und Schweden war die Rede.»

Winkler ging einige Schritte im Zimmer auf und ab.

«Jetzt sitzen er und Gastgeber schon geraume Zeit zusammen, und ich glaube nicht, daß es den beiden überhaupt noch um Stralsund geht. Ihnen wird meine Skepsis wahrscheinlich auf die Nerven gehen, aber ich habe einiges erlebt und möchte ungern in Dinge hineingeraten, aus denen ich nicht wieder herauskomme.

Oberfeldwebel Neumann ist heute morgen nicht mehr zum Dienst erschienen. Von ihm habe ich übrigens über Breusings interessantes Telefongespräch erfahren. Er hat für sich eine Lösung gefunden.»

Unser Gespräch wurde durch lautes Klopfen unterbrochen. Ich hatte einen Soldaten aufgefordert, uns die Ankunft von Generalmajor Hauschulz zu melden. Jetzt war es soweit. Wir gingen ihm entgegen, und die Begrüßung war recht herzlich. Er fragte nach Generalmajor Breusing. Wir begleiteten ihn zum Zimmer des I a. Hauptmann Winkler stieß mich an. Die Tür war offengeblieben, so daß wir uns von den überraschten Gesichtern Breusings und Gastgebers überzeugen konnten.

Schon nach kurzer Zeit waren alle Offiziere im Dienstzimmer des Kommandanten versammelt. Nachdem Breusing einige passende Worte und Wünsche für Hauschulz gefunden hatte, ging er zum Bericht über.

«Während vom Kampf um Berlin keine neuen Nachrichten eingingen, wissen wir, daß die russischen Armeen die Linie Torgelow–Neubrandenburg erreicht haben. Die größeren Orte leisten organisierten Widerstand, was natürlich Zeitgewinn für uns bedeutet. Unserer Aufgabe entsprechend, den Gegner zu binden und einen Brückenkopf für Rügen zu bilden, ist auch die Verteidigung Stralsunds vorbereitet.»

Der Bericht begann in Einzelheiten zu gehen, und Hauschulz winkte ab.

«Meine Herren, ich danke allen für das freundliche Willkommen und wünsche mir eine gute Zusammenarbeit mit Ihnen. Ich danke auch Herrn Breusing für die bisher geleistete Arbeit und die erste Orientierung. Leider mußte ich Sie unterbrechen. Eine letzte Behandlung zwingt mich dazu. Doch dann ist alles abgeschlossen, und ich kann meinen Platz wieder einnehmen. Ich bitte alle Anwesenden, um dreizehn Uhr wieder hier zu sein. Dem Ernst der Lage entsprechend fordere ich jeden auf, sich bis dahin Gedanken zu machen und bei unserer Zusammenkunft zu den Problemen offen seine Meinung zu sagen.»

Er gab Breusing die Hand. Dann begleitete ich ihn bis zum Wagen. Dabei erfuhr ich, daß der siebzehnjährige Sohn des Admiralarztes Dr. Caanitz als Flakhelfer gefallen war.

Am Schillschen Denkmal bog der Wagen um die Ecke. Dort standen auch die Pioniere, die mir für die Sprengung unterstellt worden waren. Auf dem Weg zu ihnen überlegte ich mir, was ich ihnen sagen sollte. Ich konnte sie heute nicht einfach wegschikken, nachdem ich die Entscheidung gestern aufgeschoben hatte.

Der Unteroffizier meldete mir. Ich begrüßte die Soldaten. Dann wandten wir uns dem größeren der beiden Häuser zu. Auf dem Flur fand ich das Sprengmaterial vor, das mit einer Zeltbahn abgedeckt war. Dort lag weitaus mehr, als gebraucht wurde. Die Gruppe stand im Halbkreis vor mir, und alle sahen mich erwartungsvoll an. Sie warteten auf meinen Entschluß. Ich konnte ihnen nicht sagen, daß ich nicht daran dachte, die Häuser in die Luft zu jagen. Sie waren mir fremd, und damals durfte man sein Herz nicht auf der Zunge tragen.

«Die vorhandenen Sprengmittel reichen aus, davon habe ich mich überzeugt. Heute nachmittag wird im Stab der endgültige Verteidigungsplan in allen Einzelheiten festgelegt. Damit ist vor morgen nicht mit der Ausführung des Befehls zu rechnen. Das Material bleibt an Ort und Stelle. Nur die Zündmittel werden mitgenommen. Morgen früh sind Sie wieder hier! Das wär's! Sie können gehen.»

Vielleicht kam es mir nur so vor, aber die Soldaten schienen zufrieden zu sein, und der Trupp zog sofort los. Mir war auch leichter. Wobei die Soldaten sich auch einfach über den freien Tag freuen konnten. Ich sah damals mehr in ihrer Reaktion und hielt den Unteroffizier noch zurück.

«Sollte ich morgen früh nicht kommen können, so ändert sich nichts, die Häuser bleiben stehen. Sie sorgen dafür, daß kein Unfug mit dem Sprengmaterial getrieben wird.»

Sein Gruß fiel besonders zackig aus. «Verstanden, Herr Oberleutnant!»

Die Gruppe war bald vor dem Kniepertor um die Ecke gebogen und meinen Blicken entschwunden.

Lange vor der angesetzten Zeit war ich im Stab und suchte Hauptmann Winkler auf. Ich erzählte von meinem Gespräch, das ich mit Hauschulz am Abend vorher geführt hatte, und bat ihn, bei der Besprechung offen seine Meinung zu äußern, da von Hauschulz nichts zu befürchten wäre.

Winkler ging nachdenklich zum Fenster. «Sie haben nicht ganz unrecht, vielleicht ist da einiges abzuschwächen, aber ich traue dem Frieden nicht. Jedenfalls müssen wir uns sehr vorsichtig ausdrücken. Auf zwei Dinge lege ich zur Zeit gar keinen Wert: Ich denke nicht daran, jetzt noch leichtsinnig mein Leben aufs Spiel zu setzen, und mit den Russen möchte ich auch möglichst wenig zu tun haben. Auch für Sie wird es besser sein, den direkten Weg, Ihre Ansichten zu äußern, unter allen Umständen zu meiden.»

Ich sicherte es ihm zu, denn es lag ja auch nicht in meinem Interesse, noch einmal mit Breusing zusammenzustoßen. Ihm brauchte nur aufzufallen, daß der Bagger nicht vorangekommen war, und ich saß in der Patsche. Ich hatte mich nicht genügend abgesichert, nur Anweisungen erteilt. So sehr mich Winklers Pommernbericht vor Tagen beeindruckt hatte, jetzt war ich von ihm etwas enttäuscht. Aber fast naiv hoffte ich immer noch auf eine Wendung durch Hauschulz.

Die Besprechung begann pünktlich, und wie vorgesehen äußerte sich jeder zur Lage in der Stadt. Am Ende waren Winkler und ich jedoch die einzigen, die vorsichtig ihre Bedenken geäußert hatten. Alle anderen Offiziere hatten keine eigenen Gedanken vorgetragen. Sie äußerten sich völlig im Sinne von Breusing und sprachen sich rückhaltlos für die Verteidigung Stralsunds aus. Nur in einigen Nebenfragen waren unterschiedliche Meinungen aufgetreten. Lebhaft wurde debattiert, ob man aufgefangene Soldaten, die sich nach Stralsund zurückziehen würden, gleich am Südrand oder lieber in den nördlichen Stellungen einsetzen sollte. Doch Breusing machte diesem Geplänkel schnell ein Ende, denn er wollte zu einigen grundsätzlichen Fragen Stellung nehmen. Um seinen Worten den nötigen Nachdruck zu verleihen, stand er auf.

«Meine Herren, die Grundlage meines Denkens und Handelns waren und sind die Befehle, die klar und eindeutig aussagen, was zu geschehen hat. Die Meinungen des Herrn Winkler und besonders die von Herrn Meyer entsprechen nicht diesen Befehlen. In unserer Lage können wir es nicht dulden, daß solche Äußerungen über die Schwelle unseres Hauses gehen. Es steht hier nicht die Frage, ob wir Stralsund verteidigen oder nicht. Die Stadt wird verteidigt, und jeder, der sich diesem Befehl widersetzt, muß unnachsichtig zur Verantwortung gezogen werden.»

Er wandte sich an Hauschulz. «Wenn Sie erlauben, möchte ich Sie allein sprechen und die Herren bitten, im Nebenzimmer zu warten.»

General Hauschulz hatte bis jetzt kein Wort gesagt und nickte nur. Hatte er vor Breusing kapituliert, oder stimmte er mit ihm überein? Doch ich wußte, daß von ihm keine Unterstützung zu erwarten war. Wir verließen das Zimmer, nur der I a blieb.

Hauptmann Winkler trat dicht an mich heran und raunte mir zu: «Seien Sie vorsichtig! Wenn die Häuser morgen nicht in die Luft fliegen und der Bagger nicht zu arbeiten anfängt, dann ist es aus mit Ihnen, dann hat Breusing gegen Sie, was er braucht: Befehlsverweigerung. Auf mich können Sie nicht mehr zählen. Ich habe das letzte Mal den Mund aufgemacht. Wer weiß, was jetzt von denen ausgebrütet wird! Mich sehen Sie vorläufig nicht wieder.» Ohne Gruß wandte er sich ab und lief eilig den Gang entlang.

Er war kaum gegangen, als der I a auf den Flur trat, um uns mitzuteilen, daß wir vorläufig entlassen seien. Generalmajor Breusing müsse noch an einer Besprechung im Rathaus teilnehmen, die der Gauleiter Schwede-Coburg einberufen habe. Für den Fall, daß sich daraus Sofortmaßnahmen ergäben, sollte sich jeder bereithalten und stets erreichbar sein. Dann verschwand er in der Telefonzentrale.

Ich ging mit den anderen, die mich nicht weiter beachteten, ins Freie. Bald stand ich am Portal des Theaters und sah auf das alte Stadttor, das vor langer Zeit den Verteidigern der Stadt geholfen hatte, sich der Feinde zu erwehren. Plötzlich hörte ich hinter mir, wie der Wagen des Generals Hauschulz anfuhr. In knapp zwanzig Minuten war ich im Kasino der Prinz-Moritz-Kaserne und schickte die Ordonnanz zu Hauschulz, aber der Herr Kommandant ließ sich verleugnen.

Auf ihn konnte ich nun nicht mehr hoffen. Er machte das, was Breusing befahl. Breusing war der tatsächliche Kommandant, das wußte ich jetzt. Gewiß, ich hätte es nach einiger Überlegung voraussehen können. Aber gerade das Nachdenken, das Überlegen war damals doch beinahe etwas ganz Neues für mich. Ich mußte mich fast dazu zwingen, logisch zu denken, und oft ertappte ich mich dabei, daß wieder naive Hoffnungen in die Einsicht der Vorgesetzten über die Vernunft triumphierten.

Was nutzten jetzt meine Versuche, die Sprengung der beiden Häuser und den Durchstich zu verhindern, wenn in einigen Tagen die ganze Stadt in Trümmer sinken und in Flammen aufgehen würde? Warum sah kein Verantwortlicher die Sinnlosigkeit dieser

Opfer ein? Der Krieg war fast beendet, Deutschland so gut wie besetzt, da sollte man nicht erhalten, was übriggeblieben war?

Die Zeit war hingegangen. Mir fiel die Besprechung ein, die der Gauleiter angesetzt hatte. Dort würde gewiß nur eine Meinung vertreten werden.

Als ich auf meinem Rückweg vom Kasino wieder in die Nähe des Theaters kam, stand für mich fest, auf weiteren Beratungen zu schweigen und dafür an meinem Entschluß festzuhalten, die Sprengungen, den Durchstich und weitere sinnlose Befehle nicht auszuführen.

7

Am nächsten Morgen ging ich unausgeschlafen zur Sarnowstraße, in der gesprengt werden sollte. Nach kaum zehn Minuten tauchte der Unteroffizier des Sprengtrupps auf. Er war allein gekommen und blickte mich erstaunt an.

«Ich glaubte, Herr Oberleutnant, Sie würden nicht dasein. Soll es nun doch losgehen?»

Ich winkte schnell ab.

«Es bleibt bei dem, was ich Ihnen gestern gesagt habe. Ich bin wegen des Baggers hergekommen.»

Der Bagger stand noch so am Sund, wie der Maschinist ihn verlassen hatte. Bis jetzt war also alles gut gegangen. Vielleicht fragte auch keiner mehr nach diesen Maßnahmen. Breusing und Gastgeber hatten sicher andere Sorgen. Sie wollten sich besonders um den Südteil des Außenrings kümmern. Sollte dennoch gefragt werden, das Sprengmaterial lag im Flur, es war alles bereit. Und der Bagger? Der ließ sich nicht in Gang setzen. Natürlich konnten meine Ausreden falsch ankommen, aber damit mußte ich rechnen.

Beim Stab war alles ausgeflogen. Nur in der Fernsprechzentrale fand ich einen Unteroffizier, den ich fragte. Er zuckte mit den Schultern.

«Ich bin allein hier, Herr Oberleutnant. Heute früh wurden alle mit Benachrichtigungen hinausgeschickt. Um was es sich dabei handelte, kann ich Ihnen nicht sagen. Vor einer halben Stunde fuhren zwei Wagen mit Offizieren weg, beide Generale waren dabei.»

Was mochte den Stab so aufgescheucht haben? Waren alle Soldaten plötzlich in die Stellungen geschickt worden und die Angehörigen des Stabes zur Kontrolle unterwegs? Irgend etwas stimmte hier nicht. Wenn bei einer Kontrolle der stillstehende Bagger auffiel, konnte Winklers Prophezeiung böse Wirklichkeit werden.

Auf der Fahrbereitschaft ließ ich mir mein Motorrad geben. Wieder traf ich den älteren Bootsmann. Als er nach dem Tanken den Verschluß festschraubte, meinte er: «Herr Oberleutnant, kennen Sie den letzten Lagebericht? Es wird wohl nicht mehr lange dauern, bis alles vorüber ist.»

Er schien mehr zu wissen als ich. Unsere Verbindung nach Güstrow war abgebrochen. Vielleicht erhielt ich von ihm nicht nur Informationen, sondern auch einen Hinweis auf seine Quellen und damit auf Verbündete, auf Menschen, die ähnliche Ziele verfolgten. «Leider ist mir das Neueste noch nicht bekannt, und was haben Sie gehört?»

Er winkte leicht ab. «Sie wissen ja, was man so mitbekommt. Und was sich herumspricht, ist nicht immer wahr. Aber die Kämpfe in Berlin sollen abgeschlossen sein. Genaueres weiß ich auch nicht. Vielleicht wird an einigen Stellen auch noch gekämpft, aber die Entscheidung ist sicher schon gefallen. Von Leuten, die nachts mit einem Zug ankamen, habe ich erfahren, daß Anklam stark zerstört genommen sein soll und die Russen vor Greifswald stehen.»

Das konnte schon stimmen. Sollte deshalb im Stab alles aufgeschreckt sein? Und ich war durch meinen Aufenthalt am Sund zu spät gekommen? Im Augenblick meinte ich, vom Bootsmann nicht mehr viel erfahren zu können. Ich brauchte Gewißheit, ob mir Leute aus dem Stab jetzt gefährlich werden könnten. Irgend etwas lag in der Luft. Hoffentlich hatte ich durch meine Unachtsamkeit am Morgen nicht schon das Wichtigste versäumt. Sonst war ich immer einer der ersten gewesen, die morgens im Stab erschienen. Zuerst fuhr ich in Richtung Andershof.

An der Rügener Abzweigung der von Greifswald kommenden Straße stand noch der Posten, aber nach seiner Auskunft waren keine Wagen mit Flüchtlingen mehr gekommen. Hinter der Panzersperre an der Brauerei lagen Soldaten in den Löchern, die sie in den Vorgärten gegraben hatten. Sie sagten mir, es seien keine Offiziere hier gewesen. Im Hafen meldete mir am Silo ein Oberfeldwebel, die Befehlszentrale sei besetzt und arbeitsbereit sowie mit Vorräten aller Art versehen. Vor einiger Zeit seien auch ein General und einige Offiziere hier gewesen, hätten sich aber nicht lange aufgehalten. Nachdem ich auch in den Wohnungen der Generale niemand angetroffen hatte, fuhr ich zum Stab zurück. Meine Unruhe legte sich etwas, als ich Hauptmann Winkler antraf. Ohne Gruß empfing er mich mit den Worten: «Mann Gottes, wo waren Sie bloß? Nicht, daß man besonders nach Ihnen gefragt hätte, aber noch gehören wir ja zum Stab. Um zehn Uhr war eine Besprechung. Der ganze Stab war unterwegs, um alle zusammenzutrommeln.»

Wir setzten uns, und er erzählte mir, daß außer unseren Offizieren der Staatskommissar von Stralsund, der Chef des Marinelazaretts, Admiralarzt Dr. Caanitz, und noch einige andere anwesend waren.

«Die Zusammenkunft dauerte nicht allzulange. Breusing berichtete sehr kurz über die gestrige Beratung mit dem Gauleiter, der sich auf Rügen niedergelassen hat und natürlich verlangt, daß wir die Stadt unbedingt halten.»

Er schlug leicht mit der Faust auf den Tisch, neigte den Oberkörper vor und sah mich an, als ob er jetzt etwas ganz besonders Wichtiges sagen wollte. «Und nun raten Sie mal, was heute beschlossen wurde. Sie werden es nicht glauben, die Stadt wird Kampfplatz, wenn die ersten Russen heran sind. Völlig überrascht, was?»

Ich konnte nicht auf seine Tonart eingehen und fragte erregt: «Und dazu hat niemand etwas gesagt? Wie stellt man sich den Kampfverlauf vor?»

Winkler lehnte sich zurück. Ich verstand nicht, wie er über meine Äußerungen lächeln konnte.

«Ich muß bald annehmen, Sie lernen's nie!»

Es war ein bitteres Lächeln gewesen, jetzt wurde er ernst.

«Ihre Überlegungen überzeugen nicht, verstehen Sie, sie sind lästig. Hauschulz saß die ganze Zeit über still dabei. Das Wort führte Breusing, und Gastgeber war natürlich völlig seiner Meinung. Das Wie des Kampfes stand überhaupt nicht zur Debatte. Die Bedenken des Admiralarztes wegen der vielen Verwundeten gingen völlig unter, er wurde gar nicht beachtet. Mich hat auch niemand gefragt, ganz gut, daß ich keine Artillerie habe. Auf jeden Fall geht alles in die Stellungen, und der Stab besetzt den Silo. Dorthin wurden auch Personenkraftwagen und Motorräder aus der Fahrbereitschaft befohlen. Lebensmittel und Treibstoff werden ebenfalls in unserem Befehlsstand gelagert. Ich war erstaunt, was wir noch an Reserven in Stralsund haben. Jetzt sitzen die beiden Generale, der Eins a und zwei weitere Stabsoffiziere, die sich Breusing wohl aufgegriffen hat, zusammen und verteilen die Kräfte.»

Auf dem Gang waren Schritte und Stimmen zu hören. Ich blickte fragend Winkler an.

«Wer was von uns will, soll sich melden. Vielleicht vergessen sie uns sogar.»

Kaum hatte er es ausgesprochen, stand Gastgeber in der Tür. Ich wollte mein Fernbleiben entschuldigen, aber dazu kam es nicht. Gastgeber war erregt und hatte es eilig.

«Wenn Sie noch nicht gegessen haben, tun Sie es gleich. Der Kommandant erwartet uns um dreizehn Uhr dreißig.»

Er stürmte hinaus. Winkler und ich sahen uns wortlos an, dann meinte er: «Da muß wieder etwas vorgefallen sein, kommen Sie, damit wir rechtzeitig zurück sind.»

Im Dienstzimmer des Festungskommandanten trafen sich nur die beiden Generale, der Nachrichtenmajor, Gastgeber, Winkler und ich. Auf dem Tisch lag die Karte von Stralsund und vom westlichen Teil Rügens. Hauschulz ergriff das Wort.

«Meine Herren, leider kann ich über die augenblickliche Lage an den Fronten nichts sagen. Wir sind völlig abgeschnitten und erhalten von keiner Stelle Antwort. Wir müssen also nahezu jede Stunde mit Feindberührung rechnen und daher selbständig handeln. Wenn heute vormittag die Verteidigung der Stadt beschlossen wurde, so bleibt uns jetzt noch zu entscheiden, wie das geschehen soll und wie der Stab seiner Aufgabe als Befehlsorgan am besten gerecht wird. Herr Gastgeber wird uns seine Varianten vortragen.»

Der fühlte sich in seinem Element. Endlich, wenn auch fast am Ende des Krieges, konnte er zeigen, was in ihm steckte. Was aus der Stadt, ihren Menschen wurde, interessierte ihn nicht.

«Am Rande der Stadt, besonders an den Zufahrtstraßen, stehen unsere Soldaten zur Verteidigung bereit. Sie werden den ersten Angriff zum Stehen bringen. Mit wachsendem Druck des Gegners ziehen sie sich kämpfend im Schutz der Häuser zurück bis auf die eigentliche Festung. Diese wird durch den Stadtkern gebildet. Hier liegen Truppen, in die sich die zurückkommenden Soldaten eingliedern. Für die einzelnen Abschnitte sind bestimmte Einheiten und Offiziere verantwortlich gemacht worden. Der Stab hat zwei Möglichkeiten: Die am Silo liegende Fähre wird etwa fünf Kilometer nördlicher, nämlich zum Parower Haken, beordert, und wir setzen bei Feindberührung oder mit Beginn der Dunkelheit über, oder aber der Stab kann im Silo bleiben und erreicht von hier aus zu gegebener Zeit die Insel. Die Überfahrt vom Parower Haken aus hat natürlich den Vorteil, daß wir bei einem Angriff von den gegnerischen Waffen nicht erreicht und durch mögliche Aktionen von der Stadt her nicht behindert werden können. Beide Varianten garantieren die Arbeitsfähigkeit des Stabes. Durch zeitiges Übersetzen wird ein gutes Ineinandergreifen der Abwehrkämpfe sowohl aus dem Brückenkopf Stralsund als auch von der Insel her gewährleistet. Ein Unterwasserkabel ermöglicht von drüben die notwendige Nachrichtenverbindung. Ich bitte zu entscheiden.»

Alle schwiegen. Bei Gastgebers Ausführungen war ein neuer Gedanke ausgesprochen worden, als er die Fähre und das Unterwasserkabel erwähnte. Stralsund sollte verteidigt werden, aber der Stab dachte nicht daran, in der Stadt zu bleiben. Die «notwendige Nachrichtenverbindung» gestattete es ja, gewissermaßen von draußen den Kampf zu führen. General Hauschulz nahm zu Gastgebers Vorschlägen Stellung, hatte aber keine eigene Meinung. Lediglich das Übersetzen nach Rügen wollte er noch aufschieben, und er entschied, im Silo am Hafen zu bleiben. Beide Generale und Gastgeber wollten sofort den Gefechtsstand aufsuchen. Breusing ergriff das Wort.

«Von hier aus wird nochmals befohlen, daß sämtliche Soldaten in die Stellungen abrücken und keiner in den Unterkünften zurückbleiben darf. Die Räumung der Außenbezirke ist verstärkt fortzusetzen. Herr Gastgeber, Sie werden das Nötige veranlassen. Hauptmann Winkler vergewissert sich, ob in Richtung Westen die SS-Verbände eingesetzt wurden. Oberleutnant Meyer löst den Stab auf und überprüft die Entsendung der Fahrzeuge von der Fahrbereitschaft. Je ein Lastwagen soll bei den Unterkünften von Herrn Hauschulz und mir bereitgehalten werden.»

Der Nachrichtenmajor erhielt den Auftrag, auf Rügen Quartier zu machen und an der Anlegestelle der Fähre zu warten. Sonstige Einzelheiten sollten vom neuen Befehlsstand aus geregelt werden.

Während der Darstellung von Gastgeber hatte ich meine wachsende Unruhe noch unterdrücken können; von ihm hatte ich nichts anderes erwartet. Als Hauschulz schließlich diesen Plan billigte und damit bereit war, das Todesurteil für Tausende zu unterzeichnen, fiel es mir schwer, meine Erregung zu zügeln. Hier wurde über das Schicksal einer Stadt entschieden, und niemand dachte daran, dieses Schicksal zu teilen. Alle Überlegungen liefen zu diesem Zeitpunkt nur darauf hinaus, sich nach Rügen in Sicherheit zu bringen und von dort über See zu fliehen. Alles andere Gerede sollte die Flucht vor der Verantwortung nur verbrämen.

Es mußte in der Stadt doch auch Menschen geben, denen die Zukunft nicht gleichgültig war. In den letzten Wochen waren tagelang Kolonnen von Flüchtlingen durch die Stadt gezogen. Ihr Elend mußte doch wachrütteln. An wen konnte ich mich wenden? Ich bedauerte es jetzt, viel Zeit durch meine Unschlüssigkeit verloren zu haben, mit der Hoffnung auf Einsicht bei meinen Vorgesetzten. Zu Neumann hätte ich offener sein sollen, jetzt war er gegangen. Bis jetzt hatte ich alle, die von mir eine Entscheidung erwarteten, nur hingehalten. Und nun spitzte sich die Lage zu.

Welcher Stralsunder würde mir vertrauen, wenn ich mich an ihn wandte? Bestimmt gab es auch hier Menschen, die gegen dieses System und für die Rettung Stralsunds kämpften. Doch wo sollte ich sie finden? Und mußte man mich dann unter Umständen nicht sogar für einen Provokateur halten? Kontakte und Verbindungen hätten viel Zeit bedurft, und die hatte ich nicht mehr.

So entschloß ich mich nach dieser Beratung im Stab, auf eigene Faust zu handeln und alles zu tun, was mir möglich war und was in meinen Kräften stand, um ein Blutvergießen zu verhindern.

Ich ging am Knieperteich entlang und durchdachte noch einmal alles gründlich.

Die Soldaten lagen in ihren Stellungen und hatten Schießbefehl. Die ersten Schüsse würden den Kampf um Stralsund eröffnen und damit der russischen Artillerie und den Fliegern das Wort geben. Der Stab war in den Silo gezogen, sollte dem Plan entsprechend bei Beginn des Gefechtes, spätestens aber gegen Mitternacht übersetzen und von Rügen aus die Kämpfe leiten.

Was mußte ich jetzt tun? Die Befehle waren heraus. Es konnte nur noch Stunden dauern, bis geschossen wurde. Also mußte der gegebene Befehl aufgehoben werden, und das konnte nur ... Nein, das konnte auch ich tun. Noch war ich Mitglied des Stabes und hatte dadurch die Möglichkeit, Anweisungen zu geben und bereits erteilte Befehle rückgängig zu machen.

So froh ich war, diesen Ausweg gefunden zu haben, so sehr erschrak ich vor ihm. Ich wußte, daß es nicht einfach sein würde, ihn zu verwirklichen, aber es gab keinen anderen Weg. Dabei hielt ich es für wenig sinnvoll, mich an die verantwortlichen Offiziere zu wenden. Ich kannte sie kaum, und die letzten Tage und Stunden hatten mich mißtrauisch gemacht und mir die Augen geöffnet. Sie hatten die Soldaten in die Stellungen geschickt und dachten jetzt wie die Generale darüber nach, welche Möglichkeiten es noch gab, die eigene Haut zu retten. Ich mußte versuchen, die Soldaten in den Gräben und Löchern zu erreichen.

Am sichersten wäre es, die Leute aus ihren Stellungen zu holen, bevor die sowjetische Spitze das Vorfeld erreichte. Die Rotarmisten sollten eine offene Stadt vorfinden, in die sie kampflos einmarschieren konnten. Wenn es mir gelingen sollte, eine größere Anzahl unserer Soldaten davon zu überzeugen, so würde sich das herumsprechen. Dem letzten Zögernden mußte klarwerden, daß er nur so sich und die Stadt retten konnte. In einzelnen Gruppen und in voller Ausrüstung mußten alle die Stellungen verlassen. Erst in der Nacht selbst konnte sich alles auflösen und die Waffen verschwinden lassen. Die Teiche waren tief genug. Wer nicht hierbleiben wollte, mochte über den Rügendamm oder den Strelasund zur Insel ausweichen. Die Hauptsache war, daß der Gegner keinen Widerstand vorfinden würde.

Das Motorrad trug mich durch die menschenleeren Straßen zum Silo. Hier war schon recht reger Betrieb. Mehrere Personenkraftwagen und Kräder hielten vor dem Eingang, auch Wachen waren eingeteilt. Am Kai hatte die Fähre festgemacht, und weiter nördlich lag noch ein Schiff, das ich mir nicht genauer ansah. Im Innern des Gefechtsstandes brannte elektrisches Licht, aber man hatte auch Kerzen bereitgestellt. Ich erblickte ein paar Zivilisten. Sie hatten hier gearbeitet und kannten den Silo. Sie konnten bestimmt auch gut über die Verhältnisse am Hafen Auskunft geben. In einem der Nebenräume traf ich General Hauschulz und den I a. Ich meldete die Ausführung der Befehle und erkundigte mich nach der Lage.

«Bis jetzt läuft alles wie vorgesehen», antwortete Hauptmann Gastgeber, «die Einheiten haben das Ausrücken der kampffähigen Soldaten gemeldet. Ich habe noch eine zweite Fähre vom Dänholm herbeordert, die aber erst am späten Abend eintreffen wird. Sehen Sie zu, daß Sie genügend Verpflegung empfangen. Nebenan können Sie sich alles holen.»

Ich verließ den Raum. Jetzt schien es mir an der Zeit, mein Vorhaben zu verwirklichen. Wie würden die Soldaten reagieren? Nach den letzten Befehlen des OKW hatte jeder das Recht, mich zu erschießen, wenn ich ihn zum Verlassen der Stellung aufforderte. Ich konnte nur darauf bauen, daß die Mehrzahl noch bereit war, Befehle auszuführen, sonst wären ja die Stellungen nicht besetzt worden.

Heute, Jahrzehnte später, werde ich häufig gefragt, warum damals überhaupt noch gekämpft wurde, wie es möglich war, daß der Krieg nach den Niederlagen der Wehrmacht überhaupt erst auf deutschem Boden und auch erst am 8. Mai 1945 zu Ende ging. Es gibt dafür viele Gründe, und ich will hier nicht auf alle eingehen.

Zwölf Jahre Terror lasteten bereits auf der Bevölkerung. Vor allem nach dem gescheiterten Attentat vom 20. Juli 1944 nahm die faschistische Führung Massenverhaftungen vor und fällte unzählige Todesurteile. Plakate verkündeten in allen Städten ihre Vollstreckung. Wohl am brutalsten gingen jedoch die Faschisten gegen jegliche Äußerung von Kriegsmüdigkeit und antifaschistische Betätigung vor. Außerordentliche Feldgerichte wüteten wie nie zuvor. Hunderte von Wehrmachtangehörigen und Zivilisten wurden zur Abschreckung erhängt. Der Terrorapparat funktionierte bis zum bitteren Ende.

Neben dem Terror spielte die faschistische Propaganda eine wesentliche Rolle. Lange Jahre war das deutsche Volk systematisch mit faschistischen Ideen vergiftet worden. Während man jedoch in den ersten Kriegsjahren die gewonnenen Reichtümer der unterjochten Länder herausstellte, sollte nun die Angst die Menschen an das Regime fesseln. Durchhalten wurde propagiert. Unter den Soldaten schürte man so die Furcht vor der Gefangenschaft, daß es der Roten Armee und dem Nationalkomitee «Freies Deutschland» trotz aller Bemühungen sehr schwer wurde, diesen Wall der Angst zu durchbrechen. Aus eigenem Erleben konnten sich die Soldaten ein Bild darüber machen, welche Verluste und welche Opfer das Sowjetvolk durch den faschistischen Überfall erlitten hatte. Erzogen und beeinflußt von der imperialistischen Ideologie, rechneten sie mit einer Vergeltung, wie sie ihnen seit Jahren gepredigt worden war.

Die wenigen, die nicht an die Lügen über die Gefangenenerschießungen glaubten, rechneten sich aber aus, daß die Gefangenschaft doch längere Zeit dauern könnte. Angesichts der Zerstörungen in den überfallenen Ländern hatten sie gewiß auch allen Grund zu dieser Annahme. Sie hofften, bei Kriegsende irgendwie in Deutschland untertauchen und schnell zu ihren Familien gelangen zu können. Nur einigen von ihnen gelang es, ihre Absicht zu verwirklichen, und diejenigen, die in Gefangenschaft gerieten, konnten noch von Glück reden.

Mit Terror und Demagogie war es den Faschisten gelungen, die meisten Menschen, auch den größten Teil der Soldaten, in eine tiefe Hoffnungslosigkeit zu stürzen. Sie glaubten, der Zusammenbruch des faschistischen Staates sei gleichbedeutend mit dem Untergang und der Vernichtung des deutschen Volkes, ja der deutschen Nation. Vernichtungs- und Zerstücklungspläne, in den USA und in England entworfen, waren von der faschistischen Presse begierig aufgenommen und für die Durchhaltepropaganda weidlich genutzt worden. Viele konnten sich nicht vorstellen, wie es nach dem Krieg weitergehen sollte. Die Ereignisse der letzten Wochen und Monate hatten die Postverbindungen unterbrochen, und niemand wußte, was aus seinen Familienangehörigen geworden war. Diese Ungewißheit hatte zu Anfang verzweifelt warten lassen, schließlich aber abgestumpft. Sie resignierten und befolgten ohne zu überlegen die Befehle derer, die bis zur letzten Patrone kämpfen wollten, die bis fünf Minuten nach zwölf Kriegsverbrechen an der eigenen Bevölkerung und an wehrlosen Gefangenen begingen. Nur zum Teil handelte es sich bei diesen um Leute, die völlig der faschistischen Ideologie ergeben waren und an «Wunderwaffen», die «Vorsehung» oder einen rettenden Einfall des «Führers» glaubten. Die meisten waren an Kriegsverbrechen beteiligt und mußten auf jeden Fall damit rechnen, vor Gericht gestellt und verurteilt zu werden. Dem wollten sie aus dem Wege gehen und setzten rücksichtslos alles auf eine Karte; deshalb mußte ich mich auch vor ihnen vorsehen.

Ich nahm meine Pistole aus der Tasche, überprüfte sie und schob ein neues Magazin ein. Jeder konnte auf mich schießen, sogar einen Orden dafür bekommen. Als ich mit dem Motorrad den von Bomben zerstörten Teil der Altstadt erreicht hatte, kam mir ein größerer Trupp Soldaten entgegen. Er wurde von einem Bootsmannsmaat geführt. Nach seiner Meldung wandte er sich wieder ab, doch ich wollte Näheres wissen. Bereitwillig gab er Auskunft.

«Wir hatten heute früh Befehl erhalten, das Verpflegungsmagazin am Katharinenberg zu bewachen. Vor kurzem wurden wir von einer Gruppe Jungen aus der Heilanstalt abgelöst und gehen jetzt hier in Stellung, um für den inneren Verteidigungsring bereit zu sein.»

Die Gruppe bestand aus etwa dreißig Mann, von denen kaum einer älter als siebzehn Jahre sein konnte. Sie kamen von der Schwedenschanze, und die meisten machten noch einen recht frischen Eindruck, auf keinen Fall waren sie niedergeschlagen. Auf meine Frage hin antwortete einer sogar ganz stolz, daß sie Offiziersanwärter seien und sich bewähren wollten. Am liebsten hätte ich sie alle gleich weggeschickt, aber das erschien mir unklug. Ich nahm den Bootsmannsmaat beiseite und befahl ihm, auf jeden Fall an dieser Stelle zu bleiben, bis ich zurückkäme. Von ihm erfuhr ich, daß auch die Stellungen in Richtung Parow besetzt worden waren.

Dorthin fuhr ich zuerst. Gleich hinter den letzten Häusern an der Straße nach Prohn entdeckte ich die ersten Soldaten. Sie standen in Gräben, die in gebrochener Linie angelegt worden waren. Gewehre, Handgranaten und einige Maschinengewehre lagen auf den Böschungen, an denen ich entlangging. Viele jugendliche Gesichter blickten mich an. In ihren Augen stand alles andere als entschlossener Kampfwille. Fragende Blicke trafen mich, aber niemand wagte zu sprechen. Ich hatte schon einen längeren Weg hinter mir, doch noch keinen Offizier getroffen. Das kam meiner Absicht entgegen. Am Straßenrand war mir eine Gruppe Unteroffiziere aufgefallen, sie wollte ich ansprechen und ging zurück. Einen Feldwebel unter ihnen fragte ich, wie er die Kampfmöglichkeiten einschätzte. Die Antwort kam nicht sofort, dann meinte er: «Natürlich können wir mit den ersten Feuerstößen den Gegner zum Stehen bringen, Herr Oberleutnant. Aber bei unserer schwachen Bewaffnung werden sich die einzelnen Gruppen bald zurückziehen und in den Häusern Deckung suchen müssen. Doch in ihnen sind noch überall Menschen. Ich habe schon mit ihnen gesprochen, sie wollen nicht hinaus.»

Er hatte die letzten Sätze stockend gesprochen und sah nicht gerade zuversichtlich aus. Ich spürte förmlich, daß auch die anderen auf eine Entscheidung warteten.

«Hören Sie! Ich habe keinen Ihrer Offiziere angetroffen; neuer Befehl vom Stab des Stadtkommandanten. Stralsund kann mit unseren schwachen Kräften nicht verteidigt werden. Um eine Panik in der Stadt zu vermeiden, bleiben Sie bis zur völligen Dunkelheit in den Stellungen. Dann ziehen Sie sich in Gruppen, aber mit Waffen zurück. Nach Rügen können Sie über die Brücke oder vom Hafen aus ausweichen. Die Übersetzmöglichkeiten sind aber erst nach Mitternacht vorhanden. Auf jeden Fall darf aus diesen Stellungen kein Schuß abgegeben werden. Bin ich verstanden worden?»

Alle nahmen Haltung an, und ich wandte mich ab. Der Feldwebel kam mir nach, er wollte noch etwas wissen.

«Herr Oberleutnant, bekommen die an den anderen Abschnitten auch Bescheid? Ich meine, es könnte sein, daß man uns Schwierigkeiten ...»

An seiner Frage erkannte ich, daß er begriffen hatte, er wollte nur noch eine letzte Bestätigung. Daher unterbrach ich ihn: «Aus diesem Grunde sollen Sie die Stellungen nur mit den Waffen verlassen. Dann können Sie es denen, die Sie eben meinten, leichter verständlich machen. Natürlich können Sie sich jederzeit auf mich berufen. Ich fahre sofort zum Südabschnitt, es wird Zeit. Sorgen Sie dafür, daß hier im Norden bis zur Rostocker Chaussee dieser Befehl durchgegeben und durchgeführt wird. Nochmals, kein Schuß und nicht zu früh zum Hafen! Ich kann mich auf Sie verlassen?»

«Das können Sie, Herr Oberleutnant», antwortete er und sah mich offen an. «Ich habe Sie verstanden.»

Er kehrte zu den anderen zurück. Ich fuhr in Richtung Frankendamm. Der erste Versuch war geglückt. Ich schien sogar auf Verständnis gestoßen zu sein. Und diese Erfahrung bestätigte mir, daß es über Befehle möglich war, den Plan der befohlenen Verteidigung zu durchkreuzen, wenn nicht sogar zu vereiteln. Der Feldwebel hatte mir aber auch die schwache Stelle meines Planes gezeigt. Es durfte an keiner Stelle geschossen werden. Als ich die Panzersperre hinter mir hatte, erkannte ich schwarze Buchstaben an der hellen Wand eines Hauses. »Es wird nicht gesprengt«, konnte ich im Vorbeifahren lesen. Es schien sich noch mehr zu rühren in der Stadt. Die Schrift an der Mauer zeugte davon, und das beruhigte mich. Die abrückenden Soldaten würden von der Bevölkerung kaum etwas zu befürchten haben. Diejenigen, die die Losung geschrieben hatten, würden aus der Tatsache, daß nicht geschossen wurde, schon etwas zu machen wissen. Schon hatte ich die Sperre an der Brauerei hinter mir, und wieder traf ich auf Stellungen, die besetzt waren. Auch hier erkundigte ich mich nach der Lage der Dinge. Ein Obergefreiter antwortete.

«Unsere Ausrüstung ist sehr schlecht, Herr Oberleutnant, man versprach uns Verstärkung und zusätzliche Waffen. Die Häuser sind zum größten Teil verlassen. Von Greifswald her kamen am Nachmittag Angehörige der Feldgendarmerie und forderten alle Einwohner zur Räumung auf. Ein Lautsprecherwagen wiederholte die Aufforderung.»

Ich fuhr weiter, zwar fand ich auch später noch Soldaten und Unteroffiziere, mit denen ich, wie im Nordabschnitt, sprechen konnte, aber viele waren durch das Erscheinen der »Kettenhunde«, so hießen unter den Soldaten die Angehörigen der Feldgendarmerie, furchtsam geworden. So mußte ich hier mehrere Gruppen selbst ansprechen. Ich brauchte bedeutend mehr Zeit für diesen so wichtigen Abschnitt, konnte ihn dann aber auch mit der Gewißheit verlassen, daß hier kein Soldat einen Schuß abgeben würde.

Jetzt blieb nur noch der westliche Teil, die Rostocker Richtung, übrig. Dort war weder von der SS noch von den Hitlerjungen etwas zu sehen. So hatte der Bootsmann also recht. Die Jungen waren für den inneren Ring eingesetzt worden, und die SS hatte sicher den Befehl zum Abzug erhalten. Das sollte mir auch gleich sein. Die Zeit war vorgeschritten; ich mußte zum Silo zurück, weil ich wissen wollte, ob irgend etwas über meine Schritte bekannt geworden war.

In den Ruinen traf ich wieder die Gruppe des Bootsmannsmaates an. Er hatte auf mich gewartet. Die Art, mit der er mir entgegentrat, bestärkte mich in meiner Absicht, mit diesem Mann gleich offen zu sprechen. Wir gingen ein Stück abseits, und ich machte ihn vorsichtig mit meinem Vorhaben bekannt. Er mußte schon ähnliche Gedanken gehegt haben.

«Sie können mir glauben, Herr Oberleutnant, ich habe meine

Pflicht als Soldat immer erfüllt, aber den Krieg hier in Stralsund noch gewinnen zu wollen, das erscheint mir völlig sinnlos. Es muß doch irgendwie nachher weitergehen, auch für diese Kerlchen da. Sie wollen einmal Offizier werden wie Sie. Ich meine, es wird Zeit, ihnen zu sagen, daß daraus nichts mehr wird. Was soll ich mit ihnen machen? Ich habe doch die Verantwortung für sie.»

Der Mann hatte mehr Gewissen als alle Generale. Ich konnte mich auf ihn verlassen, denn er vertraute mir.

«Bleiben Sie erst einmal hier, bis es dunkel wird. Dann schicken Sie alle, die hier in Stralsund Verwandte oder Bekannte haben, fort. Mit dem Rest kommen Sie gegen Mitternacht zu den Schiffen an den Sund. Der Stab wird dann schon weg sein. Sorgen Sie dafür, daß jeder, der hier in die Nähe kommt, ähnlich instruiert wird. Es darf auf keinen Fall geschossen werden.»

«Das ist ein Wort, Herr Oberleutnant», erwiderte er sofort. «Sie können sich auf mich verlassen, warum mußte es erst so weit kommen? Wer hilft uns bloß aus diesem Dreck heraus?»

Ich unterbrach ihn, denn einmal wußte ich keine Antwort, und zum anderen mußte ich weiter. «Ich freue mich, daß Sie mithelfen wollen. Was die Russen machen werden, wird sich ja zeigen. Ich kann Ihnen über die Zukunft auch nichts sagen. Vielleicht hätten wir früher nachdenken sollen.»

Wir verabschiedeten uns, indem wir uns die Hand reichten. Dabei übergingen wir wahrscheinlich unbewußt den militärischen Gruß.

Im Silo ließ ich mir meine Verpflegung geben; ich wollte auch nicht allzufrüh zum Stab. Es muß gegen 22.00 Uhr oder später gewesen sein, als ich das Zimmer betrat, in dem vor meiner Abfahrt General Hauschulz gesessen hatte. Der I a war allein und beschäftigte sich mit einigen Papieren. Nach meinem Eintreten fragte er sofort: «Haben Sie nicht die beiden Generale gesehen? Sie sind eben hinausgegangen. Vom Dänholm erhielt ich die Nachricht, daß ungefähr zehn schnelle Boote mit einer Reihe von Offizieren, Unteroffizieren und Mannschaften durch den Sund nach Norden abgehauen sind. Zwei Gruppen sind in Stellung gegangen. Sie haben auch nichts auf dem Sund gesehen?»

Ich konnte mit ruhigem Gewissen verneinen und schwieg dann. Er aber fuhr fort: «Interessant ist auch, daß einige von den Soldaten, die vor ein paar Tagen nach Berlin abgezogen waren, zurückgekommen sind. Ihr Flugzeug mußte wegen eines Treffers abdrehen.» Er sah mich fragend an. Darauf sagte ich: «Draußen ist alles ruhig, Herr Hauptmann. Nicht einmal Leuchtkugeln sind zu sehen. Wer weiß, ob die Russen noch heute heranrücken.»

Er zuckte mit den Schultern. Ich ging hinaus. Bis jetzt wußte man also noch nichts über mein Verhalten, und das beruhigte mich. Ich konnte damit fortfahren, Stellungen zu räumen. Plötzlich sprach mich der Fahrer von General Hauschulz an.

«Herr Oberleutnant, ich habe gut aufgetankt und auch Reservebenzin. Bis Rostock würden wir damit bestimmt noch kommen. Ihre Eltern wohnen doch dort.»

Ein verlockendes Angebot? Ich weiß nicht, wie ich mich ein paar Tage früher dazu verhalten hätte. Aber jetzt konnte ich hier nicht fort, denn ich wollte einen sinnlosen Kampf vermeiden. Ich fragte mich, wie er auf mich gekommen war. Wahrscheinlich rechnete er damit, daß ich Papiere beschaffen konnte. Nachdem ich abgelehnt hatte, verschwand er ohne ein Wort.

Ich ging dicht ans Wasser. Die Wellen gluckten am Kai, und es war immer noch unheimlich still. Hoffentlich kamen die Soldaten aus den Stellungen nicht zu früh hierher, dachte ich. Bald mußten wir mit dem Übersetzen beginnen können. Mitternacht kam näher. Hatte ich an alles gedacht? Mir fiel ein, daß ich die SS nicht angetroffen hatte. Aber da sollte Winkler sich überzeugen. Im Silo traf ich ihn und fragte sofort, ob die Stellungen in Richtung Westen besetzt seien.

«In den Stellungen hinter dem Bahnhof traf ich keine Menschenseele an. Und bei der Heilanstalt hatten sie solch alten Übungspanzer flottgemacht, aber die Stellungen von der Richtenberger bis zur Rostocker Chaussee waren noch nicht besetzt. Ich habe das sofort dem Eins a gemeldet, und der hat Fichtner angerufen. Er erhielt von ihm die Zusage, daß alles geregelt würde. Aber hier im Silo haben Sie was verpaßt. Es erschienen zwei Mann von der Feuerwehr. Sie waren von Fichtner geschickt worden und fragten Breusing, wer den Befehl zum Räumen der Stadt gegeben hätte. Außerdem wunderte sich der Staatskommissar, daß nicht alle Sperren besetzt seien und daß einzelne Soldatengruppen durch die Stadt zögen. Nun, Sie kennen ja Breusing. Sich vielleicht von einem Fichtner was sagen zu lassen, das ging ihm doch gegen seine ‹Soldatenehre›, und entsprechend war auch die Antwort. Er habe den Befehl zum Räumen gegeben, und der Herr Sturmbannführer solle nur beruhigt sein. Die Sperren würden zu gegebener Zeit besetzt werden, die Soldaten wüßten schon, wohin sie zu gehen hätten. Danach verschwanden die beiden wieder.»

Der Fichtner hatte also schon etwas bemerkt. Breusings Haltung, sein verletzter Ehrgeiz, hatten mir geholfen. Aber mich beunruhigte doch, was Winkler über die Rostocker Richtung gesagt hatte. Die Lage im Norden und im Süden war klar, doch der Westen konnte inzwischen wieder besetzt sein. Der russische Verband, der die Stadt nehmen sollte, würde auf jeden Fall von Süden herankommen, mit Teilen vorbeistoßen und einschwenken. Es konnte eigentlich zu keinen größeren Kampfhandlungen kommen. Sollte ich nicht doch noch einmal hinausfahren?

Ich hörte Schritte, und als ich mich umdrehte, stand Gastgeber vor mir.

«Wir werden jetzt übersetzen. Sorgen Sie für die Verladung der Fahrzeuge, des Treibstoffs, der Munition und der Vorräte. Zurückbleibende Fahrzeuge werden unbrauchbar gemacht. Wir haben nur die eine Fähre zur Verfügung, die andere ist noch nicht eingetroffen, und darauf zu warten ist mir zu unsicher. Wenn alles verladen ist, geht's sofort ab!»

Natürlich mußten als erstes die Lastkraftwagen mit der Habe der Generale auf die Fähre. Zwar waren noch einige Kisten mit Stabsakten dabei, aber sie machten das wenigste aus. Dann folgte alles andere. Jetzt erst bemerkte ich, daß sich eine größere Anzahl Offiziere verschiedener Waffengattungen eingefunden hatte. Sollte das damit zusammenhängen, daß ich in den Stellungen, die ich aufgesucht hatte, keinen Offizier angetroffen hatte? Sie teilten offensichtlich Breusings Standpunkt, andere sterben zu lassen, um ungeschoren das Kriegsende zu überstehen. Sie waren gegangen und hatten ihre Männer zurückgelassen. Das war vom Kampf «Schulter an Schulter» übriggeblieben.

Schließlich war alles verladen. Auch an Waffen und Munition fehlte es nicht. Kurz bevor die Fähre ablegte, lief ich noch einmal zurück, um meinen kleinen Rucksack zu holen. In ihm hatte ich meine persönlichen Dinge und etwas Verpflegung.

Jetzt war es soweit. Ich stand am Heck der Fähre. Die Maschine stampfte in ruhigem Rhythmus. Sehr langsam lösten wir uns vom Ufer. Der Himmel war sternenklar. Die Fähre glitt durch das ruhige Wasser. Wenn wir diese Geschwindigkeit beibehalten, so wird es lange dauern, bis wir drüben sind, dachte ich. Aber der

Schiffsführer wollte bestimmt jeden Lärm vermeiden. Obwohl einige Menschen an Deck standen, war kein Laut zu hören.

Plötzlich zerriß ein scharfer Knall die Stille. Eine Stichflamme schoß durch die Luft, einige Aufschläge klatschten ins Wasser, dann war es wieder ruhig. Über der Ziegelgrabenbrücke stieg eine Rauchwolke empor, dort hatte man die Sprengladung gezündet. Die Insel war damit vom Festland getrennt, und der Dänholm gehörte zu Rügen. Wer mochte die Sprengung veranlaßt haben? Waren die sowjetischen Spitzen schon vor der Stadt? Hatten alle Kräfte Stralsund verlassen, oder war der Sprengbefehl gegeben worden, um der Truppe die Rückzugsmöglichkeit zu nehmen, nachdem der Stab in Sicherheit war?

Die Zeit verlief. Die ersten Stunden des 1. Mai waren schon vorüber, als wir die Mitte des Strelasunds erreicht hatten. Ich setzte mich auf eine Kiste und sah auf die entschwindende Stadt, die für mich viel mehr gewesen war als nur eine Unterkunft und ein Ort in der Laufbahn. Mit ihr hing vieles zusammen, was sich in der kurzen Zeit in mir gewandelt oder geformt hatte. Dann stand ich wieder auf, eine innere Unruhe trieb mich an das Heck der Fähre.

Diese Abfahrt aus Stralsund ist mir noch gut in Erinnerung. Ich war aufgewühlt. Die Ereignisse der letzten Stunden hatten mich doch stark beschäftigt. Es war nicht die Sorge, daß meine Befehle, die Stellungen zu räumen, bis in den Stab gelangt sein könnten. Ich wurde die Zweifel nicht los, ob ich mit meiner Fahrt zu den Stellungen um Stralsund wirklich alles getan hatte, um die Stadt vor einem Beschuß zu bewahren. Deshalb horchte ich auf jedes Geräusch, und meine Augen tasteten ständig den dunklen Himmel nach aufblitzendem Mündungsfeuer ab.

Mir ist damals der Gegensatz nicht bewußt geworden, daß ich mit den Breusings, von denen ich mich gerade innerlich getrennt hatte, nun wieder auf demselben Schiff, also im selben Boot, saß, um zur Insel überzusetzen. Die Trennung von den Breusings war der erste Schritt gewesen, und über die nächsten hatte ich noch nicht nachdenken können.

Von Gastgeber hatte ich erfahren, daß ein Teil der jungen Soldaten, die nach Berlin geflogen waren, zurückgekommen war. Wo aber mochten sie eingesetzt worden sein? In der Stadt waren noch Fichtner und seine Kumpane verblieben, ihnen unterstanden die Jungen aus der Kaserne Heilanstalt. Würden sie diese Kinder vor die Stadt jagen und dem sicheren Tode preisgeben? Außerdem wußte ich damals noch nicht, daß Hauschulz noch einen stärkeren Trupp Soldaten aus Andershof bei Brandshagen, zehn Kilometer südlich von Stralsund, eingesetzt, aber am 30. April nicht zurückbefohlen hatte. Spekulationen gehören nicht in einen solchen Bericht, der auch Rechenschaft ablegt. Aber aus den erwähnten Beispielen wird deutlich, welche Folgen mein Alleingang nach sich zog. Ohne umfassende Information, ständig von der Zeit gejagt, immer damit rechnend, daß man meine Bemühungen durchschaut haben könnte, sind mir diese Fehler unterlaufen, daß bestimmte Gruppen nicht zurückgezogen wurden.

Erst viel später, als ich an diesem Buch zu arbeiten begann und die notwendigen Nachforschungen anstellte, konnte ich viele Einzelgeschehnisse in Erfahrung bringen. Ich traf auch auf ehemalige Stralsunder Soldaten, auf Beteiligte von damals. Ich halte ihre Erlebnisse für typisch für diese Ereignisse, daß ich einige zitieren möchte, die am 1. Mai 1945 noch in letzter Stunde geopfert werden sollten.

Die Geschichte des Soldaten Jochen Preußler auf dem Dänholm, die des Gerhard Lange aus der SS-Kaserne Heilanstalt und die des Flakhelfers Gerhard Hartmann von der Kaserne Andershof runden das bisher gezeichnete Bild der Ereignisse um Stralsund ab. Sie zeigen die Haltung der Kommandeure und Parteiführer zu ihren Soldaten und geben eine Einstimmung auf die Behandlung der weiteren Geschehnisse auf Rügen.

8

Dort, wo Rügen dem Festland sehr nahe kommt, liegt im Strelasund eine kleine Insel, der Dänholm. Er wurde im Laufe der Entwicklung immer mehr zum Festland zugehörig betrachtet, weil er ihm bedeutend näher war als der Insel. Deshalb entstand auch die erste feste Verbindung vom Dänholm nach Stralsund, während man die Insel Rügen nur mit dem Schiff erreichen konnte. Dieser Fährbetrieb war jedoch dem Personen- und Warenstrom, der über Saßnitz von und nach Schweden lief, bald nicht mehr gewachsen. Daher wurde in den dreißiger Jahren eine Brücke gebaut, die auch den Kraftfahrzeugen und der Eisenbahn einen zügigen Verkehr ermöglichte.

Straße und Bahnlinie berührten nur den nördlichen Rand des Dänholm. Die Hauptfläche des ungefähr einen Quadratkilometer großen Eilands nahmen militärische Bauten ein. Durch Wälle und starken Baumbestand waren die Kasernen den Blicken entzogen, und der nötige Schiffsverkehr lief über einen kleinen Hafen.

In diese Abgeschiedenheit kam mit vielen anderen Ende Februar 1945 auch der siebzehnjährige Jochen Preußler. Er und seine Kameraden waren nicht sehr erbaut, hier ihre Soldatenlaufbahn fortsetzen zu müssen.

1944 war Jochen Preußler Marinehelfer geworden. Dann wurden Jungen für eine Sonderausbildung gesucht, bei der technisch Interessierte bevorzugt wurden. Die Ausbildung verlief nur halbmilitärisch. Anfangs schien alles nach Wunsch zu gehen, die Ausbildung war interessant und abwechslungsreich. Aber die immer heftiger werdenden Bombenangriffe zwangen zu häufigem Wechsel der Ausbildungsorte. Dadurch sahen die Jungen viel, und sie machten sich ihre eigenen Gedanken über die Kriegsereignisse in und um Deutschland.

Dann aber geschah etwas, was alles wettzumachen schien. Große Schlagzeilen in der Presse verkündeten, daß am 16. Dezember 1944 deutsche Panzer- und motorisierte Infanterieverbände in den Ardennen völlig überraschend den Gegner angegriffen und dessen Front in einhundert Kilometer Breite aufgerissen hätten. Schnell waren sie tief ins Hinterland vorgestoßen, die gesamte Westfront schien ins Wanken geraten zu sein. Natürlich verfehlte dieses Ereignis nicht seine Wirkung. Die drohende Niederlage schien aufgehalten zu sein. So bestanden Jochen und seine Kameraden die Prüfungen und erhielten sogar ihr Abiturzeugnis. Ein Gelenkrheumatismus zwang ihn dann, ins Lazarett zu gehen. Hier warfen ihn die neuesten Meldungen von den Fronten aus dem Gleichgewicht.

Auf die dringende Bitte der westlichen Verbündeten hin hatte die sowjetische Armee ihre Großoffensive vorverlegt und am 12. Januar 1945 in breiter Front angegriffen. Deshalb mußten starke Kräfte der Wehrmacht nach Osten verlegt werden.

Für Jochen Preußler folgte ein häufiger Wechsel der Lazarette. Bald landete er in Waren an der Müritz. Obwohl die Erlebnisse der letzten Monate und vor allem während der Bahnfahrten viele

Fragen aufwarfen, lockte die weitere Fachausbildung immer noch. Erst als er sich am 27. Februar in Stralsund wieder zum Dienst meldete und von dort auf den Dänholm geschickt wurde, begann er etwas mehr nachzudenken. Hier ging es anders zu. Von Hochfrequenz und Technik sprach kein Mensch mehr. Der preußische Drill lastete schwer auf allen Jungen. Besonders schlimm trieb es der Hauptfeldwebel seiner Kompanie. Das Denken und die Persönlichkeit sollten den Jungen vollends ausgetrieben werden. Diesem Ziel dienten scharfer Schliff und entwürdigende Schikanen.

Auch am Exerzieren hatte sich nichts geändert. Immer öfter drehten sich die Gespräche der Jungen um Sinn und Unsinn dieser Ausbildung. Als dann noch nach einigen Wochen die Arbeiten an dem Panzergraben beim Gaswerk in Stralsund begannen und Sperren am Rügendamm errichtet werden mußten, zweifelten sie immer mehr am siegreichen Ausgang des Krieges. Der Ausbau der Stadt zur Festung löste kritische Gedanken aus.

Jochen war bedrückt. Alles, was geschah, trug nicht dazu bei, diese Stimmung zu ändern. Der Ausbau des Dänholm begann, und die Verpflegung wurde noch schlechter. Die schwere Arbeit und die vielen Wachen zehrten an den Kräften der Jungen. Sie mußten die Flüchtlingskolonnen kontrollieren, ob kampffähige Männer mitzogen. Der Anblick dieser unglücklichen Menschen bewirkte, daß sie sich zu schämen begannen. Als dann noch Schwede-Coburg mit seinem Stab nach Rügen übersetzte, war auch der letzte Funke Achtung vor ihren «Führern» erloschen. Für die Jungen in Jochens Zug schien es nur noch einen Menschen zu geben, dem sie ihr Vertrauen schenken konnten. Vor kurzem hatte ein junger Leutnant den Zug übernommen. Er hatte miterlebt, wie die «Tirpitz» sank, und gehörte zu den wenigen Überlebenden der über tausend Mann starken Besatzung. Wahrscheinlich wurden seine Haltung und sein Auftreten durch diese Erlebnisse bestimmt. Er wurde von den jungen Soldaten als Autorität anerkannt.

Am Abend des 26. April 1945 wurde plötzlich die Besatzung des Dänholm alarmiert. In der kommenden Nacht sollten Soldaten feldmarschmäßig ausgerüstet werden. Bald hatten die Gruppen empfangen, was zur Ausstattung gehörte, und die Jungen hockten auf den Betten, den Seesack neben sich. Eine Unruhe hatte sie ergriffen. Die letzte Nacht auf dem Dänholm brach an, der nächste Tag war ungewiß.

Vor dem Einschlafen wurden noch Meinungen ausgetauscht. Manche hielten alles für die Vorbereitung einer Übung, die eigentlich zur Ausbildung gehörte. Andere befürchteten einen Fronteinsatz, vertrauten aber ihrem Zugführer, daß der sie vor dem Schlimmsten bewahren würde. Auch das Stichwort Berlin fiel.

Bald schlief alles in der Stube. Am nächsten Morgen überprüften die Gruppenführer noch einmal Anzug und Ausrüstung, dann ging es zum Appellplatz. Vor dem offenen Karree standen die Offiziere. Mit unbeweglicher Miene nahm der Regimentskommandeur die Meldung entgegen und wandte sich dann an die Soldaten. Die Jungen hörten ähnliche Phrasen, wie ich sie in diesen Tagen von Fichtner, Breusing und Gastgeber über mich ergehen lassen mußte. Dann wurde der Regimentskommandeur aber konkret und teilte ihnen mit, daß sie in Berlin zum Schutz Hitlers eingesetzt werden sollten. Dieser Einsatz ging übrigens auf Dönitz' Initiative zurück – das wurde damals aber noch nicht gesagt.

Ein anderer Offizier gab die notwendigen Einzelheiten bekannt.

«Alles hält sich abrufbereit. Die Fahrt geht auf Lastkraftwagen bis Tutow, und von dort werden wir nach Berlin geflogen. Zug- und Gruppenführer bleiben bei ihren Leuten. Es darf keine Verzögerung geben.»

Über tausend Mann traten weg. Die Stimmung war gedrückt, auch bei Jochen Preußler. Man ließ ihnen aber wenig Zeit zum Nachdenken, denn bald rollten die ersten LKWs an. Ein Zug nach dem anderen wurde verladen. Durch Stralsund ging es noch langsam, aber dann nahmen die Wagen Geschwindigkeit auf.

In Tutow lagen Jagd- und Kampfgeschwader, und hier herrschte schon Aufbruchstimmung. Die Dänholmer erhielten am Waldrand Unterkünfte zugewiesen. Jochen Preußler erinnerte sich, wie sie ihren Zugführer bestürmten. Jeder hatte Fragen, einige hatten vom Flugplatzpersonal etwas über die Lage in Berlin erfahren.

Vorerst ging einmal die Ausbildung weiter. Für den Lufttransport fehlten die Maschinen. Und so lernten die Jungen das Maschinengewehr, die Handgranate und die Panzerfaust kennen, aber nur theoretisch. Für praktische Übungen fehlte die Munition. Das war der Abschluß der Vorbereitung für den Einsatz gegen kampferfahrene Divisionen. Zwischendurch wurden sie Zeugen einer großen Aufregung auf dem Flugplatz. Eine Junkers war aufgestiegen und hatte Kurs auf Schweden genommen.

Am 28. April landete abends plötzlich eine größere Anzahl Transportmaschinen. Es waren die Junkers 352, sie wurden auch Leukoplastbomber genannt. Nur ihre Rahmen waren Metall, alles andere Bezug oder dünne Holzplatten. Das Verladen ging schnell.

Um Mitternacht rollte alle fünf Minuten eine Maschine über den Rasen und stieg in den dunklen Himmel auf. Alles war so schnell gegangen, daß keine Zeit mehr zum Überlegen geblieben war. Die Jungen hatten jetzt nicht einmal Angst. Jeder hing seinen Gedanken nach. Unterhaltungen waren bei dem Motorenlärm ausgeschlossen. Der Reiz des Neuen hatte sie gepackt, schließlich war es für alle der erste Flug. Die Ungewißheit über das Ziel trat in den Hintergrund.

Der Leutnant sprach mit dem Flugzeugführer. Beide schienen sehr erregt zu sein, als könnten sie sich nicht einigen. Der Leutnant deutete ständig einen Bogen an, aber der Pilot wollte wohl nichts davon wissen.

Dann waren sie über der Front, Leuchtspurfäden zogen durch die Nacht, Flakgranaten detonierten. Sie galten den vor ihnen gestarteten Maschinen. Unten zeichnete sich durch Brände die Front ab. Die Ruhe war vorbei. Bewegung kam in die jungen Menschen. Der Flugzeugführer schien es bemerkt zu haben. Er drehte sich um und schrie etwas nach hinten. Doch seine Worte kamen nicht mehr an. Ein Anprall erschütterte die Maschine. Einige rutschten von ihren Kisten. Dann schien alles wieder wie vorher. Das Flugzeug zog eine große Linkskurve und flog eine geraume Zeit weiter. Der Schreck saß den Jungen in den Gliedern, niemand sprach, bis einer der am Fenster Sitzenden die Stille brach.

«Seht mal 'raus! Der Feuerschein wird kleiner. Wir fliegen zurück! Ob die Kiste durchhält?»

Nun wurde es lebendiger unter den Jungen. Allerlei Vermutungen tauchten auf. In einem aber waren sie sich einig: Die beiden Offiziere in der Kanzel schienen sich nach dem Krach endgültig entschieden zu haben, Berlin nicht anzufliegen. Wo aber würden sie landen?

Am Boden tauchte ein roter Stern auf, der schnell an Größe zunahm. Dann gab es eine furchtbare Erschütterung. Alles flog durcheinander: die Jungen, ihre Waffen und die Munition, dazwischen Wrackteile. Während jeder versuchte, Halt zu gewinnen und aus dem Wirrwarr herauszukriechen, kamen Rettungsfahrzeuge. Es grenzte an ein Wunder, der Treibstoff hatte kein Feuer gefangen. Alle kamen heil aus der Maschine und starrten auf den Trümmerhaufen. Das Fahrgestell hatte vor Berlin einen Treffer bekommen, und so mußte der Pilot eine Bauchlandung wagen. Die Beulen und Schrammen spürte niemand mehr. Jeder war erst einmal froh, dem Einsatz in Berlin entronnen zu sein.

Während die Feuerwehrleute arbeiteten, sammelten sich die Jungen und suchten die Reste ihrer Ausrüstung. Dann ließ der Leutnant den Zug abrücken. Den Flugzeugführer ließen sie zurück, er mußte dem Flugplatzkommandanten Meldung erstatten.

Auf dem Marsch wurde kein Wort gesprochen. Jeder hatte mit seinen eigenen Gedanken zu tun. Sie marschierten über einen Umweg zu ihrer Unterkunft und kamen im Morgengrauen an Baracken vorbei, die ein meterhoher Stacheldrahtzaun umgab.

Der Zug verhielt, und jeder sah durch den Zaun. Abgehärmte Frauen schlichen zu einem Appellplatz, einige SS-Männer schrien dazwischen. In dem fahlen Licht des Morgengrauens sah alles noch schrecklicher aus. Die Ereignisse der letzten Nacht hatten sie mitgenommen, und dieses Erlebnis gab ihnen den Rest. Sie hatten Kriegsgefangene hinter Stacheldraht und als Kolonnen gesehen, und mancher hatte auch von Verhaftungen gehört, jetzt wurden sie still und dachten an ihre Mütter, an die Angehörigen.

In einer Baracke gab es Verpflegung. Obwohl alle starken Hunger hatten, stocherte jeder nur in seinem Kochgeschirr herum. Selbst unter den sonst Redseligen kam kein Gespräch zustande. Bald hockten sie sich in kleine Gruppen zusammen, und einer nach dem anderen nickte ein.

Nach dem Wecken wurde noch einmal Verpflegung empfangen. Dabei ging das Gerücht um, der Flugzeugführer sei verhaftet worden. Ebenso wie hier hätte er die Maschine auch in Berlin landen können. Durch sein Verhalten habe er der bedrängten Front wertvolle Hilfe entzogen. Die Jungen waren bedrückt, obwohl sie noch nicht erkannten, daß sie eigentlich dem Flugzeugführer ihr Leben verdankten.

Der Zugführer bereitete dem Gespräch ein Ende. «Wir haben den Befehl, sofort abzufliegen. Fertigmachen!»

Auf dem Flugplatz standen drei Flugzeuge vom Typ Ju 52. Jetzt erfuhren die Jungen, daß diese Maschinen sie nur bis Tutow brächten. Dort stünden Munitionstransporte bereit, mit denen sie nach Berlin weiterfliegen sollten. Nach kurzem Flug landeten sie in Tutow.

Auf dem Flugplatz herrschte ein heilloses Durcheinander. Keiner kümmerte sich um sie, jeder schien mit sich zu tun zu haben. Am Waldrand standen noch einige Maschinen. Der Tankwagen fuhr scheinbar ziellos umher. Auf ihn konzentrierten sich mehrere Männer. Jeder wollte das Fahrzeug für sich haben.

Inzwischen hatte sich der Leutnant umgesehen. Auf seinen Wink folgten ihm die Jungen bis zum Rand der großen Rasenfläche. Dort saßen sie um ihren Zugführer herum, der ihnen seinen Plan entwickelte.

«Ob die Aussicht besteht, weiterfliegen zu können, oder nicht, soll uns vorläufig wenig interessieren. Wenn Munition geflogen werden soll, ist das wohl nicht die richtige Begleitung für uns. Hier können wir aber auch nicht bleiben, die Russen kommen langsam näher. Als Ausweg bleibt nur noch die Richtung Norden. Ich werde den ganzen Zug nach Stralsund zurückbringen. Dort wird euch keiner etwas vorwerfen können. Ich habe den Dänholm telefonisch verständigt, und außerdem gehorcht ihr meinem Befehl. Jede Gruppe holt so viel Verpflegung, wie es geht, natürlich zum Weiterflug, und dann sammeln wir uns wieder hier. Verstanden?»

Es wurde genügend Proviant gefaßt, bei dem Durcheinander fiel das gar nicht auf. So konnte der ganze Zug vom Flugplatz verschwinden, ohne bemerkt zu werden. Seine Waffen hatte jeder mitgenommen.

Die Straße war leer, und sie kamen gut voran. Sie hatten nichts zu befürchten, marschierten sie doch als reguläre Truppe zu ihrer Einheit zurück. Trotzdem mieden sie die Chausseen und größeren Orte, und daran taten sie recht, weil immer noch Kräfte zusammengesucht und nach Süden in Marsch gesetzt wurden.

Nach kurzer Rast während der Nacht erreichten sie am nächsten Morgen Stralsund.

Der Leutnant hatte recht behalten. Ohne viel Worte zu verlieren, wies man die Jungen in die alten Stellungen ein. Jochen und seine Kameraden lagen wieder auf dem Dänholm, nicht weit von der Ziegelgrabenbrücke entfernt, in ihren Löchern und horchten. Ein Feuerschein von der Krögerschen Werft her ließ sie aufblikken. Doch die Flammen breiteten sich nicht aus, und so achteten sie nicht weiter darauf. Da es kaum regelmäßige Ablösungen gab, war es mit der Zeitbestimmung schlecht bestellt. Es mochte um Mitternacht oder später sein, als ein lauter Knall die Stille zerriß. Jochen und sein Kamerad wurden etwas vom Boden gehoben, so erschütterte die Explosion die Erde. Dann war es wieder still.

Ähnliche Erlebnisse wie Jochen Preußler hatten viele junge Menschen in den letzten Tagen des zweiten Weltkrieges. Als ich für mein Buch Nachforschungen anstellte und mit vielen sprach, die jene Zeit in und um Stralsund erlebten, bin ich häufig auf heute schon reife Männer gestoßen, die damals, wenn es nach der faschistischen Führung und den Durchhaltegeneralen gegangen wäre, auch als letztes Aufgebot hätten verbluten sollen.

Ich habe vorn bereits die sogenannte Heilanstalt erwähnt, in der die SS Hitlerjungen ausbildete. Während wir nach Rügen übersetzten, war mir bewußt geworden, daß sie noch gefährdet waren. Sie waren nicht zurückgezogen worden. Die Lücke in meinem Bericht konnte ich mit Hilfe eines Augenzeugen schließen, der Anfang März 1945 zur Heilanstalt einberufen worden war.

Mit Gerhard Lange waren noch andere Fünfzehn- bis Sechzehnjährige zum SS-Ersatzbataillon bestellt worden. Der Einberufungsbefehl hatte ihn aus dem Elternhaus gerissen. Als der Zettel in die elterliche Wohnung flatterte, löste er Niedergeschlagenheit aus. Gerhards Vater gehörte nicht zu denen, die den Krieg bejahten. Gerhard war in der Hafengegend Stralsunds groß geworden. Seine Spielgefährten stammten aus den Familien der Hafenarbeiter, und der Umgang mit ihnen hatte seine Wirkung auf den aufgeweckten Jungen nicht verfehlt.

Die Zusammensetzung der Gruppe war unterschiedlich. Schon am ersten Tag seines Kasernenlebens merkte Gerhard, aus welchen Elternhäusern einige Jungen kamen. Ihre großsprecherische Art und die Überheblichkeit gegenüber den Kameraden, besonders wenn die SS-Offiziere dabei waren, stießen ihn ab.

Beim Einkleiden stellte sich heraus, daß die Uniformen vielen zu groß waren. Die Mäntel schlotterten lose um die Körper, und unter den Stahlhelmen sahen die Gesichter kaum hervor. Trotz aller Bitternis mußten sie lachen, als sie sich gegenseitig ansahen. Die Ausbildung verlief ähnlich wie auf dem Dänholm. Sie waren als «Panzerjagdkommando» vorgesehen. Eine großsprecherische Bezeichnung für das, was sich dahinter verbarg. Im Unterschied zum Dänholm wurde hier schikaniert, mißhandelten die Ausbilder die Jugendlichen und hetzten sie gegeneinander auf.

Von einem Jungen wurde bekannt, daß sein Vater früher der Kommunistischen Partei angehört hatte. Dieser Junge kam eines Tages niedergedrückt in die Unterkunft zurück. In der Hand hielt er eine Todesnachricht. Sein Vater war gefallen. Er bat den Vorgesetzten um Urlaub, zumal seine Mutter sehr kränklich war und gerade jetzt seiner Hilfe bedurfte. Beim Wegtreten vergaß er in seiner Niedergeschlagenheit den Hitlergruß. Jetzt hatte man einen Anlaß gefunden, sich an ihm auszulassen. Die Ausbilder stellten sich vor die Front, und ein Hitlerjugendführer gab das «Vergehen» in entsprechender Darstellung bekannt. Mit den Worten «zeigt ihm, wie ihr als Hitlerjungen darüber denkt» wurde zur «Feme» aufgefordert. Fünfzehn Mann traten vor. Doch als sie sich auf den «Verurteilten» stürzen wollten, lief dieser davon. Während die übrigen in ihre Räume gingen, jagten die «Vollstrecker der Feme» hinter dem Flüchtigen her, ergriffen ihn schließlich, schlugen ihn zusammen und ließen ihn bewußtlos liegen. Viele waren darüber empört, aber niemand wagte es, sich gegen den Terror aufzulehnen.

Im Laufe der Wochen wuchs die Kluft zwischen den Befehlen und den eigenen Interessen. Es fehlte nicht an leidenschaftlichen Gesprächen, an kühnen Plänen, den Schikanen zu entrinnen. Aber immer wieder standen Furcht, Hilflosigkeit und Mißtrauen dem entgegen und machten alle Vorhaben zunichte.

Um so mehr bemühten sich die Jungen, Nachrichten von draußen zu erhalten. Sie waren von den übrigen Insassen der Heilanstalt isoliert und erfuhren von ihnen nichts über die Lage an den Fronten. Die Wehrmachtberichte wurden ihnen von SS-Ausbildern «erläutert». Doch sickerten auch hier Gerüchte durch. Man flüsterte von Bett zu Bett, und so mancher nutzte die Geländeausbildung, sich über die Möglichkeiten für einen Ausflug bei Nacht zu informieren. Als die ersten Jungen beim Stellungsbau um Stralsund eingesetzt wurden, ließ sich die Isolierung nicht länger aufrechterhalten. Die Jungen erfuhren vom ganzen Ausmaß der Niederlage an allen Frontabschnitten. Die Geister schieden sich immer mehr. Während einige Fanatiker noch immer an einen Sieg glaubten und bereit waren, jeden Andersdenkenden zu denunzieren, sehnten sich die meisten einfach nach Hause.

Inzwischen waren sie auf einhundertfünfzig Mann angewachsen. Stellungen hatten sie noch nicht bezogen. Der Dienst wechselte zwischen Schanzarbeiten und Waffenausbildung ab, bis eines Morgens auch dieser Tagesablauf unterbrochen wurde.

Am 29. April 1945 traten alle in Reihe und Glied an. Mit gemischten Gefühlen sahen sie einer größeren Gruppe ihrer Kameraden entgegen, die Waffen und Kisten angeschleppt brachten. Jeder erhielt ein Gewehr mit Munition oder eine Panzerfaust. Das war die ganze Ausrüstung der «Panzerjäger». Zwar war, wenn auch nicht allzuviel, mit diesen Waffen geübt worden, aber der zu erwartende Einsatz ließ neue, widersprüchliche Gedanken in den Jungen aufkommen. Die folgenden Befehle erübrigten eine Antwort auf ihre Fragen. Gerhards Gruppe, im wesentlichen Jungen aus der Hafengegend, erhielt den Auftrag, nach Stralsund abzurücken. Die Jungen atmeten auf, als sie einem Scharführer zugeteilt wurden, der bisher nicht durch Schikanen aufgefallen war.

Kurz nach dem Abmarsch ließ er halten und erläuterte den Auftrag. Dabei hörten sie zum ersten Mal, daß sich die sowjetische Armee Greifswald nähere.

«Am Südrand von Stralsund hat man Gruppen von Soldaten gesehen, die bestimmt getürmt sind», fuhr der Scharführer fort, «natürlich gehen sie alle um die Stadt herum und kommen in dieser Gegend wieder auf die Chaussee. Und die sollen wir erst mal hier abfangen. Dann geht's gegen Mittag zur alten Stadtmauer. In der Nähe des Luftschutzbunkers sollen wir vorerst bleiben. Alles andere später.»

Die Gruppe rückte ab und marschierte ein Stück westlich, bis sie das Ende der Anlagen um die Heilanstalt erreicht hatte. Dann erschienen wirklich einzelne Soldaten, wie es der Scharführer angekündigt hatte. Sie waren nur noch zum Teil bewaffnet. Einige verließen noch rechtzeitig die Straße, aber viele zogen ruhig weiter. Die Jungen waren fast verlegen, als sie den bedeutend älteren Soldaten die Waffen abnahmen. Aber da diese keinen Widerstand leisteten, ging alles ruhig ab.

In den Vormittagsstunden hielten sie eine ganze Anzahl von Soldaten auf. Die meisten hatten einen langen Marsch hinter sich, und keiner von ihnen wollte in Stralsund bleiben, sondern alle waren froh, ohne Waffen weiterziehen zu können. Bei den Jungen hinterließ dieser Vormittag einen starken Eindruck. Sie wunderten sich über die «Großzügigkeit» des Scharführers, der die Soldaten laufen ließ. Wie konnten sie darauf kommen, daß ihm gar nichts anderes übrigblieb. Was sollte er mit den Jungen gegen erfahrene Soldaten anfangen?

Die Zeit verlief schnell. Gegen Mittag zog die Gruppe in Richtung Stralsund ab. Am Nachmittag lagerten sie in der Nähe des Luftschutzbunkers am Katharinenberg und erwarteten ihren Gruppenführer, der sich in der Stadt umsehen wollte. Er schickte nach seiner Rückkehr eine kleine Gruppe los. Gerhard Lange sollte mit ihr die Kreisleitung der NSDAP aufsuchen und deren Räume nach etwas Eßbarem durchstöbern.

Zuerst beobachteten die Jungen die Fenster und die Eingänge, und als sich nichts rührte, wagten sie sich weiter. Keine Menschenseele war zu entdecken. Die führenden Nazis hatten also schon das Weite gesucht.

«Alles leer! Solche Schufte!» entfuhr es Gerhard. In einem Kellerraum fanden sie, was der Gruppenführer angekündigt hatte. Lebensmittel wie Käse, Schinken, Fleischkonserven, aber auch Wein- und Schnapsflaschen lagerten hier in großen Mengen.

«Ich dachte, das ist alles so knapp!» entfuhr es einem Jungen. Trotz der Freude über das Gefundene mußten sie an die vergangenen Monate denken, als die Rationen gekürzt worden waren, an die kargen Mahlzeiten im Elternhaus und an den Fraß in der Kaserne.

Über die mitgebrachten Schätze war die Freude bei der Gruppe groß. Wer konnte es den Jungen verdenken, daß sie den Augenblick genossen und den Krieg vergaßen?

Bis zum nächsten Morgen wechselten Gerhard und seine Kameraden ihre Stellung nicht mehr. Am Nachmittag des 30. April kam Verstärkung. Es waren ebenfalls Jungen aus der Heilanstalt. Sie begrüßten sich freudig, aber die Angekommenen mußten weiterziehen. In der Nähe lag ein Verpflegungsmagazin, das von einem Zug Soldaten der Schwedenschanze bewacht wurde. Diese sollten die Jungen ablösen.

Sonst schien auch dieser Nachmittag ruhig vorüberzugehen. Es war noch nicht ganz Abend geworden, als plötzlich der Scharführer seine Gruppe auf die Straße holte. Staatskommissar Fichtner und Bannführer Chamier waren gekommen. Fichtner schien sehr erregt und ergriff sofort das Wort. Er sprach immer wieder von Ehre, Treue und Pflichterfüllung. Er wiederholte, was ich in seinem Amtszimmer schon von ihm gehört hatte. Und seine Worte unterschieden sich auch nicht von denen, die Jochen Preußler auf dem Dänholm vorgesetzt worden waren. Zu diesen hohlen Phrasen griffen damals viele Naziführer, weil sie nicht ein noch aus wußten. Leute, die bisher nur an sich gedacht hatten, schwätzten plötzlich vom Vaterland. Menschen, die jetzt nur noch daran dachten, wie sie am schnellsten der Roten Armee entkommen könnten, forderten von anderen den Kampf bis zur letzten Patrone.

Schweigend gingen die Jungen hinter die Mauer zurück. Wenn auch die eben gehörten Worte nicht ganz ohne Eindruck geblieben waren, so konnten sie nicht recht an deren Wahrheit glauben. Die letzten Tage und Wochen hatten zu viele Widersprüche gebracht.

Noch einmal wurde ausgiebig gegessen, und dann marschierten sie los. Gegen Abend gelangten sie in Höhe des Köppenberges hinter den Bahnhof. In den dortigen Schrebergärten erläuterte ihnen der Scharführer die Lage.

«Von Fichtner und Chamier haben wir den Befehl, an dieser Stelle die Verteidigung der Stadt zu unterstützen. Direkt vor uns ist die Hauptkampflinie. Hier soll der Feind gestoppt werden. Wenn das gelungen ist, zieht sich unsere ganze Gruppe zurück und besetzt mit den Soldaten von der Schwedenschanze den inneren Festungsgürtel.»

Jeder der Jungen erhielt seinen Platz zugewiesen. Jedem wurde nochmals eingeschärft, Augen und Ohren offenzuhalten und abzuwarten. Einige waren als Vorposten eingesetzt worden, doch diese konnte man nicht sehen. Um so mehr mußte auf ihre Ruf- und Blinkzeichen geachtet werden.

Es war inzwischen ganz dunkel geworden. Die Stille wirkte unheimlich. Gerhard lag hinter einem Fundamentblock, der einmal ein Gartenhaus getragen hatte. Ihm gingen die Worte Fichtners nicht aus dem Sinn. Hier sollten sie also den ersten Ansturm des Feindes abfangen. Aber der Gegner würde bestimmt Panzer und Artillerie einsetzen, und sie selbst hatten nur Gewehre und einige Panzerfäuste. Ob man in der Stadt schwere Waffen hatte, die hinter ihnen bereitstanden? Eigentlich müßte sich der Bannführer doch bald blicken lassen. Er könnte ihnen bestimmt sagen, wie es um sie herum aussah.

Der Scharführer schien es auch nicht genau zu wissen, und die vorgeschobenen Posten hatten nichts feststellen können. Diese Ungewißheit erforderte verstärkte Aufmerksamkeit. Jeder der Jungen ahnte, daß von den nächsten Stunden viel abhing, und so horchten sie hellwach auf jedes Geräusch.

Mitternacht war schon vorüber, als plötzlich Schüsse über sie hinwegpfiffen. Obwohl diese kaum ihnen gelten konnten, preßten sie sich doch an den Boden und hielten ihre Waffen fest umklammert. Sie glaubten, einen Schußwechsel zu hören. Sollten ihre Vorposten schon in ein Gefecht verwickelt sein?

Der Scharführer ging bei einem stabilen Gartenhaus in Stellung und gab den Rückzugsbefehl. Wie auf dem Exerzierplatz sprangen sie Stück für Stück nach hinten, gefolgt von ihrem Gruppenführer.

Die Gruppe kam heil über die Bahnlinie und sammelte sich auf dem Kleinbahnhof. Nach kurzer Pause zogen sie weiter und trafen an der Panzersperre Tribseer Damm noch einen älteren Volkssturmsoldaten an, der von Fichtner und seinen Kumpanen lange nichts mehr gesehen hatte. Er riet den Jungen, zu ihren Müttern nach Hause zu gehen.

Doch nach dieser Schießerei wußten die Jungen nicht, was sie tun sollten, zumal ihre Kameraden, die als Vorposten wohl in ein Gefecht geraten waren, noch nicht wieder zu ihnen gefunden hatten. So blieben sie vorerst zusammen. In ihrer alten Stellung am Katharinenberg warteten sie noch eine Zeitlang. Niemand wußte, ob sich schon sowjetische Soldaten in der Stadt befanden. Einige ältere Soldaten erzählten, daß die Stellungen vor Andershof geräumt worden waren. Außerdem sollte die Möglichkeit bestehen, über Parow nach Rügen zu gelangen.

Die Jungen eilten über den Knieperwall zur Kaserne Schwedenschanze. Hier merkten sie, daß ihre Gruppe nicht die einzige war, die in dieser Richtung die Stadt verlassen hatte. Einige der Dazugestoßenen wollten westlich der Stadt sowjetische Soldaten gesehen haben. Sie zogen vorsichtig weiter, und als es hell wurde, standen sie in der Höhe von Parow an der Küste.

Ein Stück von ihnen entfernt befand sich die Betonpiste des Flugplatzes, die für die Wasserflugzeuge bis in den Sund hinein gebaut worden war. An dieser Stelle, meinten sie, konnte ein Schiff anlegen. Das hatte auch schon eine größere Anzahl Soldaten erkannt, die schon längere Zeit wartete. Sie trafen noch weitere Jungen aus der SS-Kaserne. Als sich von Stralsund her ein Schlepper mit zwei Kähnen näherte, kam Bewegung in die Menge.

Kaum hatte der Schlepper die Betonpiste erreicht, versuchte jeder so schnell wie möglich an Bord zu kommen. Nach dem Ablegen glaubten sich alle gerettet. Bald wurde die Sundmitte erreicht. Die Insel Rügen kam in greifbare Nähe.

Die Jungen wollten nur übersetzen und in der Nähe von Stralsund bleiben, wo ihre Eltern wohnten. So sprangen sie an Land, und der Schleppzug fuhr weiter nach Norden. Die größere Anzahl der Soldaten war an Bord geblieben.

Nach einem längeren Marsch gelangte die Gruppe mit einigen anderen zu einem Gutshof, in dessen Scheune sie Unterkunft fanden. Zu ihnen stießen noch andere Jungen. Unter ihnen befand sich einer ihrer Kameraden, der vor Andershof in Stellung gelegen hatte.

Seine Gruppe hatte aus über vierzig Mann bestanden. Auch zu ihnen hatte Fichtner am Abend des 30. April gesprochen und befohlen, weit vor Andershof links von der Straße nach Greifswald in Stellung zu gehen. Die ganze Nacht über hatten sie auf freiem Felde gelegen. Niemand sagte ein Wort. Die Spannung war groß. Ihre Blicke bohrten sich in das Dunkel, und die Ohren nahmen jedes Geräusch wahr. Alle lagen ohne Deckung, und die ganze Nacht über kam kein Befehl durch die Reihen. Bis zum Morgengrauen war es vor ihnen unheimlich still.

Sie konnten noch nicht weit sehen, als sie Geräusche auf der Straße hörten. Fahrzeuge schienen sich zu nähern. Das Rollen und Rattern wurde stärker. Schließlich kam ein vorgeschobener Posten zurück, der einen Panzer erkannt hatte. Dieser bewegte sich langsam, immer wieder anhaltend, auf sie zu. Noch war er so weit weg, daß sie sich verständigen konnten. Jetzt erst merkten sie, daß ihr Gruppenführer, ein Scharführer, fehlte. In aller Eile wurde beraten, aber die Jungen konnten sich nicht einigen. Von Flucht wagte niemand zu sprechen. Die Gruppe an der Straße wollte das erste Fahrzeug stoppen, andere rieten ab. So wurde gar nichts unternommen, und man wartete ab.

Als der Panzer wieder einmal stoppte, wurde er von einer Panzerfaust getroffen, und als Antwort knatterten Maschinengewehre und Gewehre. Der erste Junge schrie auf, und eine Panik brach aus. Viele sprangen auf und wollten fliehen, stürzten aber getroffen zu Boden. Der Junge, der von den Ereignissen berichtete, blieb liegen und ließ sich den Hang hinunterrollen, dann lief er los. Wie er durch die Stadt gekommen war, wußte er nicht. Nun war er bei ihnen. Mit einem kleinen Boot hatte er den Sund überquert.

Die Jungen waren erschüttert dem Bericht gefolgt, und ein erregter Meinungsstreit über den Einsatz in Stralsund begann unter ihnen. Während die einen auf Fichtner und Chamier schimpften, und sie als die Schuldigen hinstellten, versuchten Hitlerjugendführer, die Sowjetsoldaten für den Tod der Jungen an der Straße nach Greifswald verantwortlich zu machen. Dagegen wandten sich Gerhard Lange und zwei seiner Kameraden. Sie ahnten, wer tatsächlich verantwortlich war und wessen Opfer sie werden sollten. Die drei hielten sich von jetzt an etwas abseits und wollten abwarten, was die anderen tun würden.

Ein anderer Augenzeuge der Ereignisse marschierte mit vierzig Mann Ende April 1945 durch das Tor der Andershofer Kaserne in Richtung Brandshagen. Sie sangen, und man merkte ihnen nicht an, daß der Krieg nur noch wenige Tage dauern würde.

Der siebzehnjährige Gerhard Hartmann war vor einigen Wochen noch Flakhelfer bei Rostock gewesen. Am 3. April 1945 erreichte ihn der Gestellungsbefehl zur Flakabteilung 60 in Wismar. Erst nach drei Tagen wurden die Flakrekruten eingekleidet, aber dafür um so schneller vereidigt.

Über zweihundert Mann rollten dieselbe Strecke zurück, die sie vor kurzem gekommen waren. In Rostock gab es einen längeren Aufenthalt. Die Rückkehr der Jungen hatte sich schnell herumgesprochen. Zunächst waren es nur einige, aber dann schienen alle Eltern gekommen zu sein, und das Transportkommando wagte es nicht, die Angehörigen zurückzuhalten. Bewegte Szenen spielten sich vor den Wagen ab. Auch die Mutter Gerhards versuchte den Sohn zu überreden, doch im Durcheinander unterzutauchen. Am liebsten hätte sie ihn gleich mit nach Hause genommen. Aber die Jungen wagten es nicht. Während ihres Flakhelfereinsatzes waren sie so stark beeinflußt worden, daß sie den Warnungen und Argumenten der Älteren kein Ohr schenkten. Daß die Mütter beim Abschied weinten, gehörte nun mal dazu, und die jungen Burschen schienen erlöst zu sein, als es endlich weiterging. Sie glaubten tatsächlich noch, daß sich das Blatt mit ihrer Hilfe wenden würde.

Erst im Morgengrauen des nächsten Tages wurden sie in Stralsund ausgeladen. Es paßte ihnen überhaupt nicht, daß sie ohne

Waffen durch die Stadt marschieren mußten. Sie sahen darin eine Mißachtung ihrer Einsatzbereitschaft.

In den ersten Tagen hatten sie Zeit, sich umzusehen. Der ganze Kasernenkomplex lag in der Nähe des Wassers, und drüben konnte man die Küste Rügens gut erkennen. Auf dem ruhigen Wasser des Strelasunds verkehrten noch Schleppzüge. In die anderen Blocks der Kaserne trauten sie sich nicht recht. Erst beim Essen hörten sie, daß noch über hundert Nachrichtenhelferinnen in der Kaserne waren.

Ein paar Tage später traf eine ganze Kompanie Bodenpersonal der Luftwaffe ein. Gut gekleidet und bewaffnet zogen sie in einen der leeren Blöcke. Gerhard Hartmann und seine Flakhelferfreunde dachten an diese Kompanie, als sie selbst ihre Waffen empfingen. Ganz alte Gewehre drückte man ihnen in die Hand; etwas deprimiert gingen sie in die Unterkünfte zurück. Sie fühlten sich schon wieder übergangen.

Am 20. April traten alle Soldaten der Andershofer Kaserne auf dem Hof an. Nach den üblichen Meldungen hielt ein Hauptmann eine Ansprache. Der Krieg sei in sein entscheidendes Stadium getreten. Es gelte jetzt, unter Einsatz aller Kräfte den Gegner endgültig zu schlagen und den deutschen Boden von den Feinden zu säubern. Darum wäre ein großer Teil von ihnen ausersehen, sich am Kampf um Berlin zu beteiligen. Die Zurückbleibenden sollten Vorstöße des Gegners nach Norden abfangen. Im Grunde genommen unterschied sich auch diese Ansprache überhaupt nicht von denen, die in den anderen Kasernen gehalten worden waren. Einleuchtende Argumente konnten die Faschisten nicht bieten, also mußten die bereits bekannten Phrasen herhalten.

Die Einteilung war schnell erfolgt. Gerhard Hartmann und ein Teil seiner Kameraden blieben in Stralsund. Die anderen bestiegen die bereitstehenden Lastkraftwagen zum Flugplatz Tutow.

Für die gerade einberufenen Flakhelfer begann die Ausbildung, zu der auch täglicher Unterricht bei einem NS-Führungsoffizier gehörte. Hier erfuhren sie zwar nichts von der Frontlage, aber dafür um so mehr von dem bevorstehenden Endsieg. Da seine Zuhörer als ehemalige Oberschüler jahrelang faschistisch beeinflußt worden waren, glaubten sie seinen Worten und waren überzeugt, zur Wende in diesem Krieg beitragen zu können. Das war das Ergebnis der Erziehung in den sogenannten unpolitischen Elternhäusern, das Ergebnis nationalistischer Verhetzung in den Schulen.

«Es mag unwahrscheinlich klingen, aber es war tatsächlich so», berichtet Gerhard Hartmann weiter. «Als wir in den letzten Apriltagen bei Brandshagen in Stellung gingen, da war ich zum Kampf entschlossen und fest überzeugt, hier noch den Krieg gewinnen zu können. In der Nacht vom dreißigsten April zum ersten Mai sahen wir in der Ferne Feuerschein und kurz hinter Brandshagen abgedecktes Licht, das nur von Lastkraftwagen herrühren konnte. Doch unsere Ohren waren noch zu wenig geschult, um die Geräusche auf der Straße, von der wir über fünfhundert Meter entfernt lagen, auseinanderhalten und erklären zu können. Außerdem hatten wir strengen Befehl zum Liegenbleiben, kein Schuß sollte dem Gegner unsere Anwesenheit verraten.

So war der Tag angebrochen. Die Sonne des ersten Mai ließ die Kühle der Nacht schnell vergessen. Voller Spannung lagen wir in unseren Löchern, die Waffen schußbereit in den Händen, die Augen unverwandt auf die leere Straße gerichtet. Da zeigten sich die ersten Gestalten. Sie schwenkten nach rechts ab und kamen direkt auf uns zu. Ich weiß nicht mehr genau, wer von uns zuerst schoß; auf jeden Fall eröffneten wir das Feuer. Dieses erste Gefecht war nicht mehr als ein Abtasten. Doch dann rückten mehrere Gruppen von Rotarmisten heran und gingen zum regelrechten Angriff über. Wir verstärkten unser Feuer. Das veranlaßte die sowjetischen Soldaten, sich vorläufig zurückzuziehen. Man konnte hier und da Zurufe hören, wir sollten nicht schießen. Aber wir waren so voller Kampfeseifer und glaubten, schon den Krieg gewonnen zu haben. Nach kurzer Feuerpause jedoch eröffneten die Rotarmisten wieder das Gefecht. Bald merkten wir, daß uns dieses Mal die Geschosse von allen Seiten um die Ohren flogen. Wir waren eingeschlossen! Was dann kam, ging alles sehr schnell. Plötzlich hörte jede Schießerei auf. Hinter uns erschien auf einer Höhe unser Stabswachtmeister. Er trug eine weiße Armbinde, und neben ihm standen sowjetische Soldaten, die in aller Ruhe rauchten und lachten. Ich stand immer noch in meinem Loch, als ein sowjetischer Offizier auf mich zukam. Schon von weitem rief er: ‹Warum spielt ihr noch Krieg? Alle anderen haben schon damit aufgehört!›

Ich begann zu begreifen und kroch aus meiner Stellung heraus. Als wir uns auf der Straße sammelten, lagen dort gefallene sowjetische Soldaten, einer von ihnen trug sogar Sterne auf den Schulterstücken.

Auf Befehl der Rotarmisten zogen wir nach Brandshagen. Von unserer Siegeszuversicht war nicht viel übriggeblieben. Als die Einwohner von Brandshagen uns mit Steinen bewarfen und beschimpften, waren wir völlig niedergeschlagen. Kriegsverlängerer sollten wir sein. Wir verstanden die Welt nicht mehr.

Auf dem Brinkhof machten wir halt. Ein sowjetischer Offizier nahm alle zusammen und sprach mit uns in einem guten Deutsch. Von ihm erfuhren wir erst einmal, daß wir allein auf weiter Flur gelegen hatten. Und es stimmte auch, denn kein Offizier war bei uns, weder der Major noch der Hauptmann, der noch vor einigen Tagen die Ansprache gehalten hatte. Sie hatten sich alle abgesetzt und uns dem Tode preisgegeben. Als mir das so richtig zum Bewußtsein kam, begann ich meine ehemaligen Vorgesetzten zu hassen. Etwas verstohlen sahen wir auf den sowjetischen Offizier, der ganz anders war, als man es uns geschildert hatte. Warum wir noch geschossen hätten, wollte er wissen. Vor und in Brandshagen wären sie nirgends mehr auf Widerstand gestoßen, und die Bevölkerung hätte die weiße Fahne gehißt. Er merkte bald, daß wir nicht antworten konnten oder wollten, und wechselte das Thema.

‹Wann habt ihr zuletzt gegessen?› fragte er. Darauf bekam er sofort eine Antwort, denn uns knurrte beträchtlich der Magen. Wir erhielten einen Zettel und empfingen an einer Feldküche so viel, daß alle satt wurden. Dann besorgten wir uns weiße Armbinden und sollten nach Hause gehen. Anfangs wußten wir mit uns nicht viel anzufangen. Wir wollten versuchen, uns nach Rostock durchzuschlagen. Wir trauten dem sowjetischen Offizier noch nicht und rechneten immer noch damit, daß er seine Großzügigkeit bereuen könnte. So zogen wir mit fünfzehn Mann los und übernachteten in Engelswacht, einem kleinen Ort drei Kilometer südlich Brandshagen. Über den nächsten Tag dachten wir noch nicht nach. Der Krieg war für uns zu Ende, und wir schliefen durch bis zum hellen Morgen.»

Soweit die Geschichte Gerhards und der beiden Jungen. Sie ergänzen das Bild jener Tage in Stralsund und sind gleichermaßen typisch für die Erlebnisse vieler Jugendlicher, die zwischen Zweifel und Ergebenheit, zwischen Ungewißheit und Gehorsam, zwischen der Sehnsucht nach Hause und der Frage nach der Zukunft standen. Viele erlebten das Kriegsende nicht mehr, weil gewissenlose Elemente die Unerfahrenheit der Jugend mißbraucht und sie in den Tod geschickt hatten.

Kehren wir zum Ausgangsort zurück, zu der Fähre auf dem Strelasund, die den gesamten Stab des Stadtkommandanten Stralsunds nach Rügen übersetzte.

9

Ich stand allein am Heck. Die anderen waren an den Bug der Fähre gegangen, um die näher kommende Insel zu erwarten. Die Entfernung von Stralsund war so groß geworden, daß man nur die Konturen der Häuser und Kirchen erkennen konnte.

Es mochte gegen vier Uhr sein, noch war kein Morgengrauen am Horizont zu entdecken. Kein Mündungsfeuer von Geschützen hatte die Dunkelheit unterbrochen und kein Abschuß oder Einschlag die Stille zerrissen. Die drückende Last, ein Ziel der Granaten zu werden, war gewichen. Von Stralsund her drohte keine Gefahr mehr für die Mitfahrenden.

Der Schiffsführer ließ die Maschine langsamer laufen. Ich ging nach vorn. Kaum war ich angelangt, legten wir an. Mit den ersten sprang ich an Land und wies die Fahrzeuge ein, so daß sie sich an einer Stelle etwas abseits vom Ufer sammeln konnten. Dann meldete ich Gastgeber, daß alles abgeladen sei. Er nickte nur kurz, denn er sichtete gerade die Schar der Fahrgäste. Außer den Angehörigen des Stabes waren doch noch einige Soldaten mit übergesetzt. Würde er sie fragen, warum sie schon herübergekommen waren? Aber ich merkte, Stralsund interessierte ihn nicht mehr. Er hatte seine Befehle ausgeführt, und jetzt begann ein neues Kapitel für ihn, die Insel Rügen. Jeder, der nicht zum Stab gehörte, sollte an der Küste eingesetzt werden. Die Fähre legte wieder ab; der I a lief zum Ufer. Welchen Auftrag der Schiffsführer erhielt, verstand ich nicht mehr.

Winkler und ich gingen von der Landestelle ein Stück aufwärts. Dort standen die Generale. Sie sprachen mit dem Nachrichtenmajor, der bereits Quartier gemacht hatte. Gastgeber meldete Hauschulz, daß alles abmarschbereit sei. Dieser dankte, machte aber keine Anstalten zu gehen. Beide Generale schienen auf etwas zu warten. Jede Minute, die verstrich, stärkte in mir die Gewißheit, daß Stralsund nicht in Flammen aufgehen würde.

Doch dann trennten sie sich schließlich von der Küste. Hauschulz gab bekannt, daß sich der Stab erst einmal nach Jarkwitz begebe. Unter Führung eines Feldwebels zogen etwa zwanzig Soldaten los. Die Fahrer ließen die Motoren an. Es waren mehrere Kraftwagen mit herübergebracht worden. Ich setzte mich auf mein Motorrad und fuhr der Kolonne nach. Die Fahrt ging unter der Bahnüberführung weiter in Richtung Poseritz. Auf dem Bahnhof stand eine Lokomotive unter Dampf. Der Bahnbetrieb lief noch.

Nach einigen Kurven hielt der LKW vor mir, und die Kolonne bog nach links ein. Im ersten und zweiten Gang krochen die Fahrzeuge vorwärts. Schließlich nahm uns der große Gutshof von Jarkwitz auf. Es mochte gegen fünf Uhr morgens sein, als wir den Hausherrn aus dem Schlaf holten. Jeder sah zu, daß er ein paar Stunden schlafen konnte.

Am Morgen erhielten der Nachrichtenmajor und ich den Auftrag, nach Bergen zu fahren und eine feste Nachrichtenverbindung nach Jarkwitz herstellen zu lassen. Nach einem kleinen Imbiß traten wir vor die Tür. Auf dem Hof hatte die Arbeit schon lange begonnen. Alles sah recht gepflegt aus. Ein kleiner Garten schmückte die Einfahrt. Doch die Zeit reichte nur für einen kurzen Blick.

In Bergen fanden wir bald das Telegrafenamt. Als der technische Leiter von unserem Auftrag hörte, schüttelte er bedenklich den Kopf. Die vielen Masten und den Draht würde er kaum beschaffen können.

Wir hatten es nicht eilig mit der Rückfahrt. Der Major wollte Bergen nicht verlassen, ohne die Stadt näher gesehen zu haben. Warum sollte ich mich nicht anschließen? So schlenderten wir durch die Straßen. Schweigend betrachteten wir die vielen kleinen Häuser, die dicht nebeneinander am Rande des Bürgersteigs standen.

Irgend etwas mußte den Major an Stralsund erinnert haben. Seine Gedanken waren bestimmt bei dieser Stadt, als er fragte: «Wissen Sie es übrigens schon? Um Stralsund hat es keinen Kampf gegeben. Außer einigen Maschinengewehrgarben und Panzergranaten, von denen die meisten noch über die Stadt hinweggingen, soll nichts passiert sein. Sehr überrascht hat mich die Nachricht, daß auf dem Dach des Silos, in dem wir mit unserem Stab gesessen hatten, seit dem frühen Morgen die weiße Fahne weht. Die Stadt muß also den Russen unversehrt in die Hände gefallen sein. Erinnern Sie sich noch an die Worte Breusings? Verteidigung der Stadt um jeden Preis – das war seine Parole, und die Soldaten sind doch alle in die Stellungen gerückt. Verstehen Sie das?»

Sollte ich ihm sagen, daß bereits bis Mitternacht kein Soldat mehr in den Stellungen gelegen und ich die Hand dabei im Spiel gehabt hatte?

«Da muß irgend etwas schiefgegangen sein, Herr Major», antwortete ich. «Bedenken Sie doch, daß noch andere in der Stadt waren, Fichtner und all seine Leute. Vielleicht hatten sie es sich überlegt?»

Ich glaubte selbst nicht an meine letzten Worte. Aber da er nichts mehr dazu sagte, sprach ich auch nicht weiter darüber. Meine Gedanken kreisten unentwegt um die weiße Fahne auf dem Silo. Wer mochte sie gehißt haben? Bei allem, was ich getan hatte und vermeiden wollte, war mir doch das Wichtigste entgangen. Der Gegner hätte Nachricht erhalten müssen, daß die Soldaten nicht mehr in den Stellungen lagen, daß die Einwohner keinen Kampf wollten. Ich fühlte mich im Augenblick wie geschlagen, als mir mein Versäumnis zum Bewußtsein kam. Wie hatte ich das nur vergessen können? Mein Fehler war durch dieses weiße Tuch und diejenigen, die es gehißt hatten, wettgemacht worden. Stralsund wurde ohne Kampf besetzt, diese Tatsache beruhigte mich wieder.

Es ging schon auf Mittag zu, als wir beide in die Straße nach Jarkwitz einbogen. Kaum hatte ein Unteroffizier das Motorrad in Empfang genommen, da sausten zwei bis drei Flugzeuge dicht über uns hinweg. Wir lagen gerade in Deckung, als einige kleine Bomben detonierten. Sie waren auf die Dorfstraße gefallen. Schnell erhoben wir uns und sahen den Maschinen nach. Wie dunkle Flecken huschten sie über den Horizont und verschwanden.

Am Nachmittag rief mich der I a zu sich. Der Bau der Telefonleitung war überflüssig geworden. Unser Stab zog noch am Abend um. In Frankenthal befand sich eine Befehlsstelle, die für den Inselkommandanten Süd eingerichtet, aber nie besetzt worden war. Eine Einheit des Volkssturms hatte sie bisher als Unterkunft genutzt. Ich sollte wiederum Sorge tragen, daß alles ordnungsgemäß ablief. Gastgeber wollte schon vorausfahren und die Lage «peilen», wie er sagte.

Am Nachmittag überbrachte uns ein Funker auch die Meldung, daß Hitler tot und Großadmiral Dönitz zu seinem Nachfolger bestimmt sei. Ich weiß nicht, wie diese Nachricht auf die Generale und die übrigen Offiziere wirkte. Die Soldaten, die um mich herumstanden und das Beladen unterbrochen hatten, waren alle ernst geworden. Sie blickten mich an, als ob sie ein Wort von mir erwarteten. Eine innere Anteilnahme oder sogar Trauer konnte ich in ihren Augen nicht entdecken, und ich kann auch von mir nicht sagen, daß ich erschüttert gewesen wäre. Merkwürdig, wie ruhig, geradezu gleichgültig diese Nachricht aufgenommen wurde. Ich befahl weiterzumachen; die Dämmerung brach bereits herein.

Alle Motoren liefen, als ich in den ersten Lastkraftwagen stieg. Wieder mahlten sich die Räder durch den Landweg, bis wir die feste Chaussee erreicht hatten.

Hitler war also tot. Er sei, bis zum letzten Atemzug kämpfend, gefallen, soll der Funkspruch von Dönitz gelautet haben. Ich hatte Hitler selbst nie gesehen, aber nach seinen Reden zu urteilen, konnte es so gewesen sein. Vielleicht würden die nächsten Meldungen ausführlicher sein. Und Dönitz? Der saß doch in Flensburg, wohin auch die Angehörigen des Flugplatzes Parow abgezogen waren. Ob Norddeutschland noch nicht besetzt war? Vielleicht herrschte Ruhe an den Fronten, aber das müßte doch bekannt sein.

Gern hätte ich mich mit dem Fahrer unterhalten, doch der mußte seine ganze Aufmerksamkeit der Landstraße zuwenden. Weit konnte es nicht bis Frankenthal sein. Recht hügelig war das Gelände geworden, und die hereinbrechende Dunkelheit ließ die Umgebung nur unscharf erkennen. Endlich tauchte vor uns ein dunkles Waldstück auf. Wir durchfuhren eine Allee und hielten. Vor uns teilte sich die Straße und gab die Auffahrt zu dem Gutshaus frei. Der Platz war eng bemessen, und mit wenigen Schritten hatte ich die Eingangstür erreicht.

Auf dem Flur kam mir Gastgeber schon entgegen. Er zeigte mir, nachdem ich Meldung erstattet hatte, einen Schlafraum im oberen Stockwerk und teilte mit, daß für den nächsten Morgen eine Dienstbesprechung angesetzt sei.

Während ich mich im Dachzimmer auszog, dachte ich nicht mehr an den Tod Hitlers. Meine Gedanken waren wieder bei der weißen Fahne auf dem Silo. Innerlich mußte ich dieser mutigen Tat meine Anerkennung zollen. Wer mochte es gewesen sein? Was hatte sich wohl in der Nacht vom 30. April zum 1. Mai in und um Stralsund abgespielt?

Es ist wohl verständlich, wenn mich an jenem Abend gerade diese Fragen beschäftigten. Zwar hatte ich die Gewißheit, daß Stralsund nicht beschossen und zerstört worden war, aber die Lükken meiner nicht zu Ende durchdachten Überlegungen waren mir erneut bewußt geworden. Aber ich hatte als Einzelgänger gehandelt oder handeln müssen, weil mir zuletzt nichts anderes übriggeblieben war, nachdem ich vorher viel Zeit hatte verstreichen lassen. Ich war unorganisiert vorgegangen, hatte keine Verbündeten gesucht. Deshalb saß ich nun auch wieder im Stab auf Rügen. An Stralsund hatte ich gedacht, aber was aus mir werden sollte, war noch immer offen.

10

Am 30. April 1945 um 11.00 Uhr wurde die offizielle Übergabe der Stadt Greifswald durch den Kampfkommandanten Oberst Petershagen an den Vertreter der sowjetischen Armee, Generalmajor Ljastschenko, vollzogen. Hier war der sowjetischen Führung ein Kommandant begegnet, der offen mit dem faschistischen Regime gebrochen hatte, weil er Opfer ersparen wollte. Das Stadtgebiet war nicht Kampfgebiet geworden. Diese Einsicht auf deutscher Seite und die humanistische Grundhaltung der sowjetischen Führung hatten es Greifswald ermöglicht, ohne Zerstörung und ohne Menschenverluste die letzten Kriegstage zu überstehen. Jetzt stand der 2. Stoßarmee des Generalobersten Fedjuninski noch die Einnahme Stralsunds und Rügens bevor. Ermutigt durch die Handlungsweise des Kommandanten von Greifswald, forderten sowjetische Offiziere Oberst Petershagen auf, den Kommandanten Stralsunds, Generalmajor Hauschulz, ebenfalls zur Kapitulation zu bewegen.

Generalmajor Hauschulz war gerade am 29. April aus dem Lazarett zurückgekommen und stand ganz unter dem Einfluß seines ständigen Vertreters, des Generalmajors Breusing. Beide gaben der sowjetischen Führung keine Zusage, die Stadt kampflos zu übergeben. Das Telefongespräch mit Petershagen war auch nicht in Stralsund bekanntgegeben worden, nicht einmal alle Stabsangehörigen wurden darüber informiert.

Trotz dieser ablehnenden Antwort durch Hauschulz entschloß sich die sowjetische Führung, Stralsund ohne Kampfhandlungen zu befreien.

Westlich der Straße Greifswald–Stralsund stieß die Armee des Generalobersten Batow in der Nacht des 30. April an Stralsund vorbei. Zwar fanden an einigen Stellen noch kleinere Schußwechsel statt, aber bereits am 1. Mai konnten im Lauf des Tages die Orte nördlich der Stadt kampflos genommen werden. Die sowjetischen Soldaten fanden nirgends einen organisierten Widerstand vor, da die deutschen Soldaten die Stellungen um Stralsund geräumt hatten.

Etwas langsamer und vorsichtiger gingen die Rotarmisten der Ropschaer Schützendivision vor. In den kleineren Orten hinter Greifswald wurde kein Widerstand geleistet. Der Bürgermeister von Stahlbrode hatte schon rechtzeitig die weiße Fahne gehißt. Das beobachteten aber von Rügen aus SS-Angehörige. Sie setzten über, rissen das weiße Tuch herunter, schlugen den Bürgermeister zusammen und verschwanden sofort wieder, als sie hörten, daß sowjetische Soldaten heranrückten. Nun konnte auch dieser Ort ohne weitere Zwischenfälle befreit werden.

Zum ersten Mal standen in Stahlbrode sowjetische Soldaten Rügen gegenüber. Auf dieser Insel vermutete die sowjetische Führung noch stärkere Kräfte der faschistischen Wehrmacht, und sie rechnete mit einem hartnäckigen Widerstand. Daher wurden am Ufer Geschütze in Stellung gebracht.

Es war noch dunkel, als in der Frühe des 1. Mai die sowjetische Panzerspitze Brandshagen passierte. Deutsche Soldaten, die an Straßenkurven im Ort Widerstand leisten sollten, hatten das Dorf in der Nacht verlassen. Die Panzer näherten sich Stralsund. Langsam, das Morgengrauen abwartend, fuhren sie, immer wieder haltend und sichernd, auf Andershof zu. Plötzlich detonierte eine

Panzerfaust auf dem ersten Fahrzeug. Der Angriff wurde mit Maschinengewehrfeuer erwidert. Die Panzer waren auf die Jungen aus der Heilanstalt gestoßen.

Bei Brandshagen kam es noch einmal zu einem Gefecht, bei dem es vor allem auf sowjetischer Seite Tote und Verwundete gab, denn immer wieder versuchten die Rotarmisten, durch Zurufe dem sinnlosen Kampf ein Ende zu bereiten.

Trotz dieses Gefechtes und der Verluste verzichtete die sowjetische Führung auch weiterhin auf den Einsatz von schweren Waffen und Flugzeugen sowie auf einen direkten Angriff gegen die Stadt. Die Stoßarmee hatte die Kraft, Stralsund im ersten Ansturm – auch im Falle einer ernsthaften Verteidigung – zu nehmen. Nachdem Greifswald ein Beispiel gegeben hatte, rechnete man, daß auch in anderen Städten die Vernunft siegen würde.

Fichtner und seine Kumpane saßen im Ratskeller und tranken sich neuen Mut an. Nachdem sie erfahren hatten, daß die Stellungen geräumt worden waren und auch der Stab den Silo verlassen hatte, brach für sie alles zusammen. Mit dem Schrei «alles Verrat» verließ Fichtner gegen Morgen mit Chamier das Rathaus.

Im Silo versuchte als erster Gerhard Poggendorf, der Besitzer, einzugreifen. Sein Eigentum war schließlich auch in Gefahr. Er entschloß sich, die Generale zur Übergabe der Stadt zu bewegen. Bei seinem Vorhaben traf er auf General Breusing, der ihn sofort mit der Pistole bedrohte. Poggendorf konnte sich, da er seinen Silo genau kannte, in Sicherheit bringen. Unabhängig davon versuchte der stellvertretende Silomeister Heinz Schuldt durch Absprache mit dem Funkfeldwebel, den Nachrichtenverkehr zu verfolgen. Doch alle diese Versuche, die Stadt zu retten, führten zu keinem Ergebnis. Der Stab rückte nach Mitternacht ab. Trotzdem blieben Heinz Schuldt und sein Mitarbeiter, der Flame van Arpers, auf dem Posten.

Inzwischen geschahen in der Heilanstalt Dinge, die der Erwähnung wert sind und ebenfalls bezeichnend für die Situation in jener Nacht waren.

Der Befehl General Breusings, Stützpunkte auszubauen und die Lazarette zu durchkämmen, war in der Heilanstalt von den dortigen SS-Offizieren voll befolgt worden. Sogar das Krankenhaus, das deutlich mit einem roten Kreuz gekennzeichnet war, wurde von ihnen mit Maschinengewehrnestern zur Verteidigung eingerichtet. Verwundete wurden rücksichtslos eingekleidet und auf den Übungsplatz gejagt. Als der Arzt Dr. Kahl unter Einsatz seines Lebens versuchte, diesem Treiben Einhalt zu gebieten, wurde er hinausgeworfen. Man verlachte das Bemühen des Arztes, wenigstens die Schwerkranken in Ruhe zu lassen.

Solche und ähnliche Szenen spielten sich noch am 30. April ab, als die sowjetische Armee bereits auf Stralsund vorrückte. Zum anderen standen bepackte Lastkraftwagen zur Abfahrt bereit, und SS-Leute trugen unter ihrer Uniform Zivilkleidung. Grausamkeit gegenüber anderen und Feigheit paarten sich in den Seelen dieser Verbrecher. Gegen zwei Uhr nachts waren die meisten von ihnen verschwunden.

Die Ereignisse der letzten Stunden hatte auch Otto Köpnick beobachtet, der als Verwaltungsleiter in der Heilanstalt beschäftigt war. Als in der Frühe des 1. Mai plötzlich Detonationen die Luft zerrissen, konnte ihn niemand zurückhalten. Das ganze Gelände der Heilanstalt lief er ab. Rauchfahnen wiesen ihm den Weg zu den Gebäuden des Stabes und des Offizierskasinos, die bereits in Trümmern lagen. Er vermutete noch andere Sprengvorhaben und suchte weiter. Jeden Augenblick konnte eine neue Detonation den Boden erbeben lassen, konnte auch ihn in die Luft jagen. Hier ging es um Menschen und Werte, die erhalten bleiben mußten. Die Zeit verrann. Der Schweiß stand ihm auf der Stirn, als er endlich am Erdboden einige Schnüre fand. Sein Blick flog weiter und blieb in Richtung Kesselhaus und Wasserturm stehen. Er klappte das Taschenmesser auf und versuchte mit ganzer Kraft, das Kabel zu durchschneiden. Aber die kleine Klinge faßte nicht, die Drähte waren zu stark. Im Kohlenkeller fand er den Heizer Eggers, der nichts von der Gefahr ahnte. Es war keine Zeit für viele Worte. Otto Köpnick griff nach einer Zange, und beide liefen zurück zu den Schnüren. Ein kräftiger Druck, und die Leitungen waren durchtrennt. Aufatmend erhoben sie sich und gingen den Drähten nach. Wie vermutet, endeten sie im Kesselhaus und im Wasserturm. Die Zerstörung lebenswichtiger Anlagen und die Vernichtung vieler Menschenleben hatten verhindert werden können.

Als der Morgen des 1. Mai graute, war Stralsund von sowjetischen Truppen eingeschlossen. Zuerst war es still in der Stadt. Dann peitschten einige MG-Garben über die Häuser hinweg. Im gleichen Moment klingelte das Telefon im Silo. Poggendorf, der in seiner Wohnung geblieben war, rief an und forderte Heinz

Schuldt auf, die weiße Fahne bereitzuhalten und zu hissen. Das ließ sich am Telefon leicht anweisen. Die Ausführung jedoch war gefährlich und konnte das Leben kosten.

Mit dem weißen Tuch stiegen Heinz Schuldt und der Flame van Arpers die Stufen hoch, bis sie unter dem Dach ankamen. Nur noch eine Leiter trennte sie von der Luke. Draußen pfiffen die Geschosse der Maschinengewehre, und die beiden Männer zögerten. Aber die sowjetischen Soldaten vor der Stadt mußten erkennen, daß die Einwohner Stralsunds keinen Kampf wollten. Heinz Schuldt und van Arpers kletterten die Sprossen empor, öffneten die Luke und traten ins Freie. Beide liefen geduckt bis an den Schutzzaun, der um das flache Dach angebracht war. Jetzt hatten sie den Fahnenmast am Rande erreicht. Schuldt richtete sich auf und zog das Seil an. Es hatte wohl lange keine Flagge mehr getragen, denn schon beim ersten Ruck riß es durch. Der Rost hatte das Metall zerfressen. Die Rolle am oberen Ende des Mastes knirschte, und das jetzt freie Ende des Seiles drohte hindurchzuschlüpfen. Kurz entschlossen erklomm Schuldt die Schultern des Flamen. Während seine linke Hand den Mast und das Seilstück umklammert hielt, versuchte die Rechte das andere Ende zu erreichen. Immer noch pfiffen die Geschosse um sie herum, bis er endlich mit einem letzten Ruck nach oben das Seil gefaßt hatte. Erleichtert sprang er auf das Dach zurück. Schnell wurde das Tuch befestigt, und behutsam gezogen stieg die weiße Fahne langsam an dem Mast empor.

Es schien, als hätte man vor der Stadt darauf gewartet. Sofort hörte der Beschuß auf; die sowjetischen Soldaten hatten verstanden. Als kurz darauf auch Ewald Müller auf dem Turm der Feuerwehr die weiße Fahne hißte, folgten bald andere dem Beispiel.

Da von der Stadt her nichts weiter geschah, ergriff die sowjetische Führung die Initiative. Ein Offiziers-Spähtrupp drang in die Stadt ein und marschierte durch den Frankendamm. Während eine Streife von drei Mann zum Silo einbog, begab sich der Offizier mit den restlichen Soldaten über die Ossenreyerstraße zum Alten Markt. Dort stießen sie auf Max Fank und Walter Picht, die vor dem Rathaus standen. Beide berichteten, daß sich bereits in den Morgenstunden einige Antifaschisten hier getroffen hätten. Es waren Gerhard Poggendorf, Bernhard Wanning und Otto Kortüm gewesen, die sich in einem kurzen Gespräch erste Gedanken gemacht und Otto Kortüm mit dem Bürgermeisteramt betraut hatten.

Der sowjetische Offizier schickte die beiden Männer los, um die Antifaschisten zu holen, von denen sie gesprochen hatten. Sie waren auch bald zur Stelle und begleiteten den Spähtrupp bis vor die Stadt. Hier trafen sie auf den Oberst und Regimentskommandeur Fomenko, nahmen seine ersten Anweisungen entgegen und kehrten am Spätnachmittag in die Stadt zurück.

Während dieser Zeit wurde Stralsund von der 90. Ropschaer Schützendivision besetzt. Als die Panzer durch die Straßen rollten, standen die Soldaten in den offenen Luken. Weiße und sogar einige rote Fahnen gaben ihnen die Gewißheit, daß die Bevölkerung keinen Kampf wollte.

Von Anfang an suchten die sowjetischen Soldaten Kontakt zu den Einwohnern. Aber noch einmal sollten friedliche Bilder, die ersten Anbahnungen zur Verständigung, jäh unterbrochen werden. Faschistische Flugzeuge brausten über die Häuser hinweg, und gleich darauf erschütterten starke Detonationen die Luft. Bomben schlugen in der Hafengegend ein. Auch die Brücke, der Dänholm und sogar die Küste Rügens waren ihre Ziele. Erst über der Insel zogen die Piraten ihre Maschinen hoch.

Dies sollte das letzte kriegerische Ereignis für Stralsund gewesen sein.

Am Abend dieses entscheidenden Tages traf auch Generalmajor Ljastschenko in der Stadt ein und nahm mit seinem Stab Quartier in dem Haus Frankendamm Nr. 3. Dort ließ er sich die deutschen Antifaschisten vorstellen, bestätigte ihre Pläne für die Erstmaßnahmen und ernannte Otto Kortüm zum Oberbürgermeister.

Am 2. Mai erließ Oberst Fomenko als erster Kommandant der Stadt den Befehl Nr. 1, und die ersten Betriebe begannen wieder zu arbeiten.

Stralsund war ohne Kampfhandlungen befreit worden, während andere Städte, mit Ausnahme Greifswalds, auf Grund wahnsinniger Befehle verteidigt worden waren und große Zerstörungen erlitten hatten. Die Stadt hatte es vor allem der Roten Armee zu verdanken, daß ihr ein ähnliches Schicksal erspart wurde. Obwohl wegen der fanatischen Durchhaltebefehle Fichtners und der beiden Generale sowjetische Soldaten und Offiziere gefallen waren, setzte die sowjetische Führung keine schweren Waffen ein und griff die Stadt nicht an.

Auch als weder von der militärischen noch von der zivilen Seite eine Übergabegruppe vor Stralsund erschien, ließen sich die sowjetischen Kommandeure in ihrer Haltung nicht beirren und handelten besonnen im Interesse der Stadt und ihrer Bevölkerung. Das Leben konnte sich wieder schnell normalisieren.

Dennoch war Stralsund noch nicht ungefährdet. Am Strelasund standen Geschütze, die auf Rügen gerichtet waren. Kampfhandlungen um Rügen würden auch die Stadt in Mitleidenschaft ziehen. Auf der Insel befanden sich jetzt die Kräfte, die bereit gewesen waren, Stralsund um ihrer Haut willen verteidigen und in Flammen aufgehen zu lassen. Die Insel war für sie wie für den Nazigauleiter zum letzten Schlupfwinkel geworden. Danach blieb ihnen nur der ungewisse Weg über See. Kämpfe um Rügen waren nicht ausgeschlossen.

11

Am 2. Mai versammelten sich die Offiziere aus dem Stab des ehemaligen Stadtkommandanten Stralsunds zur Besprechung in Frankenthal, dem neuen Sitz des Stabes. Hauptmann Gastgeber hatte noch um etwas Geduld gebeten, da Generalmajor Hauschulz mit dem Gauleiter telefonierte. Die Anwesenheit dieses Mannes auf der Insel begann gerade den Gesprächen auf dem Flur eine neue Wendung zu geben, als der General uns persönlich in sein Zimmer bat.

Ein größerer Raum nahm uns auf, der dem jetzigen Zweck entsprechend eingerichtet worden war. Tische, Stühle und Sessel bildeten das Hauptmobiliar. Einige Glasschränke und Bilder hatte man belassen.

Unter den Versammelten entdeckte ich neue Gesichter. Mehrere Stabsoffiziere hatten sich eingefunden, wurden aber nicht vorgestellt. Nachdem jeder Platz genommen hatte, ergriff Hauschulz das Wort und erläuterte die Lage.

Er wiederholte die Mitteilung vom Tode Hitlers und informierte uns darüber, daß in Flensburg eine Regierung unter Großadmiral Dönitz existiere, die Verhandlungen mit den westlichen

Mächten zu führen versuche. Die Kämpfe um Berlin seien nicht abgeschlossen. Rügen rechne ebenfalls noch als Kampfgebiet. Wir sollten die Insel abwehrbereit halten. Ihre Verteidigung sei für eine günstigere Beendigung des Krieges von großer Bedeutung. Die gesamte Ostfront habe Befehl, jeden Fußbreit Boden dem Vormarsch des Gegners streitig zu machen.

Die Inselküste gegenüber Stralsund solle zur Verteidigung vorbereitet und die Truppenteile in den Ortschaften erfaßt werden. Er sprach sogar davon, mit diesen Kräften einen Gegenstoß führen zu wollen. Dem Raum Saßnitz widmete er seine besondere Aufmerksamkeit, weil sich hier verhältnismäßig starke Marine- und Heereskräfte konzentriert hatten. Einzelheiten erläuterte wieder Gastgeber, wie er das schon in Stralsund getan hatte.

Bei den letzten Worten von Hauschulz hatte ich noch einmal meinen Blick über die Anwesenden schweifen lassen. Jetzt erst fiel mir auf, daß Breusing fehlte. Eben wollte ich Winkler anstoßen, als Gastgeber mit seinen Ausführungen begann, und nun hieß es aufpassen.

«Herr General, meine Herren! Nach den ersten Informationen sollen sich nahezu zwanzigtausend Soldaten und Offiziere in den verschiedenen Ortschaften aufhalten.» Das waren ganz andere Zahlen als die, mit denen er in Stralsund operieren durfte. «An der Küste von Glewitz bis Altefähr und noch darüber hinaus liegen Einheiten in Kompaniestärke stützpunktartig verteilt. Die Hauptkraft ist um den Rügendamm konzentriert. In den Ortschaften sind verantwortliche Offiziere eingesetzt. Die einzige Artillerie befindet sich in Saßnitz und ist stationär. Der Volkssturm wurde mobilisiert und steht bereit. Von Stralsund her wird noch nicht mit einem Angriff gerechnet, wohl aber sind Artillerieüberfälle zu erwarten, da eine bedeutende Anzahl von Geschützen beim Gegner festgestellt wurde.

Wie der Herr General schon erwähnte, befinden sich der Gauleiter und sein Stab ebenfalls auf Rügen. Eine Gruppe SS hat bisher in seinem Auftrag Streifzüge in die verschiedensten Orte der Insel unternommen und dabei auch die Küstengebiete kontrolliert. Diese Aufgaben übernehmen wir ab sofort und sind damit für die Insel und ihre Verteidigung allein verantwortlich. Die soeben von mir vorgetragenen Angaben habe ich selbst als erste Information erhalten. Sie sind daher bestimmt unvollständig. Es ist also dringend notwendig, sie zu überprüfen und zu ergänzen. Für notwendige Sofortmaßnahmen sind die entsprechenden Befehle von Ihnen zu erteilen. Und nun zu einzelnen Aufträgen für Sie, meine Herren.» Mein Eindruck von der Fähre bestätigte sich. Stralsund hatte er längst vergessen, auch das Debakel um seine Verteidigung. Hier fühlte er sich in seinem Element. Die Kräfte auf Rügen entsprachen fast zwei Divisionen!

Während sich der General, Gastgeber und zwei Stabsoffiziere nach Saßnitz begeben wollten, wurde ich angewiesen, die Küste am Strelasund anzuschauen. Mehrere Offiziere wurden zur Besetzung des Stabes eingeteilt und hatten daneben den Raum Bergen bis zu den Bädern Binz und Sellin zu erkunden.

Damit waren wir entlassen. Gastgeber rief mich aber noch einmal zurück. «Sie werden sich vielleicht gewundert haben, daß wir Sie allein zur Küste am Rügendamm schicken. Aber dort ist eigentlich alles in Ordnung. Mehrere Marineoffiziere sind für diesen Bereich verantwortlich und halten zu uns, wenn auch zum Teil noch über Saßnitz, recht gute Verbindung. Sie sollen lediglich die Lage der Stellungen und deren Ausbau beurteilen und, wenn nötig, neue einrichten lassen. Greifen Sie den Marineleuten etwas unter die Arme. Ich denke, bis morgen mittag werden Sie uns über diesen wichtigen Abschnitt eingehend berichten können. Mit einem Angriff von Stralsund her ist vorläufig wirklich nicht zu rechnen. Die Russen sind in Berlin und im Westen noch zu stark in Anspruch genommen. Außerdem ist drüben kein Boot, und die Brücke ist gesprengt. Übrigens – geschossen wird auf alles, was sich auf dem Wasser sehen läßt. Nur Flüchtende dürfen herüberkommen.»

Das war ja noch schlimmer als vorhin bei der Besprechung. Jetzt sah es tatsächlich so aus, als wolle Gastgeber hier den Krieg gewinnen. Vielleicht bedauerte er es, daß Hitler tot war, weil dieser ihm nun nicht mehr das Ritterkreuz verleihen konnte.

Er und der General fuhren also in Richtung Saßnitz. Was gab es da für sie zu tun? Der Gegner stand doch Altefähr gegenüber. War man so sicher, daß er sich in den nächsten Tagen nicht rühren würde, daß er wirklich noch in Berlin so sehr beschäftigt war. Vielleicht wollte Hauschulz auch nur mit dem Inselkommandanten, Generalmajor Voigt, Verbindung aufnehmen? Das konnte sein. Trotzdem nahm ich mir vor, niemals zu lange vom Stab wegzubleiben.

Als ich einige Schritte gegangen war, trat ein Unteroffizier auf mich zu.

«Herr Oberleutnant, nehmen Sie das Motorrad? Es steht für Sie bereit.»

Der Landweg bis zur Chaussee war durch das Auf und Ab recht reizvoll. Langsam kurvte ich den schmalen Fußweg neben den Spuren, die die Pferdewagen geschnitten hatten, auf den Bahnhof Samtens zu. Auf der Straße nach Rambin und weiter zum Rügendamm konnte sich der Motor dann richtig austoben. Ich begegnete keinem Fahrzeug und hielt erst, als der Wegweiser «Altefähr» in Sicht kam. In Altefähr war es still, nur einige Soldaten schlenderten umher, aber ich sprach sie nicht an. Mich interessierten die Seeoffiziere. Vielleicht fand ich sie an der Anlegestelle.

Das Krad stuckerte über das holprige Pflaster zurück. An der Straße zur Brücke bog ich rechts ein. Beim ersten Haus ließ ich das Motorrad stehen und ging zum Strand. Hinter einigen Holzstapeln traf ich auch einen Kapitänleutnant und einen Oberleutnant zur See an. Beide beobachteten aus guter Deckung das gegenüberliegende Ufer. Als sie mich bemerkt hatten, stellte ich mich vor und teilte ihnen meinen Auftrag mit.

«Hier war bisher alles ruhig», berichtete der Kapitänleutnant, «nur gestern haben uns einige Flugzeuge beharkt. Ich will es nicht fest behaupten, aber unter den Tragflächen waren unsere Hoheitszeichen zu erkennen. Sollten die sich so geirrt haben?»

Der Oberleutnant unterstützte ihn. «Das waren eigene. Irrtümer sollen ja vorkommen. Nur die kleinen Splitterbomben dabei – nicht gerade angenehm. Ist aber weiter nichts Besonderes passiert.»

Er zeigte mit der rechten Hand über den Sund und reichte mir mit der Linken sein Glas.

«Sehen Sie selbst. Drüben in Stralsund ist keine Menschenseele zu entdecken. Zum Hafen darf wohl keiner. Beim genaueren Hinsehen kann man Geschützrohre ausmachen. Sonst ist es drüben völlig still.»

Ich dankte und gab das Fernglas zurück. Mein Interesse galt weniger den Beobachtungen auf der Gegenseite. Ich erkundigte mich nach der Besetzung des Abschnitts. Der Oberleutnant fuhr fort: «Da wir in der vorletzten Nacht Verstärkung bekommen haben, sind wir recht gut dran. Auf dieser Seite des Dammes liegen zwei Kompanien und drüben eine. Natürlich konnten die Stellungen noch nicht voll ausgebaut werden, aber wir sind dabei. Nördlich von Altefähr, in Barnkevitz, befinden sich außerdem einhundertfünfzig Mann Marineinfanterie. Sie sind unsere Reserve und lösen die einzelnen Gruppen laufend ab, damit ihnen das gesamte Gelände bekannt wird.»

Ich ging mit beiden ein Stück an der Küste entlang und gab ihnen einige Hinweise, die besonders den Schutz vor Artillerie und die Tarnung betrafen. Bewaffnung und Munition waren genügend vorhanden. Nach Auskunft einiger Soldaten war auch die Sicht in der Nacht gut. Das Wasser konnte sicher überwacht werden.

Der Oberleutnant begleitete mich noch ein Stück zurück. Ich hatte eine Frage. «Sie sprachen zuerst von Verstärkungen. Waren Sie dabei, als in der Nacht vom dreißigsten April zum ersten Mai der Stab Stralsunds herüberkam?»

«Mit dem Stab hatte ich weniger Berührung. Wir rechneten natürlich damit, daß ein Teil der Besatzung Stralsunds sich auf die Insel zurückziehen würde. Schon vor Mitternacht kamen mehrere Trupps über die Brücke. Zivilisten und Polizei schickten wir weiter, nur Soldaten behielten wir hier. Nach der Brückensprengung kamen bis zum frühen Morgen noch einige Trupps übers Wasser. Es waren viele junge Kerle dabei. Doch Sie wollen weiter, ich darf mich verabschieden.»

Wir hatten während des Gesprächs mein Motorrad erreicht. Ich erwiderte seinen Gruß und fuhr an.

Beim Essen waren wieder alle Stabsangehörigen zusammen. Breusing fehlte immer noch. Ob deshalb die Runde so gesprächig war? Nur Winkler und ich beteiligten uns kaum an der Unterhaltung, wir hörten nur zu. Gastgeber ließ sich über die Fahrt nach Saßnitz aus.

«Die Halbinsel Jasmund ist ein richtiges Bollwerk. Im wesentlichen von Wasser umgeben, stellt sie ein ideales Verteidigungsgelände dar. Ein weiterer – so mit dem Radius Saßnitz – Sagard – und der Ort Saßnitz selbst ergeben insgesamt drei gute Verteidigungsringe. Wenn die Russen überhaupt kommen, dann werden sie sich an der Küste gegenüber Stralsund einige und hier in Saßnitz bestimmt mehrere Zähne ausbeißen.»

Als er dann noch vom Schiffsverkehr im Hafen erzählen wollte, unterbrach ihn Hauschulz und lenkte die Unterhaltung auf belanglose Dinge.

Nach dem Essen wandte ich mich an Winkler. Aber der wußte auch nicht mehr, als daß Breusing seit dem Morgen verschwunden war. Wir verabredeten uns für den Abend, denn auch er mußte noch einmal in seinen Abschnitt zurück.

Die großspurigen Worte des Ia kamen mir wieder in den Sinn. Ob er selbst von seinem Gerede überzeugt war? Oder tat er nur so? Glaubte er wirklich, daß Rügen für den Ausgang des Krieges noch Bedeutung haben könnte?

Ich fuhr noch einmal zum Rügendamm. Auf der linken Seite der Brücke hatten die Soldaten MG-Nester ausgebaut und für getarnte Möglichkeiten zum Stellungswechsel gesorgt. Auch sie konnten nichts Besonderes melden. Nur auf dem Dänholm hatten sie mit den Ferngläsern Soldaten in deutscher Uniform erkannt. Das beruhigte sie.

«Solange dort noch welche von uns liegen, geht es hier nicht los», meinten sie. Quartier hatten sie in einem Gutshaus bei der Strahler Fähre gefunden.

Gastgeber hatte im wesentlichen recht. Die Küste war besetzt, wenn auch noch manches im Stellungsbau fehlte.

Auf dem Rückweg zu meiner Maschine begegnete ich einem Korvettenkapitän, der ebenfalls die Gruppen besichtigen wollte. Ich meldete ihm meinen Auftrag. Er fragte mich nach meiner Meinung zu den Stellungen. Ich nahm mir vor, nur über diese Dinge mit ihm zu sprechen.

«Herr Kapitän, an den Stellungen selbst gibt es nicht allzuviel auszusetzen. Für eine wirksame Verteidigung aber reicht die Gesamtanlage nicht aus. Mit ein paar Löchern und Nestern an der Küste ist es nicht getan, auch wenn sie noch so gut getarnt sind. Nach den ersten Schüssen können sie ausgemacht und sofort von der gegnerischen Artillerie eingedeckt werden. Gut getarnte MG-Schützen, die erst bei Annäherung des Gegners schießen dürfen, und gedeckte Anmarschwege für die Reserven wären wohl fürs erste die vordringlichsten Überlegungen.»

Ich machte noch einige weitere Äußerungen zum Stellungsbau, die er schweigend hinnahm. Dann meinte er: «Ich muß zugeben, wir von der Marine sind doch nicht so orientiert. Natürlich habe ich mir auch schon über den weiteren Ausbau Gedanken gemacht und werde besonders die Fragen über den Einsatz der Reserven und die Organisierung eines Gegenstoßes berücksichtigen. Das ist wirklich notwendig, falls es dem Gegner gelingen sollte, an einigen Stellen der Küste Fuß zu fassen. Doch dazu wird bestimmt die Evakuierung weiterer Ortschaften, besonders im Hinterland, notwendig sein. Wissen Sie, Soldaten und Zivilisten zusammen hier dicht hinter der Front, das stärkt nicht gerade die Kampfmoral. Ich werde es mir genau durch den Kopf gehen lassen. Vielleicht können Sie schon im Stab auf diese Notwendigkeit hinweisen.»

«Gewiß, das werde ich tun, Herr Kapitän», antwortete ich und fragte weiter: «Wie schätzen Sie die Wahrscheinlichkeit eines Angriffs ein, haben Sie Vorgänge beobachten können, die darauf hindeuten? Sind schon Flüchtlinge über den Sund gekommen?»

Er winkte ab. «Drüben rührt sich nichts. Auf dem Dänholm sind noch unsere Truppen. Bevor es hier losgeht, wird dort einiges geschehen müssen. Überhaupt bin ich davon überzeugt, daß vorläufig kein Angriff zu erwarten ist. Ich schätze, daß die Russen in Berlin und im Westen andere Sorgen haben. – Was die Flüchtlinge anbetrifft, bis jetzt hat sich noch niemand blicken lassen. Der Hafen Stralsunds ist wahrscheinlich abgesperrt. Sollten aber wirklich einige auftauchen, so sind sie in jedem Falle mit Vorsicht zu genießen. Immerhin gab es weiße Fahnen in Stralsund.»

Ich wollte das Gespräch beenden und entschuldigte mich. «Sie werden verstehen, Herr Kapitän, einen General kann man schlecht warten lassen.»

Er verstand. Vor Rambin bog ich nach rechts ab. Weder das am Ende des Weges liegende Herrenhaus noch sein Besitzer interessierten mich. Ich blieb am Weg stehen und entdeckte eine größere Anzahl von Wagen, die hinter dem Wirtschaftsgebäude standen. Hier hausten also die Flüchtlinge, die gezwungen worden waren, mit der zurückgehenden Front Haus und Hof zu verlassen. Teile der Scheunen und Ställe waren notdürftig hergerichtet worden. Lattenverschläge und Zeltbahnen dienten oft als einziger Schutz gegen die Witterung.

Eine Frau sprach mich an. «Wenn Sie nach Männern suchen, hier sind keine mehr. Die letzten haben sie vor ein paar Tagen geholt. Oder sind nun wir Frauen an der Reihe?»

Ich spürte den gereizten Ton und beeilte mich zu versichern, daß ich nichts dergleichen vorhabe und erst zwei Tage auf der Insel sei. Sie musterte mich weiterhin skeptisch, wurde jedoch etwas ruhiger.

«Von der SS scheinen Sie ja nicht zu sein. Sie müssen verstehen, sogar meinen Mann haben sie wieder eingezogen, obwohl er ein Bein im Krieg verloren hat. Irgendwo auf der Insel macht er Dienst im Volkssturm. Was soll bloß aus uns werden? Wann ist endlich alles zu Ende?»

Die Frau wischte mit der Schürze Tränen aus den Augen und wandte sich ab. Ich ging den Weg zurück, auf dem mir zwei ältere Soldaten begegneten. Sie gehörten zu einem Reservezug, der hier untergebracht war, und gaben Auskünfte über die Zustände auf diesem Hof.

«Außer uns und dem Besitzer sind nur noch Frauen und Ausländer hier. Am schlimmsten sind die Kinder dran. Viele liegen mit Fieber in den Verschlägen. Ab und zu kommt ein Arzt vorbei, aber helfen kann der auch nur wenig. Es fehlt an den primitivsten Dingen. Wenn es nicht bald anders wird, dann halten die Krankheiten und die Ungewißheit unter den Menschen hier eine grausige Ernte.»

Die Soldaten wurden jetzt immer offener und hielten mit ihrer Meinung kaum noch zurück. Die meisten waren davon überzeugt, daß der Krieg nicht mehr lange dauern würde. In den Tagen seit dem Ende der Kämpfe um Berlin hatte sich eine Wandlung angebahnt.

Ich wollte allein sein und ging einen kleinen Feldweg entlang, weiter weg von den Menschen, weg von all dem Erlebten. Ich glaube, ich würde diesen Weg wiedererkennen, wenn er noch existierte, so genau erinnere ich mich an die Begegnung mit der Not und dem Elend dieser Frauen und Kinder. Ich hatte das andere Gesicht des Krieges gesehen, über das in keinem Wehrmachtbericht, keiner Wochenschau und in keinem Zeitungsartikel berichtet worden war, auf das ich aber bisher auch nicht geachtet hatte. Hauschulz hatte von günstigeren Bedingungen für den Ausgang des Krieges gesprochen, doch das kannte ich schon von Stralsund her. Auch für diese Menschen hier auf der Insel gab es kaum etwas Günstigeres, ja Notwendigeres, als das Leben zu erhalten und diesem Elend ein Ende zu bereiten, den Schluß des Krieges also möglichst schnell und ohne Blutvergießen herbeizuführen. Dann aber durften auch auf Rügen keine Bomben und Granaten fallen, durften die Soldaten an der Küste nicht schießen.

Mir wurde damals klar, auch um Rügen durfte nicht gekämpft werden.

Aber noch andere Gedanken gingen mir durch den Kopf. War nach dem Tod Hitlers eine neue Lage entstanden? Ich wußte nicht, ob die Regierung Dönitz tatsächlich existierte und vielleicht sogar verhandelte. Möglich schien es zu sein. Die abwartende Haltung der sowjetischen Truppen in Stralsund – es war noch kein Schuß auf Rügen abgegeben worden – schien mir darauf zu deuten. Dann machte mich die Sicherheit, mit der Hauschulz und Gastgeber, vielleicht gestützt durch persönliche Instruktionen von Schwede-Coburg, auftraten, unsicher, obwohl es gar keinen Grund dafür gab. Aber ich war hier auf Rügen doch ganz auf die Informationen angewiesen, die ich im Stab erhielt.

Hitler war nicht im Kampf gefallen, sondern hatte sich am 29. April 1945 durch Selbstmord der Verantwortung entzogen. Er hinterließ ein Testament, in dem Großadmiral Dönitz zu seinem Nachfolger bestimmt wurde. Dönitz zögerte keine Minute, das politische Ziel der deutschen Imperialisten, ihr Potential über den Krieg hinaus zu retten, und deshalb mit den Westmächten gemeinsame Sache gegen die Sowjetunion zu machen, zu seinem eigenen Programm zu erheben und es lautstark zu verkünden. Die Front im Osten sollte mit allen Mitteln gehalten werden. Im Westen dagegen wollte man es den Engländern und den Amerikanern ermöglichen, große Teile des Territoriums zu besetzen, um mit ihrer Hilfe der «neuen Regierung» gesetzlichen Charakter zu verleihen. Man distanzierte sich sogar von Hitlers Partei und bemühte sich, einen harmlosen «Beamtenstaat» vorzutäuschen, aber aus internen Dokumenten geht hervor, daß die faschistische Ideologie und die Pläne der Monopole, wenn auch in neuem Gewande, erhalten und später mit Hilfe der neuen Verbündeten verwirklicht werden sollten. Entsprechende Befehle, zum Beispiel die noch vorhandenen Kräfte an der Westfront vor der Vernichtung zu bewahren und den westlichen Alliierten in die Hände zu spielen, und Anweisungen politischer Art wurden sofort erlassen.

Wie reagierten die Westmächte darauf? Der britische Feldmarschall Montgomery nahm entgegen der Abmachung aller Verbündeten eine Teilkapitulation der faschistischen Truppen in Norddeutschland und Dänemark an. Sofort ging ein Telegramm von Keitel an die Ostfront, den Kampf im Osten unbedingt fortzusetzen und keinen Ort aufzugeben. Jetzt wandte sich Dönitz an den amerikanischen General Eisenhower, um seinen Teilerfolg bei Montgomery auszubauen. Aber die sowjetischen Streitkräfte hatten inzwischen klare Tatsachen geschaffen, die faschistischen Armeen waren zerschlagen. So mußte Eisenhower ablehnen, und die Dönitz-Gruppe sah sich gezwungen, der Kapitulation an allen Fronten zuzustimmen.

Da jedoch reaktionäre Kreise in den westlichen Ländern in der «Regierung» Dönitz eine Möglichkeit sahen, den deutschen Imperialismus zu erhalten, um ihn später als Speerspitze gegen die Sowjetunion zu benutzen, ließ man diese Gruppe im Raum Flensburg unter Obhut englisch-amerikanischer Verbände mit einem eigenen Befehlsbereich bestehen. Hier wehten am 10. Mai noch die Hakenkreuzfahnen, und die Regierung verfügte sogar über einen eigenen Sender.

Die Völker waren empört und forderten mit Nachdruck die Beseitigung dieses faschistischen Nestes. Erst am 23. Mai bereitete das energische Eingreifen der Sowjetunion auch diesem Spuk ein Ende. Dönitz und die Mitglieder seiner «Regierung» wurden verhaftet und in Gefangenschaft abgeführt.

Diese Entwicklung war nicht verborgen geblieben. Mir war ja auch aufgefallen, daß vom Flugplatz Parow alle Kräfte nach Schleswig-Holstein verschwunden waren. Und nach Hitlers Tod wurden Gerüchte über mögliche Verhandlungen nicht mehr hinter der Hand geflüstert.

Mein Spaziergang hatte mir nicht viel weiter geholfen. An meiner Meinung, daß die Insel nicht Kampfplatz werden dürfte, hatte sich nichts geändert. Aber die neue Regierung in Flensburg und ihre Verhandlungen, sie hatten in mir einen kleinen Funken Hoffnung aufkommen lassen, daß es ihr gelingen könnte, den Krieg an allen Fronten und damit auch auf Rügen zu beenden. Trotz meiner Erfahrungen in und um Stralsund klammerte ich mich wieder an dieses Stückchen Hoffnung wie an einen Strohhalm.

Ich mußte zum Stab. Vielleicht hatte die Funkstelle neue Nachrichten aufgefangen.

Rambin konnte ich schnell durchfahren. Die Chaussee verlief mitten durch den Ort. In Samtens, das gewissermaßen die rückwärtige Grenze meines Inspektionsbereiches zur Küste bildete, wollte ich noch schnell nach den dort liegenden Einheiten sehen und dann nach Frankenthal zurückfahren.

Als ich mich in einem der Häuser nach dem Quartier der Soldaten erkundigen wollte, kamen mir mehrere SS-Männer entgegen. Ich ließ sie vorbei, fuhr aber dem Weg nach, der von Bäumen dicht eingefaßt war, weil ich wissen wollte, ob sie zu einer stärkeren Einheit gehörten. Nach kurzer Zeit wurde das Wiesengelände zu beiden Seiten von einem Park abgelöst. Ich sah zwischen den Wipfeln der Bäume das Dach und die oberen Stockwerke eines größeren Gebäudes. Nach einigen Metern gabelte sich vor einer großen Hecke die Straße zu der üblichen Auffahrt, wie sie bei den meisten Gutshäusern auf Rügen zu finden war.

Vor dem Eingang prangte eine Standarte, und ich wußte, daß ich in die Höhle des Löwen geraten war. Hier residierte also Schwede-Coburg. Zwei Posten kamen auf mich zu und fragten nach meinem Auftrag. Da ich mich als Angehöriger des Stabes ausweisen konnte, führte mich einer von ihnen sofort in das Haus. Eigentlich hatte ich gar nicht die Absicht gehabt, so weit vorzudringen. Jetzt überlegte ich mir, daß sich hier die Möglichkeit bot, mehr über die Absichten der Naziführung und der Generale auf Rügen zu erfahren.

Dann stand ich in einem großen, fast düsteren Raum. Schwere Vorhänge verdunkelten die Fenster. In das Zimmer hinein ragte ein großer, schwerer Schreibtisch, hinter dem im verschnörkelten Sessel ein Wehrmachtoffizier saß. Als sich meine Augen an das Zwielicht gewöhnt hatten, erkannte ich die Schulterstücke eines Oberstleutnants. Als er gehört hatte, daß ich vom Stab kam, faßte er sofort meinen Arm, zog mich zu einer Wandkarte und sprach frisch drauflos.

«Sie kommen mir wie gerufen», begann er, «wie sieht es an der Küste aus. Heute morgen hatte der Gauleiter ein kurzes Gespräch mit Generalmajor Hauschulz, der die nötigen Befehle herausgeben wollte. Die neuesten Nachrichten ..., aber das wissen Sie bestimmt alles. Wie steht es auf der Insel?»

Wohl oder übel begann ich von meinen bisher kärglichen Erkundungen zu sprechen und bemühte mich, ihm die Fakten so sachlich wie möglich zu bringen. Ich berichtete von den Stellungen an der Küste und von den Reserven in den Orten, wies aber auch auf den Mangel an tiefer Staffelung, an Granatwerfern und schweren Waffen hin. An Fliegerabwehr sei kaum zu denken.

«Was ich Ihnen hier kurz andeutete, Herr Oberstleutnant, gilt für den Raum um den Rügendamm. Mehr konnte ich bisher nicht erkunden. Die anderen Gebiete werden auch von Offizieren aufgesucht.»

Ich schloß meinen Bericht. Er aber ließ nicht locker.

«Sie waren aber an einem wichtigen Abschnitt. Mich würde interessieren, was Sie von einer wirksamen Verteidigung überhaupt halten. In zwei bis drei Tagen ließe sich allerhand aufbauen.»

Man wollte es also wirklich zum Kampf um die Insel kommen lassen. Sollte ich ihm meine Meinung sagen? Ich hielt ihn hin, denn ich hatte schon in Stralsund genug schlechte Erfahrungen gesammelt. Was ich wissen wollte, hatte ich erfahren. Ich verabschiedete mich.

Am Abend erst meldete ich mich in Frankenthal zurück. Es war dunkel im Haus. Nur durch das Fenster fiel noch etwas Licht auf die Treppe zu den Bodenräumen. Als ich die letzten Stufen erreicht hatte, öffnete sich die Tür, und ich erkannte Hauptmann Winkler. Er holte mich in sein Zimmer, in dem eine Kerze brannte.

«Sie haben wohl gleich die ganze Insel abgeklappert. Essen Sie erst etwas, und erzählen Sie mir von Ihren Entdeckungen.»

Als ich ihm von meinem «Besuch» beim Gauleiter berichtete, schüttelte er den Kopf und zeigte überhaupt kein Verständnis dafür.

«Sind Sie noch zu retten? Wann werden Sie endlich Vernunft annehmen? Sich über deren Absichten informieren zu wollen! Die sind Ihnen doch seit Stralsund klar. Lassen Sie solche Scherze! Heute hat Schwede-Coburg den General besucht.»

Ich muß erschrocken ausgesehen haben. Er drückte mich in den Sessel zurück.

«Beruhigen Sie sich, Ihretwegen war er wohl kaum hier. Sie haben doch auch einen plausiblen Grund gehabt. Die haben andere Sorgen. Worum es wirklich gegangen ist, kann ich nicht sagen. Als er in den Wagen stieg, hörte ich Worte wie ‹Verantwortung› und ‹Verlaß auf unsere Soldaten›, aber ohne Zusammenhang. Interessant ist noch, daß der General, Gastgeber und einige andere gleich danach weggefahren und bis jetzt nicht wieder zurück sind. Die führen irgend etwas im Schilde. Keiner von ihnen kümmert sich um die Stellungen an der Küste, um die Soldaten in den Orten. In Saßnitz dagegen waren sie schon zweimal. Die Schiffe sind ihnen wichtig. Vielleicht sind sie schon wieder hin.»

Wir setzten unser Gespräch noch einige Zeit fort, aber Winkler hatte seinen Standpunkt seit Stralsund nicht geändert. Höchstens ein paar Ratschläge sprangen heraus. Ich hätte aber mehr gebrauchen können, und so verabschiedete ich mich.

In meinem Zimmer machte ich kein Licht mehr. Ich war zu müde, um noch einmal über alles nachzudenken.

12

Am nächsten Morgen, der 3. Mai war angebrochen, schob ich mein Motorrad bis zur Straße. Warum sollte ich den Herrn General so früh wecken? Ich legte keinen Wert auf ein Zusammentreffen mit ihm. Hauptmann Winkler wollte die Augen offenhalten, bis ich zurückkam.

Langsam fuhr ich die Straße entlang. Hügel und Senken wechselten einander ab. Auf einer Anhöhe hielt ich und stellte den Motor ab. Kaum jemals hatte ich mir in den letzten Jahren die Zeit genommen, eine Landschaft zu betrachten. Und dabei war ich sicher durch reizvolle Gegenden gekommen. Die tiefen Täler der Ardennen gehörten dazu, von schroffen und bewaldeten Hängen eingeschlossen. Ihnen waren die abwechslungsreichen Landstriche der Bretagne und der Vendée in Frankreich gefolgt, die flache niederländische Landschaft. Und dann die Weiten der Sowjetunion. Nach jeder kleinen Anhöhe breiteten sich die Ebenen dieses Landes aufs neue vor uns aus. Mehrere Tagesmärsche brauchten wir, um den nächsten Höhenzug am Horizont zu erreichen, und wieder das gleiche Bild. Felder und Wiesen zogen sich bis in die Ferne hin, nur ab und zu durch eine kleine Ortschaft unterbrochen. Schier unbegrenzt war mir dieses Land erschienen. Ich hatte aber keinen Blick für die Schönheiten der Natur gehabt, hatte Hügel nur unter dem Gesichtspunkt eines Angriffs oder einer Verteidigung gesehen, in Wäldern Partisanen vermutet, Kuscheln und Sträucher als Schutz vor Schlachtflugzeugen begrüßt. Und jetzt hier, in einem entlegenen Zipfel Deutschlands, interessierte mich die Landschaft? Der Krieg stand auf deutschem Boden, was würde die Zukunft bringen?

Leichtes Poltern riß mich in die Gegenwart zurück. Ein Pferd mußte sich mächtig in die Sielen legen, um den vollen Wagen den

Hügel hinaufzubekommen. Ich grüßte den Kutscher, der neben dem Gespann ging, und legte meine Hand an die Mütze. Er hob die Peitsche und nickte. Die Arbeit ging weiter.

Ich wußte damals noch nichts von gerechten und ungerechten Kriegen. Kriege seien unvermeidlich, hatte man uns ständig eingehämmert und versucht, es vielfältig zu begründen. So hatte ich es auch die ganzen Jahre empfunden und deshalb als Soldat «meine Pflicht erfüllt». Aber ich weiß auch, daß manchmal in mir der Wunsch aufkam, die umkämpften Gebiete einmal im Frieden aufzusuchen und in Ruhe anzusehen. Dabei hatte ich nicht darüber nachgedacht, was das für ein Frieden sein könnte. Ich hatte wohl den Gegensatz zwischen den friedlichen Bildern und den Zerstörungen des Krieges empfunden, aber diese Gefühle in Überlegungen umzumünzen, ob und warum es solche Gegensätze überhaupt geben müsse, dazu war es nie gekommen, dazu fehlte die Kenntnis der Zusammenhänge. Wir lebten im Gegenwärtigen, oft nur im Augenblick. Bei der Betrachtung der Landschaft Rügens an jenem Maimorgen wurde mir deren Schönheit bewußt. Die Erlebnisse der letzten Zeit hatten bewirkt, daß ich nicht nur schaute, sondern auch dachte. Es mußte ein Weg gefunden werden, um den Kampf um die Insel zu vermeiden. Die sowjetischen Geschütze schossen nur, wenn man sie dazu herausforderte, und das durfte nicht geschehen. Ich mußte beginnen, mich auf die Lösung zu konzentrieren. In Stralsund waren mir einige Fehler unterlaufen. Deshalb wollte ich nur kurze Zeit am Zudar zubringen und mich grob orientieren. Dann mußte ich gleich zurück zum Stab, um dort festzustellen, wie sich die Dinge entwickelten und was die Generale planten.

Zu beiden Seiten zogen sich die Häuser des Ortes Zudar hin. Auch hier sollte eine Kompanie Soldaten liegen. Vor einem Gasthof im Ort traf ich einen Unteroffizier an. Er bestätigte die Anwesenheit von rund einhundertfünfzig Soldaten und Offizieren. Der Kompaniechef, ein Hauptmann, wollte an diesem Morgen zur Nachbareinheit in Üselitz fahren. Die übrigen Offiziere waren in Losentitz untergebracht. Die Züge lösten sich in der Besetzung der Stellungen an der Glewitzer Fähre und dem Bauernhof Glewitz ab.

Weiter erfuhr ich, daß in den Orten längs der Küste Züge und Gruppen von Soldaten lagen. Am 1. Mai hatten sowjetische Ge-

Luftaufnahme des Stadtkerns von
Stralsund (umseitig)

Stralsunder Straßen nach dem Luftangriff vom 6. Oktober 1944

Gutshaus Frankenthal, in dem der Stab untergebracht war

Schloß Plüggenthin, letzter Zufluchtsort des faschistischen Gauleiters

Der Autor des Buches als Leutnant der faschistischen Wehrmacht

Stralsund, am 2. Mai 1945

Befehl des Militärkommandanten der Stadt Stralsund

Ab 1. Mai 1945 ist als Militärischer Kommandant der Stadt Stralsund der Oberst Fomenko bestimmt.

1. Die gesamte Verwaltung der Stadt liegt in den Händen des Rates der Stadt. Alle Einwohner der Stadt haben den Anordnungen oder Befehlen des Rates widerspruchslos Folge zu leisten. Als Bürgermeister der Stadt Stralsund ist Otto Kortüm eingesetzt.
2. Ich befehle:
   a) Alle Einwohner, die bis zum 1. Mai 1945 der deutschen Wehrmacht angehörten, haben sich beim Militärischen Kommandanten der Stadt Frankendamm 5, zu melden und zwar bis 21 Uhr des 2. Mai 1945. Alle, die sich dieser Aufforderung entziehen, werden zur Verantwortung gezogen.
   b) Sämtliche in den Händen der Bevölkerung befindlichen Hieb-, Stich- und Schußwaffen und vorhandene Munition und Sprengmittel sind bis zum 3. Mai 1945 um 12 Uhr abzuliefern an den Vertreter des Militärischen Kommandanten in der Polizeiwache Alter Markt 10.
3. Alle bei der Bevölkerung vorhandenen Kraftwagen müssen an den Vertreter des Militärischen Kommandanten Frankendamm 5 bis 2. Mai 1945 um 22 Uhr abgegeben werden.
4. Das Befahren des Sundes mit Schiffen jeder Art ist verboten. Hierzu gehören auch Sportboote und Fischereifahrzeuge.
5. Die Ausgehzeit für die Bevölkerung ist auf 6 Uhr bis 22 Uhr festgesetzt. Nach 22 Uhr ist das Verlassen des Hauses nur mit besonderem Ausweis gestattet.
6. Die Kirchen sind für jede Religionsrichtung frei. Die Geistlichen sind frei von Arbeitsdienstverpflichtungen.
7. Oeffentliche und private Banken haben ihre Tätigkeit sofort wieder aufzunehmen. Das Okupationsgeld gilt als Zahlungsmittel wie deutsches Geld.
8. Alle Behörden, Schule und Betriebe haben ihre Tätigkeit sofort wieder aufzunehmen. Wer ohne Arbeitsplatz ist, hat sich sofort beim Arbeitsamt zu melden.
9. Sämtliche Plünderungen haben sofort aufzuhören und die Bevölkerung muß sofort mit den Räumungsarbeiten und anderen im Interesse der Stadt notwendigen Arbeiten beginnen. Zur Arbeitsleistung werden herangezogen:

   Männer von 15 bis 60 Jahren

   Frauen von 17 bis 45 Jahren.

   Befreit von der Arbeitspflicht sind stillende und werdende Mütter.
10. Zuwiderhandlungen gegen diese Anordnung werden unnachsichtlich auf das Schwerste bestraft.

Militärkommandant der Stadt Stralsund

Oberst Fomenko

Erster Befehl des sowjetischen Stadtkommandanten von Stralsund nach der Befreiung der Stadt

Oberst Zyganow und der Autor treffen sich 1964 am Ort ihrer ersten Begegnung wieder

Für diese Jungen ist der Krieg vorbei. Die Aufnahme wurde am Rügendamm gemacht, links im Bild General Ljastschenko

Wiederaufbau der von faschistischen Truppen gesprengten Ziegelgrabenbrücke

Oberst Zyganow und der Autor
in Rambin 1964

Blumen für den Befreier

Armeegeneral Fedjuninski bei seinem
Besuch zum 20. Jahrestag
der Befreiung

Wiedersehen am Rügendamm Ende April 1965 (v.l.n.r. Armeegeneral Fedjuninski, der Autor, die Dolmetscherin, Generaloberst Ljastschenko)

Sie sind Freunde geworden

schütze den Zudar beschossen, aber keinen Schaden angerichtet. Sonst war auf dem Festland alles ruhig.

Diese Auskunft erleichterte mein Vorhaben. In Losentitz traf ich zwar keine Offiziere an, dafür aber hinter dem Ort einige ältere Männer. Als ich mein Motorrad aufbockte, sahen sie mich neugierig, ja beinahe mißtrauisch an. Ich grüßte und trat zu ihnen. Obwohl ich nicht rauchte, hatte ich mir eine Schachtel Zigaretten eingesteckt und bot sie an. Erst als die Zigaretten brannten und wir einige plattdeutsche Sätze gewechselt hatten, wurde unser Gespräch flüssiger. Sie erzählten auch von dem Artilleriebeschuß. In Stahlbrode gingen die Menschen wie sonst ihrer Arbeit nach, nur auf das Wasser durften sie nicht. Besonders interessant war, was sie von Stralsund berichteten. Die Straßen seien belebt, und einige Betriebe arbeiteten bereits wieder.

Ich fragte nicht, woher sie diese Nachricht hatten, aber ich spürte, daß ihnen die Furcht vor der Roten Armee genommen war und daß sie niemand mehr mit Massenerschießungen und Sibirien schrecken konnte.

Natürlich fragten die drei auch, ob geschossen würde, wenn die sowjetischen Soldaten über den Sund kämen. Sie erinnerten an die vielen Flüchtlinge, die in den Dörfern Unterschlupf gefunden hatten.

Ich antwortete, daß es besser wäre, wenn die Waffen schweigen würden, und ich wollte dementsprechend im Stab berichten.

Nur ein kleines Stück fuhr ich noch weiter und ging dann gedeckt an das Wasser heran. Es war wirklich alles still auf der anderen Seite.

Als ich zurückfuhr, hielt ich noch einmal bei den Alten und reichte ihnen die Packung mit den restlichen Zigaretten. Sie winkten mir nach. Ich fühlte mich gelöster und weniger bedrückt. Die Unterhaltung mit diesen älteren Menschen, ihre Art, komplizierte Dinge einfach auszusprechen, und ihre Offenheit wirkten belebend auf mich. Es war richtig, schon jetzt zum Stab zurückzufahren.

In Frankenthal stellte ich das Motorrad ab und ging zum Wirtschaftsgebäude. Dort teilte man mir mit, daß schon gegessen worden sei. Der General war mit einigen Offizieren weggefahren.

Im Gutshaus traf ich Hauptmann Winkler. Er zog mich in sein Zimmer.

«Ich habe wichtige Nachrichten für Sie», begann er. «Die Russen haben dem General ein Ultimatum oder so etwas Ähnliches geschickt. Gestern abend soll es schon angekommen sein. Hauschulz ist mit seinen ‹Herren› nach Altefähr gefahren. Einzelheiten weiß ich zwar nicht, aber ich denke, das genügt.»

Das genügte wirklich! Ich entschloß mich nachzufahren und war bereit, den Adjutant herauszukehren, um zu erfahren, was erreicht worden war.

Bei dieser Fahrt sah ich weder Häuser noch Bäume. Mit vollem Tempo ging es durch die Ortschaften. Erst an der Weggabelung vor dem Rügendamm bremste ich und bog ab. Am ersten Haus hielt ich. Weit vor mir am Strand sah ich Hauschulz und Gastgeber. Im vorderen Gebäude hatte man ein Verhandlungszimmer hergerichtet. Zwei Stabsoffiziere waren im Auftrage des Generals mit einem Boot nach Stralsund gefahren, um zu verhandeln und einen sowjetischen Vertreter zu holen. Marineoffiziere und einige Unteroffiziere standen in der Nähe. Dann legte ein kleines Motorboot am Holzsteg an. Die beiden Stabsoffiziere stiegen aus, gefolgt von einem sowjetischen Soldaten, dessen Dienstgrad ich nicht kannte. Gleich darauf meldeten die Offiziere dem General, daß er selbst zu den Verhandlungen nach Stralsund kommen müsse. Er beriet kurz mit Gastgeber und den Stabsoffizieren. Dann ging er mit ihnen zum Bootssteg. Jetzt trat ich nach vorn. Meine Pistole legte ich auf den Steg und folgte dem letzten Stabsoffizier nach. Als Hauschulz mich sah, befahl er mir, zum Stab zurückzufahren. Eine Weigerung hätte wenig Sinn gehabt. Ich stieg wieder aus, nahm meine Pistole und konnte nur noch zusehen, wie das Boot in Richtung Stralsund verschwand.

Es war gegen 15.00 Uhr, als ich vom Strand zu meinem Motorrad zurückging und auf Gastgeber stieß. Er war also auch nicht mitgefahren. Das beruhigte mich etwas. Von ihm würde ich vielleicht etwas über den Verlauf der Verhandlungen erfahren, denn nur darum ging es mir.

Ich fuhr bis zur Hauptstraße vor, konnte mich aber nicht recht zur Rückfahrt entschließen. Die zum Rügendamm ansteigende Straße war durch eine Sperre aus Baumstämmen für Fahrzeuge unpassierbar. Ich umging sie und stand bald an der Brücke. Hier hatte eine starke Gruppe mit Maschinengewehren Stellung bezogen. Auf beiden Seiten lagen Posten, die sowohl Stralsund als auch den Dänholm beobachteten. Von den Soldaten erfuhr ich, daß am Vormittag dieses Tages gegen zehn Uhr eine Sprengung die Rügendammbrücke zum Dänholm hin beschädigt hatte.

Dann sah ich Stralsund vor mir liegen. Das Boot mit dem General konnte ich nicht mehr erkennen. Warum mochte Hauschulz mich weggeschickt haben? Seit seinem Zusammentreffen mit Breusing hatte er mich nie mehr direkt angesprochen, und hier auf Rügen waren wir uns selten begegnet. Wollte er sich nicht in die Karten sehen lassen, oder befürchtete er, daß ich bei den Verhandlungen stören würde? Dort konnte es doch nur um Kapitulation oder aussichtslosen Kampf gehen. Bei der Lage auf der Insel und dem abzusehenden Ende des Krieges war die kampflose Übergabe die einzig mögliche und richtige Entscheidung.

Nicht von sich aus war Hauschulz nach Stralsund übergesetzt. Erst das Ultimatum hatte ihn dazu gezwungen. Wie hatte er davon erfahren? Wer hatte es überbracht! Ich hatte in Frankenthal keine Unterhändler gesehen und auch an der Anlegestelle nichts von ihnen gehört. Ob auch der Dänholm ein Ultimatum erhalten hatte?

Ich hockte mich in ein Loch am Damm, so daß ich den Sund überblicken konnte. Sollte ich hierbleiben, bis Hauschulz zurückkam? Ich wartete.

Nach dem Krieg habe ich Einzelheiten erfahren, die mit dem Ultimatum zusammenhingen. Ich halte es für notwendig, auch sie zu erwähnen und über die mutigen Menschen zu berichten, die sich damals gegen die Durchhaltegenerale stellten und bereit waren, ihr Leben für ihre Mitmenschen einzusetzen.

13

Mit der 90. Ropschaer Schützendivision des Generalmajors N. G. Ljastschenko kam auch Hauptmann Alexander Iljitsch Zyganow als Mitarbeiter der Politabteilung am 1. Mai 1945 nach Stralsund. Noch am Abend erhielt der junge sowjetische Offizier den Auftrag, in dieser Stadt die Selbstverwaltung ins Leben zu rufen. Die faschistische Führungsclique war verschwunden. Nur durch schnelles und umsichtiges Handeln konnte ein Chaos verhindert werden. Von einigen Antifaschisten unterstützt, ging Hauptmann A. I. Zyganow sofort an die Arbeit. Seine guten deutschen Sprachkenntnisse kamen ihm dabei ebenso zu Hilfe wie die Fähigkeit, wesentliche Probleme zu erkennen und deren Lösung gemeinsam mit den ihm anvertrauten Menschen durchzusetzen. Bei aller Vordringlichkeit organisatorischer Maßnahmen verlor dieser Mann das Wichtigste nie aus den Augen, die Arbeit mit den Menschen selbst. Es galt, die Verwirrung in ihren Köpfen zu beseitigen, ihnen das Verbrecherische der nazistischen Ideologie und deren Triebkräfte klarzumachen und sie vom blinden Gehorchen zum selbständigen und richtigen politischen Denken und Handeln zu führen.

Die neuen Aufgaben ließen Zyganow wenig Zeit zum Nachdenken, aber ihn beeindruckte die unzerstörte Stadt, die zweite nach Greifswald. Er war sich darüber klar, daß die kampflose Übergabe oder die Räumung der Stellungen nicht nur die deutsche Bevölkerung vor Opfern bewahrt, sondern auch der Roten Armee verlustreiche Straßenkämpfe erspart hatte. Das war wichtig, denn in den jahrelangen Kämpfen gegen die faschistische Wehrmacht hatte auch Hauptmann Zyganow erlebt, wie fanatisch manchmal deutsche Kräfte sinnlosen Widerstand leisteten. Vor allem in den letzten Wochen und Monaten hatte sich das bei den Kämpfen auf deutschem Boden gezeigt.

Was erwartete seine Genossen in den nächsten Tagen? Würde sich die abgeschnittene Gruppierung auf Rügen zu verteidigen suchen? Es gab viele Beispiele, wo das unter ähnlichen Bedingungen geschehen war und langwierige Kämpfe nach sich gezogen hatte, wie in Kurland, Breslau oder Budapest. Vorerst wußte die sowjetische Aufklärung nur von den beträchtlichen Kräften auf Rügen. Sollte man nicht an die Beispiele der letzten Tage erinnern und an die Vernunft appellieren? Auf der Insel befanden sich noch viele tausend Frauen und Kinder, die zu Opfern der Kämpfe werden könnten.

Am nächsten Morgen unterrichtete Hauptmann Zyganow die deutschen Antifaschisten von seiner Absicht, die Inselbewohner durch ein Ultimatum zur Kapitulation aufzufordern. Zwei Parlamentärgruppen sollten den deutschen Truppen auf Rügen und auf dem Dänholm nicht nur die Forderungen der Sowjetarmee überbringen, sondern auch einen Appell der Bevölkerung Stralsunds mitnehmen, in dem die Beendigung der Kampfhandlungen gefordert wurde.

Der Vorschlag wurde unterstützt. Sowjetische und deutsche Genossen formulierten gemeinsam den Text. Sie hielten es für richtig, daß deutsche Parlamentäre den jeweiligen Kommandeuren die Dokumente überbrachten. Es galt, Personen auszuwählen, für die eine möglichst geringe Gefahr bestand, vor oder nach ihrer Ankunft bei den Kommandanten der Inseln als «Verräter» ermordet zu werden. So wandte man sich an den Prälaten Radek und den Leiter des Marinelazaretts, Admiralarzt Dr. Caanitz, der eine Ärztegruppe zusammenstellte.

Gegen Mittag verließen der Assistenzarzt Dr. Glatzer, der Dozent Dr. med. habil. Grieshammer und die DRK-Schwester Christel Judisch das Marinelazarett. Im Rathaus sollten sie Näheres zu ihrer Mission erfahren.

Im Vorzimmer des Oberbürgermeisters trafen sie mit dem Prälaten Pfarrer Radek, seiner Schwägerin Dorothea Radek und dem Diplomingenieur Gerd Beug zusammen. Die Gespräche drehten sich um den Auftrag, den sie übernommen hatten. Eine dritte Delegation für die Insel Usedom mit dem Pastor Helbig und W. Thomas sollte noch eintreffen, aber diese Insel hatte inzwischen bereits kapituliert.

Dann war es soweit. Die Parlamentäre wurden in das Arbeitszimmer des Oberbürgermeisters gebeten. Nach ihnen betraten einige sowjetische Soldaten den Raum, und schließlich erschienen Generaloberst I. I. Fedjuninski, Generalmajor N. G. Ljastschenko und Hauptmann A. I. Zyganow. Die Generale stellten sich vor, begrüßten die Deutschen und nahmen am Schreibtisch Platz, auf dem eine Karte von Stralsund und Rügen lag.

Als erstes erläuterte Hauptmann A. I. Zyganow die Lage und machte die Parlamentäre mit dem Text des Ultimatums bekannt.

«An den Abschnittskommandanten der Insel Rügen!

Der Krieg ist längst entschieden. Jedes weitere Blutvergießen ist sinnlos. Wir haben nicht die Absicht, das deutsche Volk zu vernichten. Deshalb fordere ich Sie hiermit auf, sofort die Waffen niederzulegen und die Insel Rügen kampflos zu übergeben.

Das Kommando der Roten Armee sichert allen Gefangenen das Leben, gute Behandlung, Eigentum und Heimkehr nach dem Kriegsende zu. Den Zivilpersonen wird Leben, gute Behandlung und Eigentum zugesichert. Offiziere und Mannschaften dürfen die Uniformen und Auszeichnungen behalten, die Offiziere außerdem ihre Stichwaffen. Die Übergabe muß bis um 10 Uhr des 3.5.1945 erfolgt sein. Die zur Verhandlung mit dem Kommandanten der Sowjettruppen bevollmächtigten Parlamentäre haben sich bis 7 Uhr des 3.5.1945 auf dem Festlandufer zu Stralsund mit weißer Flagge einzufinden.

Im Falle der Ablehnung werden wir Ihren Befehlsbereich sowohl aus der Luft, vom Wasser und von der Erde mit allen Mitteln angreifen. Für jedes Opfer der Wehrmacht und der Zivilbevölkerung sind Sie allein verantwortlich.

Wir sind leider nicht in der Lage, eine eigene Parlamentärdelegation zu schicken, weil entgegen allen Kriegsbräuchen in Budapest die sowjetische Militärdelegation unter weißer Flagge beschossen wurde.

Unterschrieben
Ljastschenko, *Generalmajor*»

Hauptmann Zyganow schwieg und blickte die deutschen Parlamentäre an, die nachdenklich zugehört hatten. Harte Forderungen würden sie überbringen, aber jeder von ihnen wußte, daß nur diese Sprache angebracht war, nur solche Bedingungen den Krieg wirklich beenden konnten. Sie sollten dieses schwerwiegende Dokument überreichen – eine gefährliche Aufgabe.

Die sowjetischen Offiziere ahnten die Gedanken der Deutschen. Im Auftrag der beiden Generale nahm Hauptmann Zyganow noch einmal das Wort. «Unserem Ultimatum wird noch ein Schreiben des jetzigen Oberbürgermeisters Kortüm beigefügt, das die Lage in Stralsund schildert und ebenfalls zur Kapitulation auffordert. Das Ultimatum für den Dänholm hat den gleichen Wortlaut, nur mit anderer Terminstellung. Wir wissen, daß Ihr Auftrag mit Gefahren verbunden ist. Deshalb unsere Frage: Sind Sie bereit, diese Aufgabe zu übernehmen?»

Alle stimmten zu.

So wie er es sich vorgenommen hatte, bat jetzt Generaloberst I. I. Fedjuninski die Parlamentäre zu sich. Er fühlte sich diesen Deutschen gegenüber verantwortlich. Die Haltung von Hauschulz zur Kapitulation Stralsunds gab genügend Veranlassung, gerade der Delegation nach Rügen noch einige Worte mit auf den Weg zu geben. Hauptmann A. I. Zyganow übersetzte.

«Sagen Sie dem General auf Rügen, wir sind von Moskau bis

hierher marschiert und haben jeden Widerstand gebrochen. Wir können auch Rügen stürmen. Aber die Rote Armee gibt ihm die Möglichkeit, in Ehren zu kapitulieren. Der Krieg ist entschieden, und ein Kampf um die Insel wäre sinnlos und würde unnötige Opfer fordern. Wenn er unser Angebot nicht annimmt, werden wir Artillerie und Flugzeuge einsetzen und zum Angriff antreten. Für alle Opfer trägt dann allein er die Verantwortung.

Sie als Parlamentäre begleiten unsere Wünsche, daß Sie Erfolg haben. Aber ich muß Sie nochmals darauf aufmerksam machen, daß Ihr Auftrag sehr gefährlich ist. Die deutschen Faschisten haben nicht nur einmal auf Parlamentäre geschossen. Ich hoffe, daß man gegenüber Pfarrern und Ärzten nicht das Gewehr erhebt.»

Die Deutschen spürten den ehrlichen Wunsch der sowjetischen Offiziere, jede Möglichkeit zu nutzen, um die Inseln kampflos zu besetzen und Verluste auf beiden Seiten zu vermeiden.

Ein Händedruck besiegelte das gemeinsame Anliegen, und gefaßt verließen die Parlamentäre in Begleitung des Hauptmanns das Rathaus. Kraftwagen brachten sie an den Hafen in das Gebiet der damaligen Staatswerft. Zuerst wurden der Pfarrer und seine Begleitung verabschiedet. Sie hatten den weitesten Weg, und Mittag war schon vorüber. Ein Boot erwartete sie, in dem ein Mann mit einer weißen Fahne und als Ruderer zwei weitere Männer saßen. Einer von ihnen war Karl Schultz, der das Boot führte. Ein anderes Boot, das ein älterer Mann ruderte, nahm mit Dr. Glatzer und seiner Begleitung Kurs auf den Dänholm. Hauptmann Zyganow hatte versichert, auf ihre Rückkehr zu warten.

Zwei Boote waren unterwegs. Ihre Insassen fuhren mit einem für sie ungewöhnlichen Auftrag nahezu ins Ungewisse, das sie, die das Leben brachten, das Leben kosten konnte.

Zuerst erreichte Dr. Glatzer sein Ziel. Das Boot hatte die zerstörte Ziegelgrabenbrücke passiert und dann Kurs auf den Dänholm genommen. Einige Soldaten der kleinen Insel hatten das Fahrzeug schon bemerkt und ließen es näher herankommen. Einer von ihnen gab einen Warnschuß ab. Die Parlamentäre schwenkten die weiße Fahne. Es fiel kein weiterer Schuß, und das Boot konnte anlegen. Die Unterhändler stiegen aus und wurden von den Posten ohne weiteres zum Stützpunktbefehlsstand gebracht. In diesem Bunker hatten sich gerade die Offiziere zu einer Besprechung versammelt. Dr. Glatzer trat mit seinen Begleitern in einen mittelgroßen Raum, der spärlich beleuchtet war. Er erkannte etwa zehn Offiziere, die an einem großen Tisch saßen. Ein Hauptmann stellte sich als Vertreter des Kommandanten vor und nahm das Schreiben in Empfang. Nachdem er es verlesen hatte, herrschte eisiges Schweigen. Jeder war sich wohl des Ernstes der Lage bewußt, die Überbringer und die Angesprochenen, die sich entscheiden mußten.

Endlich wurde die Stille unterbrochen. Ein Offizier erkannte Dr. Glatzer wieder. Die Beklommenheit wich. Es begann eine lokkere Unterhaltung unter den Anwesenden, bis schließlich die Entscheidung gefallen war. Eine endgültige Antwort könne nicht erteilt werden, aber nach Befragen des eigentlichen Kommandanten würde diese fristgemäß erfolgen, und bis dahin würde kein Schuß fallen.

Dr. Grieshammer bot nun der Besatzung des Dänholm ärztliche Hilfe an. Er nahm an, daß der Luftangriff am Tage vorher Verwundete gekostet haben könnte. Dieses Angebot sei unabhängig von dem Ultimatum und würde, wenn nötig, sofort wirksam werden. Die Offiziere dankten für das Entgegenkommen. Ärztliche Hilfe war aber nicht erforderlich. Es hatte keine Verwundeten gegeben. Im Krankenrevier lagen nur leichte Fälle, die selbst versorgt werden konnten.

Damit war die Mission der Parlamentäre beendet, sie wurden zum Anlegeplatz zurückgebracht. Als das Boot die Insel verließ, spürten die Stralsunder ein Gefühl der Erleichterung. Sie hatten ihren Auftrag erfüllt, und es war alles gut gegangen.

In der Abenddämmerung erblickten sie am Stralsunder Hafen einen Mann, genau an der Stelle, an der sie sich vor einiger Zeit verabschiedet hatten. Hauptmann Zyganow hatte sein Wort gehalten und auf ihre Rückkehr gewartet. Seine echte, herzliche Freude, mit der er die Ankommenden empfing, beeindruckte sehr. Im Rathaus nahmen die Parlamentäre den Dank des sowjetischen Offiziers entgegen.

Hauptmann Zyganow machte sich wieder auf den Weg zum Sund. Er wartete auf die andere Gruppe und machte sich Sorgen um sie. Beunruhigt kehrte der sowjetische Offizier in die Stadt zurück. Immer wieder zögerte er, blickte sich um, aber die Wasserfläche blieb leer. Am nächsten Morgen galt seine erste Frage den nach Rügen abgesetzten Parlamentären. Sie waren noch nicht wieder zurückgekehrt. Was war geschehen?

Der Pfarrer hat uns nicht im Stich gelassen, dachte Hauptmann

Zyganow. Sollten die Faschisten auf ihre eigenen Leute geschossen haben?

Das Boot mit der Gruppe des Pfarrers Radek war in der Höhe des Dänholm beschossen worden. Das erste Geschoß klatschte ins Wasser, aber einer der nächsten Schüsse traf schon den Bug des Bootes. Die Insassen erstarrten. Sollten sie den Warnschüssen Folge leisten und umkehren, ihren Auftrag nicht erfüllen? Da meldeten sich von Stralsund Panzerkanonen, und krachend schlugen Granaten am Ufer des Dänholm ein. Sie blieben nicht ohne Wirkung, von der Insel fielen keine Schüsse mehr. Das Boot konnte seinen Weg fortsetzen. Die Ruderer umfuhren die Insel und steuerten Rügen an.

Alle schwiegen und blickten unverwandt auf die nahende Küste. Sie hatten sich etwas beruhigt. Doch ihre Entschlossenheit sollte noch einmal auf die Probe gestellt werden. Noch einmal zerriß ein Schuß die Luft. Unentwegt zogen Karl Schultz und seine Helfer die Riemen durch, die Insel mußte so schnell wie möglich erreicht werden. Nach über einer Stunde stieß der Bug an die kleine Anlegebrücke. Die Parlamentäre verließen das Boot, die Ruderer beschlossen, auf ihre Rückkehr zu warten.

Kaum hatten die drei Botschafter die ersten Schritte zum Ufer getan, als ihnen schon einige Offiziere und Soldaten entgegenkamen. Mit einer leichten Verbeugung grüßte der Pfarrer, erläuterte den Grund des Kommens und übergab einem der Offiziere das Schreiben. Dieser sprach kurz mit seinen Begleitern und sofort war jede Form von Höflichkeit wie weggefegt. Auf dem Weg zum Ufer wurden die Parlamentäre rüde beschimpft. Wie Verbrecher mußten sie vor zwei Soldaten, die ihre Gewehre in Anschlag hielten, den Strand hinaufgehen und bei einem der Häuser unter Bewachung warten. Erst beim Dunkelwerden kehrten die Offiziere zurück. Sie hatten eine telefonische Verbindung mit Saßnitz gesucht, aber auf der Kommandantur keine Verhaltensregeln erhalten. Auf jeden Fall sollten die drei Stralsunder nach Saßnitz gebracht werden.

Obwohl die Dunkelheit schon hereingebrochen war, wurden den Parlamentären die Augen verbunden. Mehr gestoßen als geführt, brachte man sie zu einem Auto, in dem sie auf den hinteren Sitzen Platz nehmen mußten. Trotz des Redeverbots fragte Pfarrer Radek nach dem Ziel der Fahrt und dem Schicksal der Ruderer. Höhnisches Lachen begleitete die Antwort. «Ihr werdet schon dorthin kommen, wohin ihr gehört. Die Ruderer sind bei uns in guter Hand.»

Da die drei Gefangenen nicht sehen konnten, versuchten sie um so gespannter, mit ihren Ohren jeden Gesprächsfetzen ihrer Begleiter aufzufangen. Jede Kurve wurde verfolgt, bis der Wagen nach längerer Zeit hielt. Barsch forderte man die Parlamentäre zum Aussteigen auf. An einer Hauswand mußten sie warten. Die Kälte der Nacht kroch an ihnen hoch, drang durch die Bekleidung, und es dauerte nicht lange, bis sie durchgefroren waren. Der Posten gestattete kaum eine Bewegung. Jetzt wurden ihnen die Worte des sowjetischen Generals erst richtig bewußt. Auch der Pfarrer hatte es nicht voll wahrhaben wollen, als Generaloberst Fedjuninski auf die Gefahren des Unternehmens hinwies und von der Rücksichtslosigkeit der Faschisten sprach, die sich über jede Konvention hinwegsetzten. Nun spürten sie es am eigenen Leibe.

Schließlich erinnerte man sich ihrer und nahm ihnen die Augenbinden ab. Die Nacht verging, und der Morgen des 3. Mai brach an. Wieder wurden sie in ein Auto gesetzt. Die nächste Station war Samtens, und von dort ging es nach kurzem Aufenthalt zum Gut Plüggentin, wo der Nazigauleiter zur Zeit residierte. Generalmajor Hauschulz begleitete die Parlamentäre ein Stück, sprach aber kein Wort mit ihnen. Ein Posten brachte die Stralsunder in ein Zimmer, und sie erhielten zum ersten Mal seit ihrer Abfahrt eine Tasse Kaffee und ein Stück Brot. Auch die ersten Worte durften sie miteinander wechseln. Empörung und Enttäuschung brach aus ihnen heraus. Die Ungewißheit über das Ergebnis ihres Auftrags und über ihr eigenes Schicksal lastete schwer auf ihnen.

Nach kurzer Zeit brachte sie ein Wagen weiter nach Saßnitz. Kurz vor dem Ort bog das Auto ab und hielt vor dem Schloß Dwasieden. Immer noch unter Bewachung wurden die Parlamentäre in den Vorraum des großen Gebäudes gebracht. Endlich schien man sich ihrer Mission zu erinnern. Ein Offizier forderte die Schwägerin des Pfarrers auf, ihn nach Altefähr zu begleiten.

Gegen elf Uhr wurde die Fahrt angetreten. Die Zurückbleibenden begleiteten die Frau mit allen guten Wünschen. Als der Wagen nach einigen Stunden zurückkehrte, gingen sie ihm voller Erwartung entgegen. Unwillkürlich sprangen sie zu, als Frau Radek völlig erschöpft aus dem Auto stieg. Nachdem sie sich etwas erholt hatte, berichtete sie.

Sie hätte mit dem begleitenden Offizier ohne Schwierigkeiten den Rügendamm erreicht. Auf dem Wege zum Strand hatte man jedoch beide angehalten. Ihr Begleiter wurde sofort festgenommen, sie selbst mußte umkehren. Wieder war sie als «Verräterschwein» beschimpft worden. Sie konnte den Wagen erreichen, und der Fahrer fuhr sofort los. Den Offizier aber hatte sie aus den Augen verloren; alles war so schnell gegangen.

Erschüttert nahmen die beiden Männer den Bericht auf. Was sollte aus ihnen werden und aus dem Ultimatum? Die Frist war abgelaufen. Es gab keine Möglichkeit, nach Stralsund zurückzukehren, sie konnten nur abwarten und hoffen, daß doch noch alles gut gehen würde.

Während auf Rügen die Gruppe von Pfarrer Radek um den Erfolg ihrer Mission und um ihr eigenes Schicksal bangte, wartete Hauptmann Zyganow im Rathaus von Stralsund und fragte immer wieder nach den Parlamentären. Seine Unruhe steigerte sich von Stunde zu Stunde. Sollte Generalmajor Hauschulz es wirklich auf einen Kampf ankommen lassen? Was war mit dem Pfarrer geschehen? Seine Überlegungen wurden unterbrochen. Im Rathaus war ein Telegramm von Rügen eingetroffen. Hauschulz ließ Generalmajor Ljastschenko mitteilen, daß er zwei Offiziere schicke, um Verhandlungen zu führen. Zuerst wunderten sich die sowjetischen Offiziere, daß trotz der Zerstörung der Ziegelgrabenbrücke eine Nachrichtenverbindung mit Rügen bestand. Offensichtlich war das Unterwasserkabel durch die Sprengung nicht zerstört worden.

Das Ultimatum hatte also die Verantwortlichen erreicht, nur die Parlamentäre waren noch nicht zurück, ihr Schicksal blieb weiterhin ungewiß.

Hauptmann Zyganow empfing einen Oberstleutnant und einen Major am Sundufer. Sie hatten jedoch keine Verhandlungsvollmachten, sondern lediglich den Auftrag, Generalmajor Ljastschenko nach Rügen zu holen. Dort sollte über eine Kapitulation beraten werden. Einer solchen Anmaßung konnte die sowjetische Seite nicht zustimmen. Der Oberstleutnant und der Major wurden mit der Forderung zurückgeschickt, Generalmajor Hauschulz solle persönlich zur Unterzeichnung der Kapitulation nach Stralsund kommen. Bevor die beiden Offiziere abfuhren, erkundigte sich Hauptmann Zyganow bei ihnen nach dem

Schicksal der drei Parlamentäre. Sie konnten aber keine Auskunft geben.

Am Nachmittag gegen sechzehn Uhr näherte sich das Motorboot wieder dem Hafen von Stralsund. Jetzt war Hauschulz bereit, mit Generalmajor Ljastschenko die notwendigen Verhandlungen zu führen. Natürlich versuchte er, den «ungeschlagenen General» zu spielen, aber hier gab es keine Winkelzüge. Am 4. Mai sollte er mit seinen Offizieren und Soldaten am Rügendamm die Waffen strecken.

Generalmajor Hauschulz unterzeichnete die Kapitulation! Nach dem ausdrücklichen Hinweis, daß er für die Erfüllung der Kapitulationsbedingungen die volle Verantwortung trage und für das Leben der Parlamentäre hafte, wurden Hauschulz und seine Stabsoffiziere entlassen.

14

Eine halbe Stunde mag ich in dem Schützenloch am Rügendamm zugebracht haben, dann wurde mir das Warten zuviel. Ob ich das Ergebnis der Verhandlungen hier oder in Frankenthal abwartete, war gleich. Nach seiner Ankunft würde Generalmajor Hauschulz sicher zum Stab zurückkehren, um die nötigen Befehle zu geben. Ich ging den Rügendamm hinunter bis zur Panzersperre. Mit Hauschulz' Fahrt nach Stralsund war auch dieses Gebilde aus Stämmen und Steinen überflüssig geworden. Ich setzte mich auf das Krad und ließ es die letzten Meter bis zur Straßengabelung an der Unterführung nach Poseritz bergab rollen. Eigentlich wollte ich noch einmal bei der Anlegestelle nach Gastgeber sehen, aber ich war schon ein gutes Stück landeinwärts gefahren. Außerdem würde der Ia sicher bereits im Stab sein.

Im Stab traf ich nur den Nachrichtenmajor und Hauptmann Winkler an. Sie hatten es sich im Zimmer des Generals in den Sesseln bequem gemacht. Gastgeber war noch nicht zurückgekehrt. Vielleicht wird er doch noch auf die Rückkehr von Hauschulz warten, sagte ich mir.

Natürlich wurde mein Bericht über Altefähr interessiert aufgenommen. Als ich jedoch die Kapitulation Rügens als einzig mögliches Ergebnis der Verhandlungen bezeichnete, stieß ich bei beiden auf Widerspruch.

«Vergessen Sie nicht, daß der Gauleiter noch da ist», meinte Winkler, und der Major nickte zustimmend. «Der wird dem General schon die nötigen Instruktionen gegeben haben.»

Ich mußte zugeben, den Schwede-Coburg hatte ich gar nicht mehr in meine Überlegungen einbezogen. Trotzdem erwiderte ich: «Mag schon sein. Aber was wollen die denn machen? Wenn der General ablehnt oder Winkelzüge macht, dann hauen die Russen uns mit ihrer Artillerie und Luftwaffe so zusammen, daß keine Maus am Leben bleibt.»

«So denken Sie, nur die denken anders. Leute wie Coburg interessiert nicht, ob Tausende über die Klinge springen», warf der Major ein. «Die spekulieren immer noch auf Dönitz. Sehen Sie, und deshalb geht es ihnen um Zeit. Sie wollen den Gegner hinhalten, wollen herausbekommen, ob er wirklich in den nächsten Tagen angreifen will oder kann. Und sollten dafür ein paar Bombenangriffe, Artillerieüberfälle oder ähnliches in Kauf genommen werden müssen, das wird sie wenig kümmern. Wir sollten überlegen, wie wir selbst am besten aus dieser verfahrenen Lage herauskommen.» Er dachte nur noch an sich.

Winkler stimmte im wesentlichen zu, wenn er auch zu bedenken gab, daß man auch an die Bevölkerung denken müsse. Schließlich meinte er: «Ich gebe zu, daß Schwede-Coburg auf der Insel mit seinem ganzen Troß immer noch eine gewisse Macht darstellt und sie auch ausüben kann. Aber die Verantwortung für alles Militärische, was auf Rügen geschieht, hat Hauschulz. Er befiehlt letzten Endes, ob geschossen wird oder nicht. Er wird sich in Stralsund entscheiden müssen, ob wir morgen früh mit ihm zur Kapitulation am Rügendamm stehen werden oder noch einmal zur Maschinenpistole greifen.»

Der Major schüttelte den Kopf.

«Vergessen Sie nicht, daß Hauschulz gegenüber Breusing ganz schön zu Kreuze gekrochen ist. Beim Gauleiter wird es kaum anders sein. Aber mich interessiert im Augenblick, was in Stralsund ausgebrütet wird, und danach werde ich mich auch zu entscheiden wissen. Mir steht der Sinn weder nach dem Heldentod noch nach der Gefangenschaft bei den Russen. Vielleicht läßt sich letzteres nicht vermeiden, aber für mich ist das wirklich die allerletzte Möglichkeit, hier herauszukommen.»

In dieser Art lief das Gespräch weiter und ging immer mehr in einen Dialog zwischen dem Major und Winkler über. Ich hatte schon gar nicht mehr recht zugehört. Die nahende Dunkelheit begann das Tageslicht zu verdrängen, und ich wurde immer unruhiger. Ich trat vor das Haus, es war nichts zu hören. Kein General, kein Gastgeber kam. Minute um Minute verrann, und nichts geschah.

Als ich ins Zimmer zurückkehrte, blickten die beiden mich fragend an. Sie hatten ihr Gespräch unterbrochen; fast schlagartig war es still geworden. Winkler sah zu einem der Fenster. Dann richtete er sich im Sessel auf, als ob ihn etwas aufgeschreckt hatte. «Wir verquatschen hier die Zeit. Hätte Hauschulz nicht schon längst zurück sein müssen? Es wird schon dunkel, so lange können doch die Verhandlungen nicht dauern. Ob die Russen den General in Stralsund festhalten?»

«Das glaube ich am wenigsten», antwortete der Major. «Hauschulz in Stralsund, das hätte weder für die noch für uns Sinn und Vorteil. Da muß was anderes geschehen sein.»

«Vielleicht soll sich hier wiederholen, was sich in Stralsund abspielte», warf ich ein. «Die Soldaten kämpfen, und der Herr General zieht sich zurück. Da wäre sogar Schwede-Coburg mit von der Partie.»

Ich unterbrach mich selbst, winkte ab. «Was rede ich da, mein Vergleich hinkt. Die Insel ist von Wasser umgeben. Wohin sollten die ein zweites Mal übersetzen?»

Der sonst so ruhige Winkler sprang plötzlich auf. «Ihr Vergleich hinkt nicht, so wird es sein! Und wohin von hier aus? Das ist doch klar! Die Schiffe in Saßnitz, das ständige Interesse für den Hafen, na, merken Sie was? Die sind schon längst auf dem Wasser und reisen gen Dönitz!» Er ließ sich wieder in den Sessel fallen.

«Das stimmt!» warf der Major ebenso erregt ein. «Wir reden uns hier die Köpfe heiß, ob man auch an sich denken darf oder nicht, und währenddessen bringen sich diese Herren in Sicherheit, und das auf unsere Kosten. Es ist nicht zu fassen!»

Ein bitteres Lachen folgte, das aber schnell wieder erstarb. Ich konnte einer so krassen Auffassung noch nicht ganz folgen.

«Angenommen, der General hat kapituliert oder auch nicht und ist dann sofort abgehauen, ohne uns, ohne die Soldaten und die

Bevölkerung zu benachrichtigen, das wäre doch nichts anderes als ein Todesurteil für viele auf der Insel, das wäre ...»

Ich wurde vom Major schroff unterbrochen.

«Mann, begreifen Sie doch endlich, was scheren die sich um andere Menschen. Ich sagte Ihnen schon einmal, Zeit wollen sie gewinnen, viel Zeit. Winkler hat bestimmt recht. Während die Russen in Stralsund mit der Kapitulation rechnen, hauen Coburg und Hauschulz mit ihresgleichen in aller Ruhe ab. Was danach geschieht, das ist denen doch gleich. Rechtfertigen läßt sich nachher alles, wenn man will. Und kommt es morgen früh am Rügendamm zum Knallen, dann haben diese Brüder noch mehr Zeit, dann ist der Russe noch mehr abgelenkt und sieht nicht auf die Ostsee, sondern hierher. Ich bin überzeugt, die Soldaten an der Küste wissen genau so wenig wie wir.»

«Das glaube ich auch», meinte Winkler, schon wieder etwas ruhiger, «wenn wenigstens wir wüßten, was heute in Stralsund ausgehandelt wurde, was wirklich los ist.»

«Fragen Sie doch die Russen, die können's Ihnen am besten sagen», antwortete der Major gereizt.

«Warum nicht, Herr Major?» Ich sprang auf. «Stralsund und Rügen verbindet ein Unterwasserkabel, das von der Brückensprengung kaum beschädigt sein dürfte.»

Winkler griff sofort zum Hörer des Telefons. Ich setzte mich zu ihm. Jeder von uns glaubte, etwas zu hören. Mal tippte er, mal ich auf den Apparat. Unser beider Ohr aber lag immer an der Muschel. Endlich vernahm ich eine tiefe, ruhige Stimme, die sich aus Bergen meldete. Wir baten um eine Verbindung nach Stralsund. Am anderen Ende wurde es still. Ich spürte förmlich, wie der Beamte mit sich kämpfte. Wir wußten, daß es ihm verboten war, Gespräche in die vom Feind besetzten Gebiete zu vermitteln. Doch dann war er wieder da.

«Ich rufe, bitte warten Sie, bis sich jemand meldet.»

Die Möglichkeit einer Verbindung bestand also. Hauptmann Winkler und ich hingen am Apparat. Wie lang können Sekunden sein! Im Raum hätte man eine Stecknadel fallen hören, so still war es. Dann knackte es, ein Geräusch, das sich wie Räuspern anhörte. Jetzt eine Stimme! Wir verstanden kein Wort. Wieder ein Knakken.

«Sie werden aus Rügen verlangt, bitte sprechen Sie!»

Wir beide riefen gleichzeitig unser «Hallo! Hier Stab Rügen!»

in den Apparat. Am anderen Ende wurde Russisch gesprochen. Nur nicht die Verbindung abreißen lassen, das war mein und bestimmt auch Winklers Gedanke. Wir sprachen unentwegt weiter. Dann endlich eine deutsche Stimme!

«Hier Stralsund! Wer sind Sie? Was wollen Sie?»

«Hier ist der Stab des Inselkommandanten Rügen. Wir warten auf General Hauschulz. Er war bei Ihnen!»

Nach einiger Zeit kam die Antwort. «Der General ist schon lange von hier weg. Er hat die Kapitulation unterschrieben. Für uns ist das in Ordnung.»

«Hören Sie», begann Winkler wieder, «der General war bis jetzt nicht im Stab. Ich nehme an, er ist über Saßnitz geflüchtet. Kein Mensch auf der Insel weiß von der Kapitulation!»

Die Stimme aus Stralsund: «Die Kapitulation ist unterschrieben, und der General trägt die Verantwortung. Mehr kann ich Ihnen nicht sagen.»

Mir kam ein Gedanke. Winkler nickte.

«Können wir nicht 'rüberkommen, um die Lage zu beraten?»

«Ich habe Ihnen doch schon einmal gesagt, für uns ist die Sache in Ordnung, hören Sie?»

«Bleiben Sie bitte am Apparat!» rief Winkler in die Muschel. Dann wandte er sich an uns. «Was machen wir bloß. Die halten sich an Hauschulz. Aber der ist doch weg, und wir wissen immer noch nichts Genaues.»

«Sagen wir ihnen deutlich, wie es ist», unterbrach ich Winkler und nahm ihm den Hörer ab.

«Bedenken Sie doch, was auf dem Spiel steht. Die Soldaten liegen in den Stellungen und haben Schießbefehl! Bei Samtens ist Schwede-Coburg mit seiner SS. Wir müssen Genaueres wissen und kommen sofort. Geben Sie uns die Möglichkeit. Die Unterschrift von Hauschulz ist durch seine Flucht wertlos und ungültig geworden.»

«Das war ein guter Gedanke», meinte Winkler. Aber drüben schwieg man sich aus. Wir glaubten, Gesprächsfetzen zu hören. Wozu mochten die Russen sich entschieden haben? Ob sie uns ernst nahmen? Jetzt war es so weit.

«Hallo, Stab von Rügen! Sie können kommen. In einer Stunde an der gesprengten Brücke. Geben Sie Blinkzeichen mit einer Lampe! Wir erwarten Sie!»

Ich weiß nicht mehr, ob wir geantwortet hatten oder nicht. Auf jeden Fall war es geschafft. Wir standen auf und bereiteten unsere Fahrt vor.

Der Major sah zu und fragte: «Packen Sie Ihre Sachen zusammen, oder wollen Sie wirklich nach Stralsund?»

Hauptmann Winkler fuhr herum.

«Natürlich fahren wir, Herr Major. Die Auskunft am Telefon war reichlich spärlich. Ich möchte Genaueres wissen; mich interessieren Einzelheiten, auch die Frage, was mit uns geschehen wird. Und da gibt es nur noch eine Stelle, die exakt Antwort geben kann, das ist das russische Kommando in Stralsund.»

Der Major schüttelte den Kopf, nahm seinen Mantel über den Arm und ging aus der Tür.

«Ich will mit der ganzen Sache nichts mehr zu tun haben.» Er unterschied sich nicht von Hauschulz und Gastgeber, obwohl er sich vor wenigen Minuten noch über sie ereifert hatte. Ihm war das Risiko zu groß, er wollte nicht in Gefangenschaft geraten, sollten die anderen sehen, wie sie durchkamen.

In einer knappen Stunde mußten wir an der Brücke sein. Die Mäntel wurden schnell angezogen. Jeder überprüfte noch einmal seine Taschenlampe. Dann gingen wir aus dem Haus. Trotz der Dunkelheit bemerkten wir noch einige Gestalten, die auf dem Hof umherhuschten; doch das kümmerte uns jetzt wenig. Auch wir hatten kaum miteinander gesprochen. Ich glaube, uns war die Bedeutung dieser Fahrt bis jetzt noch gar nicht recht bewußt geworden. Nur möglichst schnell zur Brücke, darum ging es bei den wenigen Worten, die gewechselt wurden. Das Motorrad sprang an, und wir fuhren los.

So sehr mir die Fahrt auf diesem Feldweg mit seinen Windungen und sanften Hügeln immer wieder gefallen hatte, jetzt hemmte uns alles. Mit der Nacht verbündet, wandelte sich der sonst reizvolle Wechsel zu einem Hindernis. Nur einige Meter vermochte das abgeblendete Licht die Dunkelheit zurückzudrängen.

Endlich waren wir auf der Chaussee. Der kalte Nachtwind pfiff uns um die Ohren. Es war, als duckten sich die Häuser von Rambin, so schnell rasten wir durch die Ortschaft dem Rügendamm entgegen. Noch einige leichte Kurven, und schon senkte sich die Straße. Die Böschungen stiegen zu beiden Seiten an, bis endlich zur Linken die Abzweigung nach Poseritz zu sehen war. Die Bremsen quietschten. Wir standen vor der Panzersperre.

Während Hauptmann Winkler das Motorrad am Straßenrand aufbockte, ging ich bereits den Damm hoch. Unsere Ankunft mußte bemerkt worden sein. Ein gutes Stück vor der Brücke leuchtete plötzlich eine Lampe auf. Ein Feldwebel meldete und bestätigte mir, daß immer noch eine stärkere Gruppe mit zwei Maschinengewehren hier in Stellung lag.

«Besondere Vorkommnisse keine!» Vorsichtig fragte ich nach dem Verlauf der letzten Stunden. Seine Antworten festigten die Gewißheit, daß die Soldaten keine Ahnung von dem hatten, was am nächsten Morgen gerade hier vor sich gehen sollte.

Inzwischen war Hauptmann Winkler nachgekommen. Als Ziel unseres «Kontrollgangs» nannten wir dem Feldwebel den Dänholm und gaben ihm den Auftrag, die Männer in den Stellungen von unserer Rückkehr zu unterrichten.

Es herrschte völlige Stille, als wir die Brücke entlanggingen. Weder in Stralsund noch an den Ufern Rügens schien sich etwas zu regen. Dann hörten wir den gedämpften Anruf der vorgeschobenen Posten. Ihnen sagten wir das gleiche wie dem Feldwebel. Auch sie sollten der Ablösung unsere Rückkehr mitteilen.

Noch ein paar Schritte, dann war der gesprengte Teil der Brücke erreicht. Da nur die Decke Schaden erlitten hatte, konnten wir über das Grundgerippe hinwegklettern. Jetzt standen wir auf dem Dänholm. Kein Wort war bisher zwischen uns gefallen, und schweigend setzten wir den Weg fort. Unsere Sinne waren so stark angespannt, daß nicht einmal für Gedanken über das, was wir taten, Platz war. Jeder horchte und sah nach allen Seiten, aber es rührte sich nichts. Sollten hier keine Soldaten mehr sein? Der Weg war frei bis zur Ziegelgrabenbrücke.

Wir waren angelangt. Hier verlief die Trennungslinie, die wir überschreiten wollten. Wie verabredet, lösten wir die Koppel und legten unsere Pistolen in eine kleine Mulde an der Straße. Ich trat an den Rand, richtete meine Lampe nach drüben und gab die vereinbarten Blinkzeichen. Auf der Gegenseite leuchtete das gleiche Signal auf, wir wurden erwartet. Danach war das Klappern von Brettern zu hören. Wir gingen dem Geräusch nach, ergriffen die entgegengestreckten Hände und ließen uns über einen Steg führen. Ein letzter Sprung, wir waren auf dem Festland.

Vor uns befand sich ein freier Platz, der durch die Scheinwerfer mehrerer Fahrzeuge beleuchtet war. Zum ersten Mal stand ich Offizieren der Roten Armee gegenüber. Jetzt werden sie uns nach Waffen untersuchen und die Augen verbinden, dachte ich. Aber nichts dergleichen geschah. Wir verständigten uns durch Zeichen. Eine Wagentür wurde geöffnet, und wir stiegen ein. Die Fahrt ließ sich nicht genau verfolgen. Wieder die gleiche höfliche Geste. Wir stiegen aus und wurden zu einem ersten Gespräch in ein Zimmer der unteren Etage gebracht, doch bald darauf führte man uns eine Treppe höher, und wir standen im Korridor einer Wohnung. Jetzt vernahmen wir die ersten deutschen Worte. «Bitte, treten Sie hier ein!»

Die Tür zu einem größeren Raum wurde geöffnet. Mehrere Stühle standen an den Wänden, und ein Schrank war in eine Ecke gerückt. Zur Linken stand ein rechteckiger Tisch und hinter ihm ein Sofa, auf dem ein großer, breitschultriger Offizier saß. Seine Schulterstücke trugen einen auffallend großen Stern. Ernste, aber freundliche Augen blickten uns an.

Hauptmann Winkler stellte uns vor. Dienstgrad, Name und Dienststellung wurden sofort vom Dolmetscher übersetzt. Dann erläuterte ich die Lage auf Rügen.

Zu Beginn wies ich auf die Anwesenheit des Gauleiters Schwede-Coburg hin und teilte mit, daß der Generalmajor Hauschulz bis zu unserer Abfahrt nicht zum Stab zurückgekehrt sei. Die sowjetischen Offiziere blickten sich vielsagend an. Ein erregtes Gespräch unterbrach meinen Bericht. Der Dolmetscher übersetzte uns die Meinung der Offiziere.

«Wir können nicht glauben, daß Ihr General Sie im Stich gelassen hat. Vielleicht wurde er aufgehalten oder ist noch bei dem ... Wie sagten Sie noch ...?»

«Gauleiter Schwede-Coburg», ergänzte ich.

Ich verneinte das und schämte mich für meinen ehemaligen Vorgesetzten, als ich noch einmal betonte, daß Hauschulz meiner Meinung nach nicht mehr auf der Insel sei.

Man nahm meine Auffassung zur Kenntnis. Während sich Hauptmann Winkler bei einem der sowjetischen Stabsangehörigen nach dem Schicksal der Soldaten und Offiziere nach der Kapitulation erkundigte, wollte der General von mir weitere Einzelheiten wissen. Ich informierte ihn unter anderem über die Besetzung der Stellungen an der Küste, berichtete von den vielen Flüchtlingen in den Ortschaften und erwähnte auch das SS-Wachbataillon in Samtens und Plüggentin. Meine Erläuterungen schloß ich mit dem Hinweis auf den Jasmund, der als letztes Bollwerk für den Fluchthafen Saßnitz gedacht war.

Meine Worte wurden mit großem Interesse verfolgt. Anschließend mußte ich noch einige Fragen verschiedener Offiziere beantworten. Dann legte man uns die Kapitulationsurkunde vor, und wir erfuhren die Bedingungen der Kapitulation.

Was konnte man noch zu den einzelnen Punkten dieses gewichtigen Dokuments sagen. Sie alle waren Voraussetzung für die kampflose Besetzung der Insel. Wesentlich erschienen mir die letzten Absätze. Zum Zeitpunkt der Übergabe sollten der Generalmajor Hauschulz – man hoffte immer noch auf sein Eintreffen im Stab auf Rügen – oder wir beide, Hauptmann Winkler und ich, mit den Soldaten an der Küste sein.

«Es darf kein Schuß fallen. Sie haben die volle Verantwortung dafür. Sollten die Bedingungen verletzt werden, so wird die Insel angegriffen. Die Bomben- und Artillerieziele sind ausgemacht, die entsprechenden Befehle wurden erteilt. Wir geben Ihnen die Möglichkeit, den Krieg ohne Verluste zu beenden. Es liegt jetzt nur noch an der deutschen Führung, ob morgen früh viele Menschen sterben müssen oder ob alle am Leben bleiben», übertrug der Dolmetscher die letzten Sätze, die an uns gerichtet waren.

Noch einmal bat ich ums Wort. Bereits um 6.00 Uhr des 4. Mai sollte die Übergabe erfolgen. Mir erschien die Zeitspanne, die noch verblieb, zu kurz. Ich schlug deshalb eine Fristverlängerung von zwei Stunden vor.

Meiner Bitte wurde stattgegeben. Damit waren die Verhandlungen endgültig abgeschlossen. Hauptmann Winkler und ich standen auf und grüßten.

Vor der Haustür erwarteten uns die Wagen. Nach einigen Minuten waren wir wieder an der zerstörten Ziegelgrabenbrücke. Bevor die sowjetischen Soldaten uns zum Holzsteg hinabhalfen, verabschiedeten wir uns von ihnen. Dann tasteten wir uns den Steg entlang. Als wir auf dem Dänholm angekommen waren, hörten wir, wie die Bretter wieder fortgezogen wurden.

Auf mich hatte dieses erste Zusammentreffen einen nachhaltigen Eindruck gemacht. Durch das von gegenseitiger Achtung getragene Gespräch war in mir nie das Gefühl aufgekommen, als Besiegter bei einem Sieger zu sein. Welche Sicherheit ging von diesen Menschen aus, und dabei spürte man keinerlei Anmaßung.

Wir nahmen unsere Pistolen aus der Mulde und gingen

schweigend auf der Straße des Dänholm zur Brücke zurück. Jeder mußte wohl erst einmal mit seinen Gedanken fertig werden. Seit der Abfahrt vom sowjetischen Stab hatten wir noch kein Wort gesprochen.

15

Die Baumgruppen zu beiden Seiten der Straße auf dem Dänholm lichteten sich. Winkler und ich näherten uns dem beschädigten Teil der Brücke. Erst als wir über das stehengebliebene Skelett hinwegkletterten, fielen zwischen uns die ersten Worte. Die deutschen Posten wußten Bescheid, wir konnten passieren.

Jetzt kamen wir ins Gespräch. Ich äußerte mich über den einwandfreien Ablauf der Verhandlungen in Stralsund. Winkler stimmte mir zu und versuchte, sich das Erlebte umgekehrt vorzustellen.

«Nehmen Sie doch einmal an», meinte er, «an Stelle der russischen Offiziere hätten dort Breusing, Hauschulz oder Gastgeber gesessen, und wir beide wären als Vertreter der Roten Armee gekommen. Was meinen Sie, wie das ausgesehen hätte? Ein Dreck wären wir gewesen und hätten die Überlegenheit sehr deutlich zu spüren bekommen, wenn nicht noch mehr.»

Ich konnte nur beipflichten. Der Anruf durch die Soldaten aus den Stellungen am Rügendamm beendete unsere kurze Unterhaltung. Wir gingen schnell zu dem Motorrad. Erst als Rambin schon weit hinter uns lag, fielen mir die Soldaten in den Stellungen an der Küste wieder ein. Ihnen hätte man schon sagen können, daß am nächsten Morgen die Insel durch die Rote Armee besetzt würde. Aber jetzt war es zu spät. Wir bogen bereits rechts nach Frankenthal ein. Im Stab konnte alles genau besprochen werden.

Während Hauptmann Winkler ins Haus ging, schob ich mein Motorrad um das Gebäude herum in den Park, so daß es nicht jedem ins Auge fiel. Vor der Haustür standen zwei weitere Motorräder, aufgebockt und mit Zeltplanen abgedeckt.

Im Zimmer war es angenehm warm. Zwei Kerzen brannten bereits, der Hauptmann hatte sie angezündet. Ich zog meinen Kradmantel aus. Die Uhr ging auf Mitternacht. Winkler hantierte in einer dunklen Zimmerecke umher; dann drehte er sich zu mir und sagte in einem leicht vorwurfsvollen Ton: «Der neue Tag ist schon angebrochen, mein Lieber, machen Sie es sich nicht erst bequem. Die Zeit läuft. Packen Sie zusammen, was Sie brauchen, und dann geht's ab. Der Sprit wird noch für eine Fahrt reichen.»

Ich verstand ihn nicht recht und fragte: «Wieso gleich losfahren? Ist es nicht besser, erst zu überlegen und festzusetzen, wie wir alles organisieren, damit in der Frühe nichts schiefgeht?»

Er fuhr hoch. «Ich verstehe wohl nicht recht. Sie haben die Absicht hierzubleiben? Wollen Sie die Kapitulation Rügens in die Hand nehmen und garantieren? Das kann doch nicht Ihr Ernst sein.»

«Aber wir müssen es tun!» antwortete ich hastig. «Wir beide sind die einzigen auf der Insel, die wissen, daß Rügen heute früh um acht Uhr von den Russen betreten wird. Bedenken Sie, was passiert, wenn nur ein Schuß fällt!»

«Nun fangen Sie nicht wieder davon an», unterbrach er mich. «Haben Sie überlegt, was Ihnen passiert? Bei der Lage auf der Insel wollen Sie die Verantwortung übernehmen, daß an der Brücke kein Schuß fällt? Wissen Sie, ob es Ihnen überhaupt gelingt, bis dahin zu kommen? Wenn Sie unbedingt in Ihr Unglück rennen wollen, ich jedenfalls bleibe nicht. Die anderen wußten schon, warum sie türmten. Wollen Sie der einzige Dumme sein?»

Er nahm einen kleinen Rucksack auf und verließ den Raum. Die Tür fiel hinter ihm ins Schloß. Auch die Haustür hörte ich noch; dann war es still, sehr still.

Ich war allein. Die Ruhe im Zimmer machte es noch deutlicher. Was sollte ich tun? Vielleicht ging es an der Brücke auch ohne mich! Aber sämtliche Soldaten lagen noch in ihren Stellungen, und der Schießbefehl war nicht aufgehoben. Doch was kümmerte es mich? Wer würde später nach mir fragen, wer meinen Namen nennen, wenn es um die Verantwortung, um die Schuld für die Toten und das Zerstörte ging? Gewiß niemand, die Schuldigen hießen dann Hauschulz oder Schwede-Coburg und nicht Meyer. Oder doch? War die Verantwortlichkeit nur vom Dienstgrad abhängig? Ergibt sich nicht auch aus Wissen um die Dinge Verantwortung? Und ich wußte: Um acht Uhr werden die Soldaten der Roten Armee die Insel betreten. Ich wußte, daß Bomben- und Geschützziele ausgemacht waren. Das hatte der russische General gesagt. Ich wußte, was Bomben und Granaten anrichten konnten, was übrigblieb von den Soldaten in den dürftigen Stellungen, von den dicht gedrängt wohnenden Menschen in den Ortschaften, von den vielen Häusern, die wie Zunder in Flammen aufgehen würden. Und mit in meinen Händen lag es, ob in ein paar Stunden dieses Furchtbare geschehen würde oder nicht. Ich sah die russischen Offiziere vor mir, die meinem Wort vertrauten. Sollte ich sie enttäuschen? Sollte ich mich ihnen gegenüber mit einem Schwede-Coburg, mit einem Hauschulz auf die gleiche Stufe stellen? Ich durfte nicht gehen, und ich blieb.

Jetzt galt es zu überlegen und die kurze Zeit zu nutzen. Ich schob die Kerzen näher an die Karte heran. Möglichst viele mußten von der Kapitulation erfahren. Besonders die Ortschaften im Süden der Insel und an der Küste sollten Nachricht erhalten. Während die Melder des Stabes den Einheiten im Küstenstreifen, der sich gegenüber dem Festland südlich der Brücke bis zur Glewitzer Fähre hinzog, den Befehl des Rückzugs übermitteln sollten, wollte ich diese Aufgabe am Rügendamm selbst übernehmen. Das aber konnte nicht alles sein. Um Stralsund hatte ich auch die Soldaten aus den Stellungen geholt, aber das Kommando der Roten Armee nicht benachrichtigt. Hier auf der Insel würde ich mein Handeln selbst vertreten. Ich mußte am Rügendamm stehen und meine Meldung zur Kapitulation verantworten.

Das waren meine Überlegungen, und sie waren notwendig. Nur ein klarer Kopf kann richtige Entscheidungen treffen; auch diese Schlußfolgerung hatte ich vor Tagen aus der Räumung Stralsunds gezogen.

Ich trat vor die Haustür. Die Sterne funkelten. Obwohl Mitternacht vorüber war, machten sich immer noch einige in den umliegenden Gebäuden zu schaffen. Ich rief in das Dunkel hinein. Als ob er darauf gewartet hatte, kam sofort ein Soldat gelaufen. Ich befahl ihm, sämtliche Militär- und Zivilpersonen, die wach waren, zusammenzurufen. Ich hätte etwas Wichtiges mitzuteilen.

Es schien, als wäre der ganze Hof wach geblieben, so schnell war eine größere Anzahl Menschen versammelt. Einzelne konnte ich nicht erkennen, aber ich spürte, daß mich alle gespannt und erwartungsvoll ansahen, als ich zu ihnen trat. Dann sagte ich: «Generalmajor Hauschulz, der sich gestern nachmittag zu Verhandlungen über die Kapitulation Rügens nach Stralsund begeben hatte, ist nicht zum Stab zurückgekehrt. Daher sind Hauptmann

Winkler und ich noch einmal in dieser Nacht zum russischen Kommandanten hinübergefahren. Heute früh um acht Uhr betreten die Soldaten der Roten Armee die Insel. Es liegt jetzt nur an uns, ob diese Besetzung ohne Blutvergießen abgeht oder nicht. Voraussetzung dazu ist, daß kein Schuß fällt und daß sich jeder Einwohner ruhig und diszipliniert verhält. Ich werde an alle Ortschaften den Befehl geben, gegen Morgengrauen weiße Fahnen zu hissen. Alle Soldaten rücken geschlossen zum Rügendamm. Die Waffen werden in den Orten gesammelt, unter Verschluß gebracht und dem zukünftigen russischen Kommando übergeben, oder sie sind zu vernichten. Natürlich kann jeder, auch wenn er Soldat ist, in seinen Heimatort gehen.

Alles, was ich gesagt habe, gilt auch für Frankenthal. Sorgen Sie mit dafür, daß die Mitteilung vielen bekannt wird.»

Ich ließ mir keine Zeit, die Reaktion bei den Leuten abzuwarten. Sämtliche Soldaten und Unteroffiziere befahl ich zu mir und ging mit ihnen in das Haus. Schnell waren den einzelnen die Orte an der Küste zugeteilt. Alle Melder verpflichtete ich durch Handschlag. Jeder gab mir sein Ehrenwort, den Auftrag zu erfüllen.

Dann setzte ich mich ans Telefon, nahm die Karte zur Hand und hob den Hörer von der Gabel. Wieder meldete sich Bergen. Um eine möglichst große Anzahl von Ortschaften zu erreichen, bat ich um ein Kettengespräch, zuerst, um sicherzugehen, für die Orte an der Küste und dann weiter landeinwärts in Richtung Bergen. Ich wußte, daß die Telefone der Bürgermeister Tag und Nacht besetzt sein mußten. Obwohl, wie man mir sagte, die Leitungen auch in dieser Nacht sehr beansprucht waren, wurden die Verbindungen recht zügig hergestellt. Immer wieder gab ich das gleiche durch, weiße Fahnen zum Morgengrauen und den Befehl an die Soldaten.

Eine Vielzahl von Stimmen hörte ich in dieser Nacht, und jede reagierte anders. Wenn einer zu viele Fragen hatte, mußte ich abrupt abbrechen. Aber meistens waren es nur kurze Sätze, die als Antwort dienten. «Endlich hat der Krieg für uns ein Ende!» und «Nun sollen mir alle den Buckel 'runterrutschen» oder noch drastischer waren die häufigsten Meinungen. Aber ich hörte auch Äußerungen wie «Was denn, die Russen kommen doch? Und das sagt man mir erst jetzt?» Bei einigen Verschlafenen dauerte es eine Weile, bis sie begriffen hatten; doch dann waren sie hell wach.

Schnell verstrich die Zeit. Beide Kerzen waren schon fast heruntergebrannt. Die Vermittlung in Bergen arbeitete so gut, daß ich keine Ortschaften mehr anzugeben brauchte. Dann begannen sich die Konturen der dunklen Bäume am dämmrigen Himmel abzuzeichnen. Ich mußte die Gespräche beenden. Ein letztes noch, bei jeder passenden Gelegenheit sollte meine Durchsage weitergegeben werden. Das würde geschehen, war die Antwort. Ich legte den Hörer auf und stützte den Kopf in die Hände. Aber es gab kein Ausruhen, die Zeit drängte.

Es war wohl kaum damit zu rechnen, daß ich noch einmal dieses Haus betreten könnte. Ich zog mich warm an und ließ den Kradmantel zurück. Ein kleiner Rucksack nahm etwas Verpflegung und ein paar Kleinigkeiten auf. Das Motorrad fand ich noch an derselben Stelle vor, an der ich es in der Nacht abgestellt hatte. Hier traf ich das letzte Mal die Frau des Gutsbesitzers, die mich erstaunt ansah, als sie hörte, daß ich zum Rügendamm wollte. Auf dem Hof trat ein Unteroffizier auf mich zu, nahm eine besonders gute Haltung an und versicherte mir seine Achtung über mein Verhalten.

Ich fuhr los. Während der Fahrt auf dem Landweg sah ich die Umgebung nicht. Meine Gedanken suchten nach weiteren Möglichkeiten, jeden Zufall auszuschalten, der mein Vorhaben vereiteln könnte. So entschloß ich mich, einzelne Güter und Ortschaften rechts und links der Straße bis Altefähr kurz aufzusuchen und dort nach dem Rechten zu sehen.

In Samtens herrschte absolute Ruhe. Vom Gauleiter und seiner SS-Leibwache war nichts mehr zu sehen. Warum sollte ausnahmsweise er nicht das Weite oder besser ein Schiff in Saßnitz gesucht haben. Gleich hinter dem Ort traf ich auf einen größeren Trupp Soldaten, der in Richtung Altefähr marschierte, wie mir ein Feldwebel meldete. In einer Ortschaft vor Rambin bereitete sich eine stärkere Gruppe ebenfalls zum Abmarsch vor. Gerade wurde die Verpflegung verteilt. Erleichtert durch diese Beispiele, fuhr ich weiter. Aufgefallen war mir nur, daß ich keine Offiziere angetroffen hatte.

Auch in Rambin war es still, zumindest in den Häusern an der Straße. Einige weiße Fahnen wiesen darauf hin, daß die Nachricht von der Kapitulation angekommen war.

An der Panzersperre zum Rügendamm hielt ich und ging zuerst zu den Maschinengewehrgruppen an der Brücke. Diese hatten zwar bei der Ablösung gehört, daß zwei Offiziere zum Dänholm waren, aber sonst wußten sie von nichts. Ich sagte ihnen, was sich in Kürze ereignen würde. Sie machten keine Schwierigkeiten und räumten die Stellungen. Die Vorposten waren schon in der Frühe eingezogen worden. Gemeinsam gingen wir zurück. An der Böschung hinter der Weggabelung wurden die Waffen abgelegt. Nur eine Gruppe behielt Gewehre und Pistolen. Sie und ein Unteroffizier erklärten sich bereit, die Soldaten links vom Rügendamm auf den Abmarsch vorzubereiten. Die anderen blieben. Sie sollten alle von der Insel Kommenden empfangen.

Etwas Benzin war noch im Tank. Ich fuhr ein Stück landeinwärts und bog dann nach Altefähr ab.

Die Stellungen an der Küste mußten geräumt werden. So ließ ich das Motorrad vor den ersten Häusern stehen und ging an den Strand hinunter. Hier traf ich eine beachtliche Anzahl Soldaten an, die in ihren zum Teil gut ausgebauten Maschinengewehrnestern und Schützenlöchern lagen. Auch ihnen teilte ich die Kapitulation mit und gab den Befehl zum Abdrücken.

Einige Soldaten zeigten weiter nördlich und berichteten, daß von dorther schon einmal geschossen worden war. Da sie es übernahmen, alle übrigen in den Stellungen bis zum Ortseingang hin zu benachrichtigen und mit ihnen gemeinsam an die Chaussee und zur Sammelstelle zu gehen, fuhr ich ein Stück in den Ort hinein, bis die Straße wieder zum Sund hinabführte. Von hier aus suchte ich den Strand ab. Alles war leer. Lange konnten diese Stellungen aber nicht geräumt sein. Frische Spuren deuteten darauf hin, daß die Soldaten gerade erst weggelaufen waren. Vielleicht hatten sie mein Erscheinen bemerkt und wußten nicht, wie sie es deuten sollten. Endlich stieß ich auf eine Gruppe, die in die nördliche Richtung abmarschierte. Auf meinen Anruf hin hielt sie, und ein Unteroffizier lief auf mich zu. Von ihm hörte ich, daß er und seine Männer seit vier Uhr morgens auf Ablösung gewartet hatten. Dann wären zwei von ihnen nach Barnkevitz gelaufen und hätten dort von dem Befehl zum Abrücken erfahren. Jetzt wollten sie zu ihrer Einheit zurück. Durch weitere Fragen erfuhr ich von einigen Werwolfgruppen, die vor gut einer Stunde ihre Posten verlassen hätten. Ich befahl dem Unteroffizier, so lange an der Küste entlangzugehen, wie die Rügendammbrücke zu sehen war, und die Stellungen, so weit noch notwendig, zu räumen. Dann sollten sie nach Barnkevitz marschieren und mit der dort liegenden Einheit möglichst schnell zum Rügendamm kommen.

Ich ging zurück. Mein Motorrad ließ ich stehen. Ich hielt es für notwendig, den Strand bis zur Brücke abzulaufen, um ganz sicher zu sein. Nicht ein Soldat war zu sehen; von hier konnte kein Schuß mehr fallen.

Ich hatte noch genügend Zeit, um auch das Gelände links vom Rügendamm aufzusuchen. Gleich hinter dem Bahnhof führte ein schmaler Pfad zum Sund. Auf diesem kamen mir mehrere Gruppen entgegen. Sie gingen in Reihe und trugen noch ihre Waffen. Der Unteroffizier, den ich hierher geschickt hatte, war mit seinen Leuten dabei. Trotzdem wandte ich mich zur Küste. Auch hier waren die Stellungen bis zur Grahler Fähre gut ausgebaut worden. Vor einem Haus formierte sich ein Zug. Ich wollte den Abmarsch abwarten und warf noch einen Blick auf den Dänholm. Dort war weder etwas zu sehen noch zu hören. Die Insel war bestimmt schon am Tage zuvor geräumt worden, denn bereits in der Nacht hatten Hauptmann Winkler und ich nichts bemerken können. Über dem Sund torkelten einige Möwen im Morgenwind und stießen kreischend in das Wasser. Dann waren die Soldaten bereit. Mit ihnen ging ich zur Straßengabelung zurück.

Am Sammelplatz angekommen, erschrak ich doch. Über zweihundert Mann standen oder saßen am Straßenrand, eine große Anzahl Waffen lag an dem Hang, den ich zur Ablage angewiesen hatte. Maschinengewehre, Panzerfäuste, Gewehre, sogar Zielfernrohrwaffen entdeckte ich dort. Wenn nur einige von ihnen «zu Worte» gekommen wären, das hätte gereicht; die Kapitulation wäre gebrochen worden, und die sowjetischen Geschütze und Flugzeuge hätten mit ihren Bomben und Granaten geantwortet. Zum letzten Male fragte ich Offiziere und Unteroffiziere, aber alle versicherten mir, daß sämtliche Stellungen geräumt seien. Die wenigen Offiziere waren gerade erst angekommen, untere Dienstgrade. Stabsoffiziere sah ich nicht. Sie gehörten bestimmt zu den «Klügeren» und hatten mit diesem Geschehen «nichts zu tun».

Es war soweit. Noch fünfzehn Minuten bis acht Uhr. Jetzt wandte auch ich mich zur Waffensammelstelle und löste mein Koppel. Die linke Hand streifte die Pistole von dem Leder. Klatschend fiel sie mit ihrer Hülle auf den Schaft eines Gewehres. Das Seitengewehr behielt ich und schnallte das Koppel wieder fest. Es war still geworden hinter mir. Ob sie mich beobachtet hatten?

Von einigen Unteroffizieren und Feldwebeln begleitet, ging ich den Rügendamm hoch. Die Panzersperre war schon von den Soldaten zurückgeschoben worden. Beim letzten Drittel dieses Wegstückes blieben meine Begleiter stehen. Als ich die Brücke erreicht hatte, tauchten plötzlich links vor mir auf dem Eisenbahnteil, das etwas tiefer lag, zwei Rotarmisten mit Maschinenpistolen auf. Dicht hinter ihnen erschien der General, den ich von den nächtlichen Verhandlungen her kannte, mit einem Stab von Offizieren. Als diese Gruppe so frei und ohne Deckung vor mir stand, fuhr mir noch einmal ein leichter Schreck in die Glieder. Wenn nur nichts passiert, dachte ich. Aber es blieb still, kein Schuß fiel. Erleichtert trat ich vor, um zu melden. Aus der Gruppe löste sich ein jüngerer Offizier und kam auf mich zu. Er wäre sowjetischer Hauptmann, erklärte er mir in deutscher Sprache, und habe den Auftrag, meine Meldung entgegenzunehmen und zu fragen, ob der Inselkommandant anwesend sei. Aufrecht, die rechte Hand an der Mütze, standen wir uns beide gegenüber. Ich unterrichtete ihn von der Abwesenheit des Generalmajors Hauschulz und von meinen Bemühungen in den letzten Stunden. Der Hauptmann machte kehrt und meldete seinem Vorgesetzten. Gespannt verfolgte ich jede Bewegung in den Reihen der Offiziere. Der sowjetische General und seine Begleitung schienen über einiges nicht gerade erfreut zu sein. Doch dann kam der Hauptmann zurück. Im folgenden Gespräch fiel mir auf, wie gut er die deutsche Sprache meisterte.

«Wir hatten immer noch gehofft», begann er, «daß Ihr General anwesend sein würde. Sie müssen verstehen, wir können nicht glauben, daß ein Offizier seine Soldaten im Stich lassen kann und außerdem einen unterschriebenen Vertrag bricht. Ihnen soll ich sagen, daß Sie durch ihr Verhalten uns und Ihren Menschen eine große Hilfe erwiesen haben. Ich habe den Befehl erhalten, mit Ihnen gemeinsam Ihre Maßnahmen zu überprüfen. Wir können gehen.»

Mit zwei sowjetischen Soldaten schritten wir den Damm hinunter. Jetzt erst entdeckte ich einen zweiten Hauptmann der Roten Armee, der sich bemühte, möglichst viel von dem Geschehen mit einer Filmkamera einzufangen.

An der Weggabelung waren unsere Soldaten angetreten. Nach der Meldung wies ich auf die abgelegten Waffen. Dann kamen mehrere Gruppen von Rotarmisten anmarschiert. Während ungefähr zwanzig Mann den Weg nach Altefähr einschlugen, zog eine größere Abteilung in Richtung Poseritz ab und war schnell hinter der Bahnüberführung verschwunden. Eine Gruppe blieb bei den Waffen und den Soldaten. Jetzt wandte sich der sowjetische Offizier wieder an mich. Von den beiden Schützen und dem Kameramann begleitet, gingen wir auf die Straße, die nach Rambin führte. Nach einigen Schritten sahen wir, wie wenige hundert Meter weiter ein großer Trupp deutscher Soldaten in guter Formation uns entgegenkam. Die Männer waren ohne Waffen und trugen eine weiße Fahne mit sich. Als einer von ihnen melden wollte, wurde abgewinkt. Vielleicht war es der Trupp, den ich schon in der Frühe gesehen hatte.

Natürlich merkte der sowjetische Hauptmann bald, daß meine ihm gemeldeten Maßnahmen wirksam geworden waren. Wir hatten bisher keinen Schuß gehört, und die deutschen Soldaten bewegten sich diszipliniert auf den Straßen. Wahrscheinlich trug diese Tatsache dazu bei, daß wir alle gesprächiger wurden. Der Hauptmann konnte sich nicht über das unwürdige Verhalten von Hauschulz beruhigen.

«Ein Soldat darf seine Kameraden nicht im Stich lassen und ein Offizier seine ihm anvertrauten Soldaten schon gar nicht», sagte er mit ziemlichem Nachdruck.

Die Worte des sowjetischen Offiziers verfehlten nicht ihre Wirkung, aber einen viel stärkeren Eindruck machte seine Persönlichkeit auf mich. Da ging er neben mir, ein Sieger, aber ich hatte wieder nicht das Gefühl, ein Besiegter zu sein. Er war stolz, aber ich fühlte mich nicht gedemütigt. Unsere Unterhaltung war zwanglos, nicht einmal das Lachen unterblieb, wenn auch im wesentlichen ernste Worte gewechselt wurden. Niemals sagte er «ich», sondern immer «wir». Sein Volk, die Rote Armee, mit allem schien er eins zu sein. Sie waren der Quell seiner Zuversicht und seines Glaubens an den Sieg gewesen. Das alles spürte ich recht deutlich, wenn ich auch manches nicht verstand oder noch nicht verstehen konnte. Hatten die Verhandlungen in der letzten Nacht schon wesentlich dazu beigetragen, das von Goebbels eingehämmerte Bild des «russischen Untermenschen» verblassen zu lassen, so wurde diese Begegnung zum Schlußstrich unter alle Greuelmärchen. Das Zusammentreffen mit diesem prachtvollen Menschen, dem Hauptmann der Roten Armee Alexander Iljitsch Zyganow, sollte für mein späteres Leben ein bestimmender Faktor werden.

Die Straße wurde zu einer Art Hohlweg. Von links liefen mehrere Polinnen auf uns zu, die ihre Befreier erkannten und sie stürmisch begrüßten. Auch der sowjetische Hauptmann blieb nicht verschont. Leider konnte der Kameramann sein Gerät nicht schnell genug in Stellung bringen. Auf seine Bitte hin wurde diese Szene zur Freude aller wiederholt. Hauptmann Samuel Abromowitsch Davidson war vom Stab der 2. Belorussischen Front abkommandiert, um die Ereignisse um Rügen auf den Film zu bannen.

Jeder Schritt brachte uns weiter landeinwärts. Die Böschungen wurden niedriger, und das flache Land breitete sich zu beiden Seiten aus. Ein sowjetischer Soldat der Spitzengruppe hielt an. Er deutete nach rechts ins Gelände. Dort lag eine Gruppe deutscher Soldaten etwas abseits der Straße unschlüssig im trockenen Gras. Ich ging sofort zu ihnen, um den Grund ihres Verhaltens festzustellen. Sie wußten von der Kapitulation. In der Nacht hatte ihr Zugführer es ihnen mitgeteilt; aber am Morgen waren alle Offiziere verschwunden. Nun lagen sie allein in ihren Unterkünften. Doch dann hatten sie sich entschlossen abzurücken. Hier wollten sie beobachten, wie sich der Einmarsch der Russen entwickeln würde. So berichtete mir ein Obergefreiter. Alle hatten ihre Waffen bei sich.

Ich ließ den Trupp antreten. Es waren mehr Männer, als es zuerst den Anschein hatte. Sie legten ihre Waffen in den Graben an der Straße und zogen diszipliniert zum Rügendamm hinunter. Die Rotarmisten deckten die Gewehre und Pistolen mit Heuresten zu.

Wir setzten den Erkundungsmarsch fort. Hauptmann Zyganow fragte nach den Örtlichkeiten und den militärischen Anlagen auf der Insel. Für den Raum südlich Bergen könnte es kaum Schwierigkeiten geben, antwortete ich, mit Schwede-Coburg sei auch seine gesamte SS-Truppe aus Samtens abgerückt. Ich warnte vor dem Übergang bei Lietzow und den Stellungen vor Saßnitz. Wenn dort auch kaum mit einem Widerstand durch die Soldaten zu rechnen wäre, so könnten die angelegten Sperren doch Überraschungen bringen.

Wieder näherten wir uns einem Landweg, der von rechts einmündete. Hier stand direkt an der Chaussee ein mittelgroßer kräftiger Mann in einem grünen Jagdanzug. Seine gut geputzten Stiefel glänzten im Sonnenlicht. Als wir herankamen, zog er seinen Hut, verbeugte sich und wollte «die Herren zum Frühstück einladen». Hauptmann Zyganow lehnte mit dem Hinweis ab, daß er nichts von ihm brauche. Der andere glaubte, nicht recht verstanden zu haben, und sah mich ermunternd an. Da ich ihn auch abwies, trat er an Hauptmann Zyganow heran und erklärte, daß die ausländischen Arbeitskräfte unbedingt auf dem Gut bleiben müßten, wer solle sonst die Felder bestellen. Der Herr Offizier möchte doch das Nötige veranlassen, denn seit dem Morgen dieses Tages wäre keiner mehr zur Arbeit angetreten.

Im ersten Augenblick glaubte ich, der Mann sei von Sinnen. Ich blickte gespannt auf meinen Begleiter, dessen Gesicht sehr ernst geworden war. In ihm arbeitete es. Sah er seine Landsleute vor sich, die aus ihrer Heimat in die Fabriken und auf die Güter geschleppt worden waren, um dort als «Ostarbeiter» schwer zu schuften? Er dachte bestimmt an sie, aber er zwang den aufsteigenden Widerwillen nieder. Wortlos wandte er sich von dem Unverschämten ab, dem man vom Gesicht ablesen konnte, daß er immer noch nicht begriffen hatte. Wieder stieg in mir ein Schamgefühl auf. Ich folgte den sowjetischen Soldaten.

Inzwischen waren wir schon auf der Straße, die geradewegs nach Rambin führte. Beide Offiziere ließen sich nichts anmerken. Ich weiß nicht einmal, ob die Kamera auch diese unerfreuliche Begegnung eingefangen hatte. Hauptmann Zyganow sprach weiterhin freundlich mit mir, und ich war froh, daß er mich nicht mit diesem «Herrn» auf eine Stufe stellte.

Schon bald erwartete uns eine neue Begegnung. An der linken Seite der Straße stand ein scheunenartiges Gebäude. Als wir uns näherten, kamen aus dem Tor sowjetische Bürgerinnen heraus. Die beiden Offiziere gingen sofort auf sie zu. Verständlich war die Freude der Mädchen, als sie in ihnen ihre Landsleute und Befreier erkannten. Nur kurz konnte die Begrüßung sein. Hauptmann Zyganow beruhigte die Mädchen und forderte sie auf zu bleiben, bis die Besetzung der Insel vollzogen würde.

In Rambin macht die Straße eine sanfte Rechtsbiegung. Hier stand eine größere Anzahl Einwohner vor einer Fleischerei. Als die Wartenden die sowjetischen Soldaten, die Hauptleute und mich sahen, nahmen alle die Hände hoch, ja, einige verschwanden schnell um die nächste Ecke. Doch bald sank eine Hand nach der anderen wieder herab, und mancher der Geflüchteten kehrte zurück. Die sowjetischen Soldaten hatten ihre Waffen nicht in Anschlag gebracht. Sie setzten sich auf die in der Nähe liegenden Steine oder Baumstümpfe und begannen in aller Ruhe zu rauchen. Während die Kamera surrte, ging Hauptmann Zyganow auf die Menschen zu. «Warum haltet ihr die Hände hoch, warum habt ihr Angst? Seht euch doch um, sind unsere Waffen gegen euch gerichtet? Der Krieg ist zu Ende, für euch und für uns.»

Die freundlichen und zuversichtlichen Worte des sowjetischen Offiziers vertrieben die Furcht, und immer mehr Menschen kamen heran. Jeder wollte den Mann sehen, der ihre Sprache so gut beherrschte und ganz anders aussah, als man es ihnen jahrelang eingetrichtert hatte. Sie hörten keine Vorwürfe, keine Schmähungen, und die Soldaten, die rauchend dasaßen, machten nicht den Eindruck, als wollten sie alle Einwohner nach Sibirien abtransportieren.

Bald schien ganz Rambin auf den Beinen zu sein. Hauptmann Zyganow spürte, daß noch einiges gesagt werden mußte. Er suchte sich eine Stelle, die etwas höher lag. Alles scharte sich um ihn, niemand wollte sich ein Wort entgehen lassen. Zu Beginn seiner Ansprache zeigte er auf mich.

«Dieser deutsche Offizier hat mitgeholfen, daß es zu keinem Kampf um die Insel Rügen gekommen ist. Wenn ihr mithelft, braucht es kein weiteres Blutvergießen zu geben. Wir kämpften nicht gegen euch, sondern gegen die Faschisten, die auch eure Feinde sind. Diese werden wir aus ganz Deutschland vertreiben. Stalin sagt, die Hitler kommen und gehen, aber das deutsche Volk, der deutsche Staat, sie bleiben bestehen, und so wird es auch sein. Ihr könnt jetzt in Frieden arbeiten; die Zukunft liegt in euren Händen. Und wenn ihr wollt, dann können wir gemeinsam ein Leben aufbauen, das frei ist von Not und Krieg, ohne diejenigen, die euch und uns diesen Kampf aufgezwungen haben und auf Kosten anderer leben wollten.»

Was waren wahrhaftig prophetische Worte, wenn sie auch den meisten noch nicht bewußt wurden. Der Krieg war aus, die Waffen schwiegen, alle konnten wieder in Ruhe ihrer Arbeit nachgehen, das war erst einmal das wichtigste, und das hatte ihnen dieser Offizier bestätigt. Beifall erklang, und er war echt, wie die Worte es waren, die sie gehört hatten. Manch Gläschen wurde dem Hauptmann angeboten, aber er lehnte ab.

Mit innerlicher Anteilnahme war ich seinen Worten gefolgt. Er wußte bestimmt um die Gedanken dieser Menschen. Die Einwohner bestürmten ihn mit Fragen, ungezwungen und ohne Scheu traten sie an ihn heran. Geduldig antwortete er.

Währenddessen wurde ich von einem Einwohner angesprochen. Da ich aber kein Wort des sowjetischen Offiziers versäumen wollte, hatte ich kaum auf den Fragenden geachtet. Es war der Lehrer des Ortes, Walter Klöhn, gewesen, der darauf in seine Schule zurückging und das Erlebte in der Chronik festhielt.

Hauptmann Zyganow war inzwischen von so vielen Leuten umgeben, daß man ihn kaum noch sehen konnte. Erst als ein langer Zug deutscher Soldaten durch den Ort kam, traten alle an den Rand der Straße. Es war still geworden. Auch die Rotarmisten waren aufgestanden, aber sie ließen die Kolonne ohne Aufenthalt weiterziehen. Wir nutzten diese Gelegenheit, um unseren Gang durch Rambin fortzusetzen.

Noch war der Ortsausgang nicht erreicht, als wir rechts einen Weg bemerkten, der zum Bahnhof führte. Ich schlug vor, von hier aus Verbindung zu den anderen Ortschaften, die an der Bahnlinie lagen, aufzunehmen. Der Vorsteher hatte unser Kommen bemerkt und empfing uns an der Tür des Hauptgebäudes. Bereitwillig verband er mich mit den weiteren Bahnhöfen bis Bergen. Als sich die erste Stimme eines Bahnhofsvorstehers meldete, übergab ich Hauptmann Zyganow den Hörer.

«Hier spricht ein russischer Hauptmann», schallte es in die Muschel, «wie sieht es bei Ihnen aus?»

Bei jeder neuen Verbindung sagte er das gleiche. Die Antworten schienen mal kürzer, mal länger auszufallen. Aber immer nickte er, und das strahlende Gesicht sagte mehr aus, als Worte es vermochten.

Die sowjetischen Soldaten hatten an der Chaussee auf unsere Rückkehr gewartet. Zyganow blieb stehen, zog ein Blatt Papier aus seiner Kartentasche und schrieb etwas. Dann wandte er sich mir zu. «Sie haben recht gehandelt und uns und den Menschen auf der Insel sehr geholfen. Das hier ist ein Dokument für Sie. Es bestätigt Ihre Tat, und Sie können sich frei bewegen. Wir danken Ihnen. Auf Wiedersehen!»

Ich wußte in diesem Augenblick nicht, was ich hätte sagen sollen, und nahm das Papier, auf dem mir ein größeres Siegel besonders auffiel, in Empfang. Bei dem Wort «Auf Wiedersehen» reichte er mir die Hand. Wir sahen uns offen an, und mit festem Händedruck trennten wir uns. Er und ich ahnten bestimmt nicht, daß das Abschiedswort einmal unter anderen Umständen Wirklichkeit werden würde.

Während die sowjetischen Soldaten noch den Dorfausgang in Augenschein nehmen wollten, ging ich in den Ort zurück. Meine Schritte waren langsam geworden, jetzt hatte ich Zeit.

Ich merkte, wie die Spannung wich, unter der ich in den letzten Stunden gestanden hatte. Die Müdigkeit, die bisher verdrängt worden war, bemächtigte sich jetzt meiner. Mitten im Ort stand ein großes Haus, vor dem ich stehen blieb. Eine Gruppe von Frauen hatte mich wohl beobachtet. Einige von ihnen kamen auf mich zu. «Sie sind doch der Offizier, der eben mit den Russen gekommen ist. Kommen Sie mit ins Haus. Essen Sie etwas, und dann schlafen Sie sich erst einmal richtig aus.»

Ich folgte ihnen ins Gebäude. Im ersten Stockwerk brachten sie mich in ein kleines Zimmer, und bald standen Brot und gekochte Eier vor mir. Nach dem Essen schlief ich sofort ein.

16

Die Frauen mußten es mehrmals wiederholen, erst dann glaubte ich ihnen. Nicht nur den Nachmittag des 4. Mai, sondern auch die folgende Nacht hatte ich durchgeschlafen. Es war schon taghell in dem Zimmer, das mich so gastlich aufgenommen hatte. Ich mußte lächeln, als mich im Spiegel ein schon recht bärtiges Gesicht ansah. Ich wusch mich gründlich und rasierte den Bart ab.

Auf der Straße herrschte reger Verkehr. Die sowjetischen Truppen besetzten weiterhin die Insel. Eine Kraftwagenkolonne nach der anderen fuhr vorüber, und auch viele Gruppen von Rotarmisten zogen in Richtung Samtens. Angezogen wie am Morgen der Kapitulation, ging ich los, um möglichst schnell den Rügendamm zu erreichen. Auf der Insel wollte ich nicht bleiben, sondern versuchen, nach Stralsund zu kommen. Im dortigen Lazarett war ich nach meiner ersten Verwundung in Behandlung und anschließend im Ersatzbataillon gewesen. An mich zu denken, dazu hatte ich noch keine Zeit gehabt, und auch im Augenblick machte ich mir keine Gedanken, was aus mir werden sollte.

Solange ich auf der Straße war, kümmerte sich niemand um mich. Ein gutes Stück außerhalb Rambins wollte ich den Weg abkürzen und ging auf dem Schienenstrang entlang, dessen Bogen einige hundert Meter einsparte.

Bald erreichte ich ein Bahnwärterhaus, in dessen Nähe ein Landweg die Schienen kreuzte. Mein Kommen hatte die Aufmerksamkeit einer Gruppe Rotarmisten erweckt. Einer von ihnen kam auf mich zu und öffnete vorsichtshalber die Pistolentasche. Als ich nahe genug heran war, blieb ich stehen und legte meine rechte Hand an die Mütze. Wohl unwillkürlich erwiderte er meinen Gruß. Dann gab ich ihm mein «Dokument», das er aufmerksam durchlas. Auch seine Kameraden waren neugierig geworden. Jetzt erhellte sich sein Gesicht. Ich verstand kein Wort von dem, was er und die anderen mir sagten, aber es konnte nichts Schlechtes gewesen sein. Dieses Mal grüßte er sogar zuerst, und ich durfte weiterziehen. Nach einigen Schritten sah ich mich noch einmal um. Für sie war der Krieg endgültig aus, und ihre gute Stimmung war verständlich.

An der Rügendammbrücke zweifelte ich wohl mit Recht, bei dem starken Verkehr nach Stralsund gelangen zu können. Unschlüssig stand ich da und überlegte, als mich jemand anrief.

«Hallo, Oberleutnant, wohin wollen Sie?» Als ich in Richtung Stralsund wies, rief er mir zu: «Dahin will ich auch! Warten Sie, ich komme gleich! Wir können zusammen gehen, sonst kommen Sie nicht hinüber.»

Ich freute mich, als ich den Kameramann wiedererkannte. Plaudernd gingen wir nebeneinander her. Mir war es nahezu schon nichts Besonderes mehr, mit sowjetischen Offizieren zusammen zu sein. Wir lachten recht ausgiebig über meinen langen Schlaf und waren schnell auf dem Festland. Am Frankendamm hatte er sein Quartier. Die Wohnung gehörte einem älteren Ehepaar, das mir versicherte, er sei ein feiner Mensch und versorge sie gut.

Er lud mich zum Essen ein. Wir aßen gemeinsam Suppe und Brot. Nach der Mahlzeit holte er ein Heft, nahm eine Seite heraus und schrieb sie voll. Mit Schwung setzte er seine Unterschrift auf den Bogen und gab mir dieses Schriftstück.

«Hier, nehmen Sie, da steht alles drauf, was Sie getan haben. Wie gut, daß Sie an der Brücke standen. Es wäre sonst böse ausgegangen. Und jetzt gehen wir zur Kommandantur.»

In der Straße zum Diebsteig betraten wir ein mittelgroßes

Haus. Er bat mich, in einem Zimmer Platz zu nehmen und zu warten. Bald erschien er wieder und verabschiedete sich sehr herzlich von mir. Gleich hinter ihm war ein Major eingetreten, der mich nach der Begrüßung und Vorstellung ans Fenster führte.

Auf der Straße stand eine große Anzahl von Stralsunder Männern. Auf sie wies der Offizier. «Mit diesem Kommando rücken Sie sofort zur zerstörten Brücke. Dort bauen unsere Pioniere an einem Ersatzübergang. Diese Leute sollen dabei helfen.»

Dann ging er mit mir hinaus und sagte den Wartenden das gleiche. Ich ließ die Schar antreten. Nach einer kurzen Wegstrecke waren wir an Ort und Stelle. Viele Bretter und Balken lagen dort gestapelt. Ein Dolmetscher erläuterte mir, wohin dieses Material gebracht werden sollte. Er zeigte dabei auf einen sowjetischen Oberst, der das Kommando führte.

Natürlich packte ich mit an. Gemeinsam schleppten wir das Holz an den angegebenen Platz. Die sowjetischen Pioniere konnten ihren Auftrag schneller erfüllen. Einer von ihnen sprach mich an und fragte, ob ich etwa die Brücke hätte sprengen lassen. Mit ruhigem Gewissen konnte ich hier mit «Nein» antworten. Er hatte recht, diese Arbeit wäre nicht nötig gewesen, denn «Hitler auch ohne Brücke kaput» war seine Meinung.

Gerade hatte ich mit einigen anderen wieder einen Balken auf der Schulter, da stieß mich mein Hintermann an und deutete dabei zur Seite. «Der russische Offizier zeigt immerzu hierher, ich glaube, der meint Sie.»

Wirklich, der Oberst winkte mich zu sich. Ich meldete mich bei ihm. Da ich seine Frage, ob ich Offizier sei, bejahte, gab er mir die Anweisung, daß ich nicht mitarbeiten sollte. Ich hätte dafür zu sorgen, daß alles ordnungsgemäß abliefe.

Der Bau der Behelfsbrücke ging zügig voran, und es wurde Abend. Die Männer des Kommandos baten mich, wegen der Sperrstunde doch möglichst einen nicht zu späten Arbeitsschluß zu erwirken. Ich ging zum Oberst und trug ihm die Bitte vor, alle noch vor dem Dunkelwerden zu entlassen, damit jeder seine Wohnung früh genug erreichen konnte. Dem wurde stattgegeben, aber am nächsten Morgen sollte weitergearbeitet werden. Wir marschierten zur Kommandantur zurück. Hier meldete ich dem Major die Erledigung des Auftrags und entließ die Männer.

Später stellte ich mich zu einer größeren Anzahl deutscher Soldaten, unter denen sich auch einige Offiziere befanden. Auf das

Kommando mehrerer Rotarmisten formierten wir uns und marschierten ab. Damit begann auch mein Weg in die Gefangenschaft, den alle deutschen Soldaten gehen mußten, und warum sollte ich eine Ausnahme machen.

Für mich war damals mit dem Abmarsch aus Stralsund alles Erlebte und auch das, was ich getan hatte, abgeschlossen. Das Ziel meiner Überlegungen hatte ich mit Hilfe vieler besonnener Menschen, besonders durch die Unterstützung und das Entgegenkommen der Roten Armee, erreichen können. Es mag seltsam klingen, aber ich zog in jenen Tagen keine Schlußfolgerungen aus meinem Handeln, auch nicht aus dem, was in den letzten Stunden geschehen war. Ich besaß nicht die Fähigkeit, größere Zusammenhänge zu erkennen. Damals war ich zufrieden, daß der Krieg zu Ende und es auf Rügen zu keinem Blutvergießen gekommen war. Was weiter aus mir werden sollte, wußte ich nicht, vielleicht ging ich auch deshalb in Gefangenschaft.

17

Zwei Tage dauerte es, bis Rügen besetzt war. Am 5. Mai marschierten die Rotarmisten ohne Schußwechsel in Saßnitz ein. Erst nachdem es um keinen Ort, um keine Landenge ein Gefecht gegeben hatte, konnte man endgültig sagen, die grüne Insel wurde von jeder Kampfhandlung verschont, für sie ging der Krieg ohne Verluste zu Ende.

Der kampflose Einmarsch der sowjetischen Truppen über den Rügendamm hatte dafür die Voraussetzung gebildet. Doch damit war die Gefahr, daß es während des Vormarsches zu Zwischenfällen kommen konnte, nicht restlos gebannt. Die Insel war groß, auf ihrem Territorium lagen viele Städte und Dörfer.

Gewiß, die Benachrichtigung der Ortschaften, besonders im südlichen Teil, hatte geklappt. Weiße Fahnen an den Häusern, das ruhige Verhalten der Bevölkerung und der disziplinierte Abmarsch der deutschen Soldaten aus diesem Raum zeigten es deutlich. Auch als die Rote Armee auf Rügen festen Fuß gefaßt hatte, war die Nachricht vom kampflosen Vordringen der sowjetischen

Soldaten ein weiterer Anlaß, die letzten Schießwütigen zur Vernunft zu bringen und in manchem den Mut zu stärken, den wenigen Unbelehrbaren ihr Handwerk zu legen. In einigen Orten und Gegenden der Insel gab es noch herumstrolchende Gruppen von bewaffneten Hitlerjungen, einige SS-Soldaten, die bei der Flucht den Anschluß verpaßt hatten, und nicht zuletzt Anlagen wie Minenfelder und Sperren. Frauen und Männer verhüteten noch mancherlei Unheil. Nicht immer war es aber möglich, Morde an aufrechten Antifaschisten zu verhindern.

Nachdem Generalmajor Ljastschenko am 4. Mai um acht Uhr die Kapitulationsmeldung am Rügendamm entgegengenommen hatte, begannen wenig später Rotarmisten von Stahlbrode aus zur Insel überzusetzen. Der Bauer Rudolf Kotke hatte seinen Hof in Glewitz trotz Aufforderung durch die Wehrmacht nicht verlassen. Auch in Zudar, einem kleinen Ort etwas landeinwärts, in dem der Kompaniechef der Küstenbesatzung seine Befehlsstelle hatte, war der Befehl aus Frankenthal zur Räumung eingetroffen. So waren gegen zwei Uhr nachts die Soldaten aus Glewitz ebenfalls abgezogen. Jetzt fühlte sich Rudolf Kotke als Vorposten, aber nicht um zu schießen, sondern um den Kampf zu verhindern. Die sowjetischen Soldaten näherten sich der Küste. Er ging an den Strand und entfaltete eine weiße Fahne. Kaum war der erste Rotarmist an Land gesprungen, warnte der Bauer vor den Minen, die etwas weiter im Gelände verlegt worden waren. Sofort wurden Schilder aufgestellt, und die Insel konnte auch von dieser Stelle her ohne Zwischenfälle besetzt werden.

Altefähr war geräumt worden. Die Einwohner hatten in den landeinwärts gelegenen Orten Unterschlupf gefunden. In der Nacht zum 4. Mai wurde auch in diesen Gemeinden die Nachricht von der Kapitulation bekannt. Daraufhin begaben sich Willi Vierck und einige andere sofort in das Dorf an der Küste zurück, und Vierck hißte mit Beginn der Besetzung der Insel die weiße Fahne auf dem Kirchturm.

An der Anlegestelle nahe der Rügendammbrücke befanden sich noch seit dem 2. Mai der Ruderer Karl Schultz und seine Begleiter, die die Parlamentärgruppe des Pfarrers Radek zur Insel gebracht hatten. Sie waren gefesselt worden und mußten zwei Tage und Nächte in ihrem Kutter zubringen. Von den Posten wurden sie übel beschimpft.

Die Ungewißheit über das Schicksal der Parlamentäre und die

Behandlung ließen den Verdacht aufkommen, daß sie noch Schlimmeres erwartete.

Im Morgendämmern des 4. Mai traten zwei Soldaten an das Boot und forderten sie auf, an Land zu gehen. Sie sahen nicht gerade vertrauenerweckend aus. Da die Soldaten sie wiederum beschimpften und vor sich herstießen, ahnten die Stralsunder, was ihnen bevorstand. Weit nach Altefähr hinein wurden sie von den beiden geschleppt. Sie mußten wieder warten. Dann stellten die Verbrecher die drei an die Wand, gingen einige Schritte zurück und luden die Gewehre durch. Plötzlich lief eine Frau zwischen die Ruderer und die Soldaten und beschwor diese, nicht den Tod Unschuldiger auf sich zu laden. Ungehalten über diese «Störung», ergriffen die beiden die Frau und fesselten sie mit Karl Schultz aneinander. Während einer der Soldaten zurückging, zögerte der andere. Ihm schienen Bedenken gekommen zu sein. Sollten andere über das Schicksal der Ruderer entscheiden. Dadurch wurde die Ausführung des Verbrechens verhindert, als sich die Nachricht von dem Anrücken einer sowjetischen Schützengruppe verbreitete. Hals über Kopf flohen die Verbrecher, die Angst vor der Vergeltung im Nacken. Rotarmisten banden die Frau und Karl Schultz los. Willi Vierck kam mit mehreren Einwohnern dazu, und sie nahmen sich der Befreiten an, die erst nach einiger Zeit wieder auflebten. Jetzt konnten Karl Schultz und seine Begleiter endlich nach Stralsund zurückkehren. Vom Pfarrer Radek hatten sie noch nichts erfahren, so mußten sie die Rückfahrt allein antreten.

Die Parlamentärgruppe, zuletzt in Dwasieden bei Saßnitz festgehalten, war erst am Morgen des 4. Mai freigelassen worden. Mit einem Auto kamen sie bis Lietzow zurück. Hier wurden sie angehalten und mußten den Wagen einer Gruppe bewaffneter Hitlerjungen überlassen. Gegen Mittag erreichten sie zu Fuß Bergen, wo sie etwas später auf sowjetische Soldaten trafen. Endlich konnten auch sie aufatmen. Ein sowjetischer Offizier brachte sie nach Stralsund zurück. Pfarrer Radek wurde später von unserer Regierung für seine selbstlose Tat mit dem Vaterländischen Verdienstorden in Silber ausgezeichnet.

In Garz wohnte der Seilermeister Sponholz in einem Hause, das sehr hoch lag. Aus diesem Grunde sollte er als erster die weiße Fahne hissen; so war es unter einigen Männern des Ortes abgesprochen worden, um jede Kampfhandlung zu vermeiden.

Als am 1. Mai Stralsund besetzt wurde, ging in Garz das Gerücht um, daß die sowjetischen Truppen noch am selben Tag nach Rügen übersetzen wollten. Sofort hißte Sponholz die weiße Fahne. Schwede-Coburg aber hatte gerade in dieser Zeit der SS befohlen, alle Versuche, den Kampf einzustellen, zu unterdrücken. Eine Gruppe dieser Schergen kam auch nach Garz. Sie erblickten die weiße Fahne und wollten sie herunterreißen. Sponholz verweigerte ihnen den Zutritt. Das genügte den Handlangern Coburgs, um diesen Mann, dem das Leben seiner Mitbürger am Herzen lag, in seiner Haustür zu erschießen.

Mit Abscheu, aber auch mit Genugtuung erlebten dann die Einwohner, wie der Nazigauleiter von Plüggentin am 3. Mai nachmittags mit einem großen Troß von Autos flüchtete. Ein paar zurückgebliebene Soldaten wurden schnell zur Vernunft gebracht, und auch dieser Ort konnte am 4. Mai kampflos besetzt werden.

Am selben Tag rückten die sowjetischen Truppen ebenfalls ohne Kampf in Bergen ein. Das Fernsprechamt wurde als eines der ersten Gebäude besetzt. Der Leiter dieser Dienststelle, Ernst Schwabe, der bereits in der Nacht trotz des strengen Verbots unser Gespräch von Frankenthal zum sowjetischen Stab nach Stralsund vermittelt hatte und sich auch noch an die Anmeldung des Kettengesprächs zur Benachrichtigung der einzelnen Ortschaften erinnert, berichtet unter anderem.

«Am Frühnachmittag des vierten Mai erschien auf einem Krad ein sowjetischer Sergeant, der von mir die Möglichkeit weiterer Fernsprechverbindungen auf der Insel erfragte und dem ich die gesamte technische Einrichtung des Fernsprechamtes übergab, da das Weiterbestehen des Amtes für die Arbeit am neuen Leben von entscheidendem Wert war. An diesem Tage arbeiteten noch sämtliche Vermittlungs- und technischen Kräfte an ihren Plätzen, weitere Verbindungen wurden auch auf dem zivilen Sektor im Interesse unserer Bevölkerung hergestellt. Abends erschien ein Major der sowjetischen Armee, den ich ebenfalls in die technischen Einzelheiten einwies.

Bis zum achten Mai 1945 konnte ich weiter Dienst tun, dann war meine Aufgabe beendet.»

Wenige Tage vor dem Einmarsch der Roten Armee jedoch hatten Faschisten einen Soldaten verhaftet, der sich ohne Papiere in Bergen aufhielt. Die Nazikreisleitung ließ diesen Mann auf dem Markt öffentlich erhängen und zwang die Bevölkerung, diesem grausigen Schauspiel beizuwohnen, um Angst und Schrecken unter den Menschen zu steigern.

Hitlerjungen, die als Werwölfe dem Schwede-Coburg gedient hatten, kamen beim Rückzug durch Bergen und verschleppten den Arbeiter Emil Clemens. Dieser war offen gegen die sinnlose Verteidigung der Stadt aufgetreten. Auf dem Wege nach Binz wurde er den verhetzten Jugendlichen lästig. Unter Beschimpfungen ließen sie ihn bei Kaiseritz ins Gelände laufen und ermordeten ihn hinterrücks.

Auch in den bekannten Badeorten von Binz bis Göhren wandten sich aufrechte Patrioten gegen die Vernichtungsbefehle. In Sellin war befohlen worden, sämtliche Lebensmittelgeschäfte zu sprengen, auch Wehrmachtlager waren einbezogen. Der Ortsgruppenleiter der Nazipartei hatte schon die nötigen Vorkehrungen getroffen, als zwei Bürger, Otto Kempe und Otto Wallis, die Initiative ergriffen, um das Zerstörungswerk zu verhindern. Da ihr persönlicher Einsatz nicht ausreichte, nahm Kempe Verbindung mit seinem Sohn Fritz auf, der in der Seefahrtsschule der Luftwaffe in Lobbe Soldat war und hier in einer antifaschistischen Zelle mitarbeitete. Das Kommando der Schule führte ein Oberst von Beselwitz, der bei einigen Entscheidungen gezeigt hatte, daß er nicht ohne weiteres gewillt war, sinnlosen Befehlen Folge zu leisten. An diesen Offizier wandte sich Fritz Kempe. Der Oberst verweigerte in seinem eigenen Befehlsbereich die Sprengungen und stellte ein Kommando zusammen, das den Ortsgruppenleiter in Sellin zur Vernunft bringen sollte. Jetzt erst zog dieser seine Weisung zurück.

Otto Kempe, Otto Wallis und weitere beherzte Männer setzten dann auch die Entwaffnung der Hitlerjungen und einer SS-Gruppe mit Hilfe eines gefälschten Befehls durch. Die Fischer des Ortes ließen die Maschinengewehre und Gewehre verschwinden. Um völlig sicher zu sein, ging Otto Kempe den sowjetischen Truppen entgegen. Gemeinsam mit Otto Wallis und einigen anderen Antifaschisten übernahmen diese Männer die Leitung des Ortes.

Die letzten Tage in Frankenthal, dem Sitz des Stabes des Inselkommandanten Hauschulz, hat der ehemalige Gutsschmied Wilhelm Schultz miterlebt. Aufmerksam beobachtete er alles, was vorging. Er war auch mit dabei, als in der Nacht zum 4. Mai die Kapitulation bekanntgegeben wurde. Als sich dann am Morgen die letzten Soldaten mit einem Fuhrwerk zum Rügendamm in Marsch gesetzt hatten, hißte er die weiße Flagge, brachte die restlichen Waffen in einen Kellerraum und schloß diesen ab. Am Nachmittag erschienen die ersten sowjetischen Soldaten im Dorf und setzten Wilhelm Schultz als Verwalter ein. Später war er aktiv an der Bodenreform beteiligt und ist heute Mitglied einer Produktionsgenossenschaft in Neu Lüdershagen.

Der Jasmund, jener Teil der Insel Rügen, auf dem auch Saßnitz liegt, war gerade in den letzten Tagen des Krieges von großem Interesse. Gut ausgebaut, sollte dieses «Bollwerk» die letzte Dekkung sein, hinter der sich höhere Militärs und Nazis über See absetzen wollten. Der Ort Lietzow mit seiner Landenge erschien zum Aufhalten des sowjetischen Vormarsches besonders geeignet. Vom Festungsbaustab Saßnitz waren zwanzig Mann hierhergeschickt worden, die die Bevölkerung und ausländische Arbeiter zwangen, drei Panzersperren zu errichten und Stellungen auszuheben. Die Brücken wurden zur Sprengung vorbereitet, und das Gelände einschließlich der Straße auf der Gegenseite von Lietzow wurde gerade dort, wo die Landenge beginnt, vermint. Ende April kam noch eine Kampfgruppe in Stärke einer Kompanie in den Ort. Bürgermeister von Lietzow war damals Otto Predel. Dieser berichtete mir: «Als am zweiten Mai die zwanzig Mann des Festungsstabes abgezogen waren, schickte ich die zur Arbeit erschienenen Ausländer weg. Am dritten Mai rückte die übrige Besatzung ebenfalls ab. Es gelang mir, die Soldaten zu veranlassen, die Minensperren zu räumen, was auch geschah. Ebenso wurden die Zünder der Sprengladungen an den Brücken entfernt. Am vierten Mai morgens setzten wir weiße Fahnen. Durchziehende Hitlerjungen versuchten, sie wieder herunterzureißen, verschwanden dann aber, als sie hörten, daß die Insel bereits von russischen Truppen besetzt würde. Gegen Mittag erschien eine Kampfgruppe aus Saßnitz, die doch noch die Brücken sprengen sollte. Sie hatte Befehl, alles in die Luft zu jagen, wenn die russischen Truppen bis fünfzehn Uhr dreißig in Sicht kämen. Der Termin verstrich, und die Soldaten zogen ab, ohne die Sprengung auszuführen. Alles atmete auf, denn durch die Lage des Ortes wären auch viele Häuser in Mitleidenschaft gezogen worden.

Nachdem ich vergeblich versucht hatte, in Bergen anzurufen, daß auch in Lietzow alles in Ordnung sei, nahm ich ein weißes Tischtuch und fuhr mit einem Fahrrad die Landenge entlang. An der letzten Sperre, die noch zugeschoben war, hatten sich bereits Karl Bödtker und Karl Runge aus dem Ort mit einigen Ausländern darangemacht, sie abzubauen. Ich fuhr weiter, und nach ungefähr einem Kilometer erschien ein Lastkraftwagen mit sowjetischen Soldaten. Diese hielten an und sprangen von dem Fahrzeug herunter. Nachdem ich die zögernden Rotarmisten überzeugt hatte, daß in den Löchern auf der Straße keine Minen mehr lagen, gingen wir gemeinsam bis zur Sperre. In Lietzow selbst war alles ruhig. Ich mußte die Soldaten noch bis hinter den Ort begleiten und kehrte dann nach Hause zurück. Dort übergab ich einem anderen sowjetischen Kommando die von mir gesammelten und unter Verschluß gehaltenen Waffen des Volkssturms.»

So war auch dieser wichtige Zugang erhalten geblieben, und der Jasmund konnte ohne Kampf besetzt werden.

In Saßnitz herrschte besonders am Hafen reges Treiben. Aus den Küstenstädten von Danzig bis Swinemünde entkommen, hatte eine große Anzahl Schiffe diesen Inselhafen angelaufen. Ein Teil hatte Verwundete gebracht, aber auch viele Einheiten der Seestreitkräfte lagen im Hafen. Alle wollten Proviant und Brennstoff übernehmen und dann weiter in die westlich gelegenen Häfen auslaufen. An den Kais und Anlegebrücken standen die von der Greuelpropaganda Verhetzten, besonders Soldaten, aber auch Zivilisten. Sie versuchten, an Bord zu gelangen, und jedes einlaufende Schiff zog einen neuen Menschenstrom auf sich.

Hierher waren auch die Generale mit ihren Stäben und solche Nazis wie Schwede-Coburg gekommen. Für sie war alles gut vorbereitet worden. Ihre Plätze hatten sie auf den Schiffen sicherstellen lassen. Ohne Bedenken verließen sie Soldaten und Bevölkerung; Verantwortung kannten sie nicht. Im Gegenteil, zum Gelingen ihrer Flucht hatten sie den Schießbefehl an der Küste gegenüber dem Festland nicht aufgehoben, und Brückensprengungen und Minensperren sollten ihnen die nötige Zeit verschaffen. Bis zuletzt waren ihre Handlanger tätig, die Menschen aus dem Weg zu räumen, denen Saßnitz am Herzen lag. Auf ihr Blutkonto geht der Tod solcher aufrechter Männer wie Paul Möller und Hermann Bebert. In letzter Stunde wurden sie ermordet, weil sie offen mit dem faschistischen Regime gebrochen hatten und das Leben ihrer Mitbürger schützen wollten.

Saßnitzer Frauen setzten das Wort «Einzeln sind wir nichts,

aber alle zusammen eine gewaltige Kraft» in die Tat um. Frau Wolter und Frau Gaedke gingen mit anderen auf die Straße. Immer mehr stießen zu ihnen, anfangs aus Neugier, dann bewußt. Männer, die sich zugesellt hatten, wurden aus dem Zug verwiesen. Nur Frauen und Kinder sollten es sein, sonst würden die Faschisten sofort auf sie schießen. Als die Mutigen vor der Kommandantur standen, war ihre Zahl auf über zweihundert angewachsen. Man versuchte, einen «Rädelsführer» herauszufragen, aber das gelang nicht. Der verwirrte Kommandant wußte sich nicht zu helfen, damit hatte er nicht gerechnet. Auch er flüchtete wie die anderen Machthaber. Das Auftreten der Frauen aber blieb nicht ohne Eindruck auf die Soldaten und Polizisten. Der ganze Ort wußte bald von diesem Ereignis, das mitentscheidend für das Schicksal seiner Einwohner war. Auch um Saßnitz fiel kein Schuß.

Am 5. Mai abends waren alle Orte Rügens besetzt und der Krieg für die Insel endgültig vorbei. Bestimmt hatte jedes Dorf und jeder Flecken in diesen Stunden seine Geschichte. So mögen die Beispiele genügen. Sie zeigen deutlich, daß Blutvergießen unnötig war, wenn dem Bestreben der sowjetischen Kriegführung, Verluste zu vermeiden, Einsicht und Mut zum Handeln auf deutscher Seite gegenüberstanden.

18

Das Leben ging weiter. Und daß es besser und schöner wurde als je zuvor, zeigt unser Heute in der Deutschen Demokratischen Republik. Auch die Einwohner Stralsunds und Rügens haben ihren Teil dazu beigetragen, eine starke sozialistische Heimat aufzubauen. Es waren dieselben Menschen, wie sie am 4. Mai 1945 vormittags in Rambin um den Hauptmann Zyganow gestanden hatten. Nur damals konnten sie die volle Wahrheit seiner Worte nicht verstehen; sie machten sich noch keine Gedanken darüber, wie Kriege zustandekamen und welche Ordnung nötig war, sie zu vermeiden. Für sie war zunächst das wichtigste die Gewißheit, daß der Kampf ein Ende hatte, daß die bange Frage wegfiel, ob sie und die Ihren den nächsten Tag überstehen würden. Aber dennoch wurde bereits in diesen ersten Stunden des neuen Lebens in viele Menschen der Keim zu dem gelegt, was sie heute geworden sind. Begegnungen und Gespräche, besonders mit sowjetischen Offizieren, blieben nicht ohne Einfluß auf die Entwicklung einzelner. So war es bei den Jungen Jochen Preußler, Gerhard Lange und Gerhard Hartmann. Auch an dem Bootsmannsmaaten Paul Januszewski und mir selbst gingen diese Eindrücke nicht spurlos vorüber. Diese wenigen mögen für viele stehen, die in unserem Staat den richtigen Lebensweg gefunden haben. Das gilt auch für solche Männer wie Heinz Schuldt, der die erste weiße Fahne über Stralsund hißte und heute in der Gütekontrolle des VEB Holzbau seiner Heimatstadt tätig ist, und nicht zuletzt für Dr. Friedjung Glatzer, jetzt Inspektionsarzt in Stralsund.

Zwanzig Jahre nach seiner Fahrt zum Dänholm erlebte Dr. Glatzer eine besondere Freude. Er traf einen derjenigen wieder, die ihn damals auf dieser Insel als Parlamentär empfingen. Jochen Preußler besuchte den Arzt, um sich mit ihm über das Vergangene zu unterhalten. Deutlich war Dr. Glatzer noch seine Begegnung mit Hauptmann Zyganow in Erinnerung.

«Ich glaube», sagte er, «ich habe sogar meine weiße Fahne noch auf dem Boden. Als ich damals im Rathaus mit Hauptmann Zyganow sprach, da hatte ich zu diesem Menschen plötzlich volles Vertrauen. Ich weiß selbst nicht, wie es kam. Ich dachte an meine Pflicht als Arzt und an die Menschen, die jetzt noch sinnlos geopfert werden sollten.

Als wir vom Dänholm zurückkehrten, wartete Hauptmann Zyganow schon auf uns. Er war um unser Leben besorgt und froh, uns gesund wiederzusehen. Jetzt begriff ich erst, warum den sowjetischen Offizieren so viel an einer friedlichen Übergabe der Insel lag und wie gefährlich mein Auftrag gewesen war.»

Unter den Wehrmachtangehörigen, die am 4. Mai um 8.15 Uhr zur Kapitulationsmeldung am Fuße des Rügendamms angetreten waren, befand sich eine größere Anzahl Unteroffiziere. Sie waren, im Gegensatz zu vielen, besonders den höheren Offizieren, bei ihren Soldaten geblieben. Auch der Bootsmannsmaat Paul Januszewski hatte sich für seine Jungen verantwortlich gefühlt und stand jetzt mit ihnen zum Abmarsch bereit. In seiner starken Gruppe befanden sich wirklich sehr junge Burschen, alles Offiziersanwärter, von denen die meisten ein Notabitur hatten.

Schon seit dem September 1939 war Paul Januszewski bei der Kriegsmarine. Am 5. Juni 1940 war er bei Stavanger beinahe mit seinem Schiff untergegangen. Er konnte sich aber retten und besuchte später einen längeren Lehrgang in Oslo. Von dort kam er über Kiel Anfang 1945 nach Stralsund zur 11. Schiffsstammabteilung, die in der Kaserne Schwedenschanze untergebracht war. Noch Anfang März befanden sich in dieser Abteilung über tausend Mann. Die Mehrzahl waren Kadetten, Söhne von höheren Beamten und Offizieren. Sehr schnell merkte Paul Januszewski, welcher Wind hier wehte. Ein Obermaat Bartelt war der einzige, mit dem er sich wirklich verstand. Sie beide glaubten nicht mehr an das immer lauter werdende Gerede der Nazis vom Endsieg. So gerieten sie bald in Gegensatz zu anderen Ausbildern, von denen es viele verstanden hatten, schon mehrere Jahre unabkömmlich zu sein. Wie auf dem Dänholm wurden auch von der Schwedenschanze junge Soldaten in die Kämpfe um Berlin geworfen. Da man ihnen nur zuverlässige Ausbilder mitgab, blieben neben einigen anderen auch Bootsmannsmaat Januszewski und sein Freund Obermaat Bartelt in Stralsund.

Ein paar Tage später wurden die Ausbilder zusammengeholt, als von dem Berliner Kommando ein Obermaat zurückgekommen war. Er berichtete, daß alle, noch bevor sie Berlin erreicht hatten, völlig aufgerieben worden seien. Um die Offiziersschüler weiter über die Lage an den Fronten täuschen zu können, erhielten die Unterführer den Befehl, mit ihnen nicht über die Verluste zu sprechen.

Am 30. April war Bootsmannsmaat Januszewski Wachhabender. Im Laufe des Vormittags fuhr der Regimentskommandeur, Kapitän zur See Zollenkopf, vor und befahl sehr erregt, sofort Alarm zu geben. Nach kurzer Zeit standen etwa dreihundert Mann auf dem Appellplatz. Zum Teil waren sie sogar von außerhalb der Kaserne herangeholt worden. Nach der Meldung teilte der Kommandeur mit, daß der Gegner auf Stralsund vorrücke. Ohne Ausnahme sollten sämtliche Soldaten sofort die Stellungen im Norden der Stadt besetzen. Der Kapitän vergaß nicht, wiederum von Ehre und Pflicht zu sprechen. Besonders betonte er die Notwendigkeit, die Stadt zu verteidigen und dem Gegner keinen Fußbreit Boden zu lassen. Dann verließ er eilig die Kaserne. Seit dieser Stunde hat ihn niemand mehr gesehen, in die Stellungen ist er jedenfalls nicht gezogen.

Das Essen wurde früher als sonst ausgegeben, und gleich danach rückten die Einheiten ab. Paul Januszewski erhielt den Auftrag, mit einem Zug der Jüngsten in die Innenstadt zu marschieren. Dort sollten sie ein Magazin am Katharinenberg bewachen, bis der Volkssturm sie ablöse. Am Nachmittag stand der Zug von der Schwedenschanze für den inneren Verteidigungsring zur Verfügung. Auf dem Marsch zu den neuen Stellungen traf er einen Infanterieoberleutnant.

Paul Januszewski berichtet über diese Begegnung mit mir: «Als ich dem Offizier gemeldet hatte, interessierte er sich für meine Leute und sprach mit einigen. Dann befahl er mir, in den nahegelegenen Ruinen auf seine Rückkehr zu warten. Gegen Abend kam er wieder und teilte mir mit, daß ich mit meinen Soldaten an den Sund rücken solle, aber erst gegen Mitternacht. Dann könne übergesetzt werden. Auf keinen Fall dürfe ein Schuß fallen.

Ich war ganz froh über diese Nachricht. Einige meiner Leute konnten in Stralsund unterschlüpfen, aber die meisten zogen mit mir zum Sund. Dort waren schon viele andere Soldaten, und wir setzten über. Mitternacht mochte vorbei sein, als die Ziegelgrabenbrücke in die Luft flog.

Als wir auf Rügen angekommen waren, wurden wir sofort eingewiesen. Die Fähre fuhr gleich ab. Ich lag vor Altefähr am Strand und neben mir zum Rügendamm hin ein Fähnrich zur See mit seinen Leuten. In der Nacht blieb alles ruhig. Der Oberleutnant hatte recht behalten, um Stralsund wurde nicht gekämpft.

Am Morgen des 1. Mai war der Fähnrich verschwunden. Ich rückte näher zum Rügendamm. Jetzt bemerkte ich, daß neben mir an der ganzen Küste entlang Soldaten lagen. Zwischen ihnen waren auch Jungen des sogenannten Werwolfs eingesetzt, die von Hitlerjugendführern befehligt wurden. Immer wieder kamen Offiziere, die uns befahlen, feste Stellungen mit Bohlen zu bauen. Auch jenseits vom Rügendamm lagen Einheiten, sogar mit schweren Maschinengewehren. In Altefähr gab es keine Zivilisten mehr. Wir versorgten das Vieh und lebten von dem, was dort verblieben war. In der kommenden Nacht hörte ich von Stralsund her das Geräusch von Kettenfahrzeugen.

Auch am 2. Mai war es still. Wir bauten weiter. Immer wieder war uns gesagt worden, daß Artilleriefeuer zu erwarten sei. Am Nachmittag kam ein Boot mit weißer Flagge in Sicht. Gerade ermahnte ich meine Leute, daß nicht geschossen werden dürfte, da knallte es von meiner Nachbareinheit her. Ich lief hinüber und traf einen HJ-Führer an. Dieser hatte den Befehl zum Schießen gegeben. Er wollte das Boot auf den Grund schicken, meinte er, und erst ‹handfeste› Argumente konnten ihn von weiteren Schießereien abhalten. Dann beobachtete ich von meiner Stellung aus, wie die Parlamentäre ankamen. Sie wurden schon erwartet. Man verband ihnen die Augen und führte sie ab. Diese Ereignisse nahm ich zum Anlaß, mit meinen Leuten zu sprechen. Ich erklärte ihnen ganz offen, daß der Krieg bald zu Ende sei. Offiziersschulterstücke würden sie nicht mehr tragen. Nicht jeder schien meine Meinung voll zu teilen, aber ich hatte den Eindruck, daß alle über meine Worte nachdachten.

Sonst blieb es ruhig. Wir bauten weiter an unseren Stellungen und sahen uns im Ort um. Ab und zu tauchten Einwohner auf. Ich hatte keinen Grund, sie am Betreten ihrer Häuser zu hindern.

In der Nacht konnte man wieder Fahrzeuggeräusche auf der Stralsunder Seite hören. Vielleicht stimmte es doch, daß Geschütze in Stellung gebracht wurden.

Am 3. Mai war ich mit zwei Mann sehr früh wegen der Verpflegung in den Ort gegangen. Da hörte ich Abschüsse von leichten Geschützen. Schnell liefen wir zurück, obwohl ich keine Einschläge in meiner Richtung bemerken konnte. Als wir in den Stellungen ankamen, war alles vorüber. Die Jungen erzählten uns, daß einige Soldaten vom Dänholm über den ungedeckten Teil der Brücke gelaufen waren. Deshalb hatte die Artillerie vom Stralsunder Ufer geschossen. Aber alle Granaten waren über die Männer hinweggegangen.

Die Räumung des Dänholms erschien mir verständlich, weil diese kleine Insel sehr dicht am Festland lag. Wir sprachen auch nicht mehr lange darüber. Doch noch einmal sollten wir am Vormittag erschrecken. Ein starker Knall zerriß die Luft, und dort, wo die Brücke den Dänholm erreichte, stieg eine dunkle Explosionswolke in den Himmel.

Gegen Mittag konnte ich eine größere Gruppe von Offizieren in der Nähe der Anlegestelle beobachten. Als einige von ihnen ein Stück an der Küste entlanggingen, kroch ich aus meiner Stellung, um zu melden. Natürlich wollte ich zu erfahren versuchen, was vor sich gehen sollte. Doch ich erhielt nur den Befehl, nicht näherzukommen und weiterhin für einen guten und schußsicheren Ausbau der Stellungen zu sorgen. Erst am Spätnachmittag gingen Gerüchte um, daß Verhandlungen mit dem sowjetischen Kommando in Stralsund im Gange seien. Irgendwelche Ergebnisse erfuhr ich nicht. So vergingen auch dieser Tag und die folgende Nacht ohne besondere Zwischenfälle.

Am Morgen des 4. Mai glaubte ich, Bewegung an der Küste zu bemerken. Es war bisher nichts Besonderes, daß Soldaten in Gruppen den Ort aufsuchten. So ging ich dieser Sache nicht weiter nach. Dann hörte ich vom Rügendamm her das Geräusch eines Motorrads, das näherkam. Ich blieb in meiner Stellung und verhielt mich ruhig. In der Höhe des ersten Postens stoppte ein Offizier das Fahrzeug und ging zum Strand. Weiter beobachtete ich, daß er sich mit einigen Soldaten unterhielt und zu seinem Motorrad zurückkehrte. Einer von diesen Männern lief auf mich zu. Von ihm erfuhr ich zum ersten Male, daß die sowjetischen Truppen um acht Uhr die Insel betreten würden. Sämtliche an der Küste liegenden Soldaten sollten mit ihren Waffen sofort zur Straße abrücken. Es dürfe kein Schuß fallen. Der Oberleutnant, so berichtete der Soldat, habe außerdem befohlen, diese Meldung durchzugeben. Er selbst würde die Stellungen weiter abfahren. Der Soldat lief zur anderen Gruppe.

Ich fühlte mich merklich erleichtert. Mit meiner Truppe gab es keine Schwierigkeiten. Es war doch gut, daß ich schon mit ihnen gesprochen hatte. Als dann später einige Gruppen hinter uns entlangzogen, ließ ich sammeln, und wir schlossen uns an.

Auf der Straße stand bereits nahezu eine ganze Kompanie, und immer noch kamen Soldaten von beiden Seiten der Brücke dazu. Nun erkannte ich den Oberleutnant aus Stralsund wieder. Er war es also, der uns ein zweites Mal aus den Stellungen geholt hatte. Noch einmal hörten wir von ihm, was bevorstand. Dann wies er den Platz an, wo die Waffen abgelegt werden sollten. Als meine Jungen ihre Gewehre dazuwarfen, merkte ich, daß einige von ihnen Pistolen in ihren Taschen verschwinden ließen. So sah ich mich genötigt, jeden einzelnen genau zu untersuchen, um in ihrem Interesse ein Unheil zu verhüten.

Inzwischen ging der Oberleutnant zur Rügendammbrücke hoch und kam nach einiger Zeit mit einem sowjetischen Offizier, den mehrere Soldaten begleiteten, zurück. Noch einmal traten wir an, und der Oberleutnant meldete. Es hatte sich doch noch eine größere Anzahl deutscher Soldaten eingefunden. Die gut dreihundert Mann hätten Unheil anrichten können.

Während der sowjetische und der deutsche Offizier weitergingen, kam eine Dolmetscherin heran und sagte, daß der Krieg für uns zu Ende sei. Alle Angetretenen sollten über die Brücke nach Stralsund abmarschieren. Wir zogen mit zwei Soldaten Bewachung los. Es war ein langer Zug, der sich in Bewegung setzte. Von den HJ-Führern, die noch am Tage zuvor den Feind in Grund und Boden hatten schießen wollen, sah ich keinen dabei. Sie waren es wohl gewesen, die sich am Morgen in den Ort und dann weiter auf die Insel zurückgezogen hatten.

Vor der Ziegelgrabenbrücke hielten wir. Hier war ein Schlepper in die Lücke gefahren worden, um den Übergang zu erleichtern. Auf die Frage, ob jemand von uns Seemann sei, meldete ich mich und blieb dort. Ich verabschiedete mich von meinen Jungen und war froh, sie alle gesund abgegeben zu haben.

Auf dem Schiff arbeitete ich mehrere Tage an dem Maschinentelegrafen und am Ruder. Hier hatte ich Gelegenheit, die sowjetischen Soldaten näher kennenzulernen. Es waren Menschen wie wir, und nichts von den Schauergeschichten stimmte, die man uns über sie jahrelang eingetrichtert hatte. Die wenigen Tage, die ich auf dem Schlepper verbrachte, arbeitete ich sehr gut mit den Rotarmisten zusammen. Ich aß mit ihnen und rauchte mit ihnen. Sie behandelten mich wie ihresgleichen, und von Gefangenschaft merkte ich kaum etwas. Als ich meinen Auftrag ausgeführt hatte, bedankten sie sich sogar. Ohne Formalitäten wurde ich in Marsch gesetzt. ‹Nach Chause›, sagte jeder von ihnen beim Abschied. Ein großes Stück Brot sollte meine Wegzehrung sein. Auf allerlei Umwegen gelangte ich dann zu meiner Frau nach Weißig im heutigen Bezirk Cottbus. Dort erhielt ich sofort Arbeit im Kaolinwerk.

Die Gespräche mit den sowjetischen Soldaten und Offizieren hatten mich sehr zum Nachdenken angeregt. Kriege brauchten nicht zu sein, diese Worte hatte ich oft gehört.

‹Wer macht Krieg? Ja, ich mache Krieg, weil du, Paul, Krieg gemacht hast! Aber du hast Krieg auch nicht gemacht; was hast du vom Krieg? Hitler, Krupp und andere haben Krieg gemacht. Wenn Hitler und Krupp kaput, dann kein Krieg mehr.›

So oder ähnlich sprachen sie mit mir. Die Faschisten und die großen Kapitalisten, das waren die wahren Schuldigen ... Ungewohnt waren mir solche Gedanken, doch allmählich begriff ich sie.

So fand ich bald den Weg in die Partei der Arbeiterklasse und folgte dem Ruf in den Norden unserer Republik, wo die Fischereiflotte wieder aufgebaut wurde. Jetzt arbeite ich als Bootsmann bei der Deutschen Seereederei in Wismar und bin Parteisekretär auf meinem Schiff.

Immer wieder erfüllt es mich mit Stolz, wenn in fremden Häfen unsere Staatsflagge am Mast weht und ich meine Republik im Ausland vertreten kann.»

Über tausend Mann waren noch am 27. April 1945 vom Kommandanten des Dänholm nach Berlin in Marsch gesetzt worden. Mit Flugzeugen sollten sie ihr Ziel erreichen und in der von der Roten Armee umklammerten Hauptstadt «den persönlichen Schutz des Führers» übernehmen. Fast alle verloren Leben oder Gesundheit. Dreißig verdankten den schon geschilderten glücklichen Umständen ihr Leben. Sie kamen am 30. April nach Stralsund zurück und bezogen auf dem Dänholm ihre alten Stellungen.

Damals ahnte auch Jochen Preußler nicht, welchen Einfluß die kommenden Tage und Monate auf sein Leben haben könnten. Er wußte nicht, daß das Zusammentreffen mit den sowjetischen Soldaten seine Entwicklung entscheidend mitbestimmen würde. Der heutige Auslandskorrespondent des «Neuen Deutschland» erinnert sich gut an all die Geschehnisse jener Tage. Während er spricht, huscht oft ein Lächeln über sein Gesicht, ein Dank an diejenigen, die ihm halfen, am Leben zu bleiben und den richtigen Weg zu finden. Aber er vergißt auch die anderen nicht, die seine Kameraden auf dem Gewissen haben und auch ihn schon zu ihrem Opfer bestimmt hatten. Das Wesentliche sei aus dem mündlichen Bericht Jochen Preußlers zusammengefaßt.

«Wir wußten, mit der Rückkehr zum Dänholm war der Krieg für uns noch nicht zu Ende. In der Nacht zum 1. Mai 1945 blieben meine Kameraden und ich in den Stellungen. Es herrschte eine beinahe drückende Stille nach der Explosion. Gespenstisch hoben sich die verbogenen Eisenteile der Ziegelgrabenbrücke am dämmrigen Himmel ab. Wie drohende verkrampfte Finger ragten die zerrissenen Gestänge in die Luft. Wir warteten gespannt auf das Herannahen der sowjetischen Truppen, auf die ersten Schüsse. Viele Städte hatten durch den sinnlosen Widerstand von oft nur einzelnen stark leiden müssen. – Wie würde es Stralsund ergehen?

Noch in der Nacht hörten wir das Rattern von Kettenfahrzeugen. Kein Artilleriebeschuß erschütterte die Erde. Nur wenige Male bellte eine Panzerkanone aus der Ferne, als wollte sie sich anmelden und warnen. Erst am Morgen des 1. Mai peitschten einige Maschinengewehrgarben durch die Luft. Sie waren auf die Hafenanlagen gerichtet. Vielleicht wußte man, daß dort der Stab der Festung untergebracht war. Später wurden unsere zwanglosen Bewegungen zwischen den Stellungen jäh beendet. Am Frühnachmittag detonierten einige Granaten kleineren Kalibers auf dem Dänholm. Der Gegner hatte also Stralsund besetzt. An der Küste entdeckten wir die ersten Rohre, die auf Rügen gerichtet waren.

Noch einmal drückten wir uns tief in die ausgehobenen Löcher. Flugzeuge brausten über Stralsund hin und nahmen Kurs auf den Dänholm. Einige Bomben schlugen in der Hafengegend der Stadt ein, und bald darauf erschütterten Detonationen auch die kleine Insel. Noch dröhnte es in unseren Ohren, als wir aufblickten. Über Rügen zogen die Maschinen noch eine Kurve in Richtung Altefähr und verschwanden dann im Blau des Himmels. Keiner von uns konnte es recht glauben, aber den Kennzeichen an den Tragflächen nach mußten es deutsche Kampfflugzeuge gewesen sein. Sollten die sich so verfranzt haben? Erst viel später mußte ich erfahren, daß es wirklich Deutsche waren, die sich zu dem Piratenstück hergegeben hatten.

Am Morgen des 2. Mai erreichte uns die Nachricht, daß gruppenweise nach Rügen abgerückt werden sollte. Wir wußten nicht, woher der Befehl kam. Aber er war uns recht; wir zogen los. Der Eisenbahnteil der Brücke gab gute Deckung, und die Posten an der Küste Rügens ließen uns ungehindert durch. Dann zog unsere kleine Gruppe frei und offen über die Straßen der Insel. So dauerte es auch nicht lange, bis uns eine Offiziersstreife zwischen Altefähr und Garz aufgriff. Niemand von uns war bewaffnet, und ein Entkommen war nicht mehr möglich. Da standen wir vor den Maschinenpistolen. Der Offizier beschimpfte uns, und wir liefen wieder zurück, jeden Augenblick darauf wartend, daß es hinter uns knallen würde. Erst beim Rügendamm wurden wir langsamer und atmeten erleichtert auf. Kein Schuß war gefallen, und die Streife war unseren Blicken entschwunden.

Die alten Stellungen hatten uns wieder aufgenommen. Und abermals vergingen die Stunden ohne Besonderheiten. In der Stadt schien alles ruhig zu sein; an der Küste Stralsunds tauchte kein Mensch auf.

Es war am Nachmittag, als sich ein Boot dem Dänholm näherte. Eine weiße Flagge zeigte uns, daß es Unterhändler aus Stralsund waren. Wir ließen sie herankommen. Ein Arzt und zwei Begleiter stiegen aus und wurden sofort ohne besondere Umstände zum Unterstand des Kommandanten geführt. Wohl nicht ohne Grund rechneten meine Kameraden und ich mit Verhandlungen, die einen Kampf vermeiden konnten.

Der Abend kam, und wir hatten vergeblich gehofft. Nur ein Gerücht erreichte uns. Alle Soldaten sollten in den Stellungen bleiben und jeden Angriff abwehren.

Beim Morgengrauen des 3. Mai wurde endlich der offizielle Befehl zur Räumung des Dänholm gegeben. Sofort zogen wir uns vom Strand zurück. Es herrschte ein ziemliches Durcheinander. Kein Offizier war mehr zu sehen, und der Abmarsch verlief vollkommen unorganisiert. Jeder versuchte, so schnell wie möglich über die Brücke nach Rügen zu gelangen. Dieser stürmische Aufbruch konnte in Stralsund nicht unbemerkt bleiben, und schon sausten die ersten Granaten über unsere Köpfe hinweg und hinterließen im Wasser große Fontänen. Eine Panik entstand. Die kopflos Zurückflutenden stauten sich vor dem Eisenbahnteil der Brücke, der noch gute Deckung bot. Um besser vorwärtszukommen, lief ich auf die offene Straßenbrücke. Einige meiner Kameraden hatten sich angeschlossen. Wir rannten an der Fliegerbombe vorbei, die auf der Decke der Eisenkonstruktion lag und mit Zündschnüren versehen war.

Die Artillerie machte eine Feuerpause. Wir nutzten sie, um die Köpfe etwas höher zu nehmen. Da sahen wir vor uns einen Soldaten mit Fahrrad. Geduckt schob er es neben sich her und wandte viel Mühe auf, einen anscheinend sehr schweren Koffer festzuhalten. Als wir ihn überholten, erkannte ich den ‹scharfen Hund›, unseren ehemaligen Spieß. Er war also nicht nach Berlin geflogen. Seine sonst so stramme Haltung hatte er völlig verloren. Nun fiel auch noch sein Gepäck vom Rad und riß ihn förmlich mit zu Boden. Uns war nicht danach zumute, aber hier konnten wir ein Lachen nicht unterdrücken. Vielleicht wollten wir es auch nicht, denn dieser Wortheld hatte weder Mitleid noch Hilfe verdient.

Wieder mußten unsere Beine alles hergeben, dann war es geschafft. In einem verlassenen Bauerngehöft rechts vom Bahnhof Altefähr konnten wir endlich eine Verschnaufpause einlegen. Das Eingeweckte im Keller half mit, den ersten Schreck zu überwinden. Noch einmal wurde auf uns geschossen, als wir über eine Höhe weiterzogen. Vor dem nächsten Ort sammelte sich die ganze Gruppe. Das Stroh einer Scheune diente als Lagerstätte für die Nacht. Die Waffen verschwanden in einem nahen Teich.

Am Morgen des 4. Mai löste sich unser Trupp auf. Ich zog mit drei Mann weiter. Nördlich von Rambin wollten wir die Küste erreichen. Am Strand war alles leer, und es dauerte eine Weile, bis wir ein Fischerboot fanden. Kaum schaukelte der alte Kahn im Wasser, war er schon vollgelaufen. Enttäuscht ließen wir das Wrack liegen. Nun saß unser kleiner Trupp am Ufer, und jeder überlegte. So zogen wir erst einmal nach Rambin zurück.

Gegen Mittag näherten wir uns diesem Ort. Da schoß uns ein neuer Schreck in die Glieder. Auf der Chaussee marschierten sowjetische Truppen. Aufs neue wurde beratschlagt. Wir hatten Angst, schreckliche Angst. Schließlich riß ich mich zusammen und ging auf eine rastende Gruppe zu. Erst als ich näherkam, richteten sich einige sowjetische Soldaten auf und blickten mich erwartungsvoll an. Ich hielt ihnen eine Zigarettenschachtel hin, und alle griffen zu. Lachend entzündeten sie ihre Streichhölzer und klopften mir kameradschaftlich auf die Schulter. Leider verstand ich nicht, was gesprochen wurde. Nun kamen auch meine Begleiter langsam näher. Ihnen standen noch die Bilder vor Augen, die man uns über die erste Begegnung mit den «bolschewistischen Barbaren» ausgemalt hatte. Jetzt waren wir mitten unter ihnen, unter Menschen wie wir. Erleichterung löste unser erstes Erstaunen ab, und es fiel nicht schwer, in ihr Lachen einzustimmen. Beim Aufbruch stellte sich heraus, daß ein Sergeant in Richtung Stralsund wollte. Wir schlossen uns an, und ich muß gestehen, mir war es, als ginge es nach Hause.

Bald erschien der Rügendamm vor unseren Augen. Keine Spur von Waffeneinwirkung war zu entdecken. Die gute Laune der sowjetischen Soldaten kam bestimmt auch nicht von ungefähr. Die Insel mußte von ihnen kampflos besetzt worden sein. Sollte sich jemand gefunden und den Schritt der Kapitulation gewagt haben?

Jetzt konnten wir die zerstörte Rügendamm- und Ziegelgrabenbrücke aus der Nähe betrachten. Sowjetische Pioniere bauten an einem Notübergang. Dann waren wir in den Straßen Stralsunds. Vor einem großen Haus am Frankendamm mußten wir warten. Während dieser Zeit stießen noch viele deutsche Soldaten zu uns. Mit Beginn der Dunkelheit wurden wir abgeführt.

Trotz der guten Behandlung spürte ich jetzt das erste Mal, was Gefangenschaft heißt. Alle Einsicht in die Notwendigkeit konnte nicht verhindern, daß es eine furchtbare Nacht wurde. Mein ganzes Leben, so kurz es auch bisher war, zog in Gedanken an mir vorüber. Was hatte ich doch, besonders in den letzten Tagen, alles erlebt! Damit mußte der Kopf erst fertig werden. Vielleicht gab es Helfer; allein war es wohl kaum zu schaffen.

Am 5. Mai früh wurden wir verpflegt und marschierten unter Bewachung nach Greifswald. Nach einigen Tagen rückte unsere ganze Kolonne in ein Gefangenenlager bei Neubrandenburg.

Eines Morgens wurden beim Appell alle Siebzehn- bis Achtzehnjährigen herausgezogen. Über viele Stationen kam ich in ein Lager bei Moskau. Der Drang nach Klarheit führte mich zu den Büchern, und bis 1948 waren es viele, die ich gelesen hatte.

Entscheidend für meine Zukunft aber war der Besuch der zentralen Antifaschule Krasnogorsk bei Moskau. Sie befand sich dort, wo das NKFD gegründet worden war. An dieser Stätte des Lernens hatte ich sowjetische Lehrer der Leninhochschule. Auch deutsche Emigranten wandten viel Mühe auf, uns in die neuen Gedankengänge einzuführen.

Besonders gern und dankbar erinnere ich mich an den sowjetischen Oberst Serebriski, dessen Persönlichkeit einen starken Eindruck auf mich machte. Sein Wissen und Können trugen wesentlich dazu bei, mir das Rüstzeug zu dem zu geben, was ich heute bin.

Dann nahm ich an einem Journalistenlehrgang teil, der ebenfalls in Krasnogorsk stattfand. Hier wurde mein Interesse für diese Tätigkeit geweckt. Als ich im September 1948 entlassen wurde, blieb ich dabei und arbeite noch heute gern in diesem Beruf. Er gibt mir die Möglichkeit, allen Menschen zu helfen, das Neue und Schöne unserer sozialistischen Gemeinschaft zu erkennen und zu begreifen.»

Über 150 Jungen, die gerade sechzehn Jahre alt waren, waren Anfang 1945 zum SS-Ersatzbataillon geschickt worden. Auf Vorposten und im Gelände weit außerhalb der Stadt vor den Stellungen der Soldaten mußte ein Teil von ihnen noch am Morgen des 1. Mai das Leben lassen. Während diese starben, hatten die beiden Männer, die «mit ihnen die Stadt verteidigen wollten», feige die Flucht ergriffen. Auf dem Bauerngehöft des Landwirts Murwiek, das am Ende der Straße «An den Bleichen» lag, verkrochen sich Fichtner und Chamier in einer Scheune unter den Heuhaufen. Schwer bewaffnet, zwangen sie die Bewohner zu schweigen; niemand durfte den Hof verlassen. Endlich gelang es einem kleinen Jungen zu entkommen. Er alarmierte die neue antifaschistische Polizei, zu der auch Karl Venz aus Stralsund gehörte. Beherzt gingen Karl und einige seiner Genossen mit dem Jungen und holten zwei verkleidete und angstschlotternde Jammergestalten von dem Heuboden herunter. Sie erkannten in ihnen die beiden Verbrecher.

Eine größere Anzahl von Jugendlichen war jedoch der Gefahr entronnen und befand sich jetzt auf Rügen. Zwei Tage schon lagen Gerhard Lange und seine Gruppe auf einem Gutshof. Am 3. Mai früh riefen die HJ-Führer, die wieder den Befehl übernommen hatten, die Jungen zusammen. Aus ihrem Munde hörten sie, daß Hitler tot sei. Der Fahneneid jedoch gelte weiterhin, denn in Flensburg regiere als Nachfolger der Großadmiral Dönitz. Die Jugendführer wollten versuchen, dorthin zu kommen, und forderten die Jungen auf, mit ihnen über Saßnitz und Dänemark nach Schleswig-Holstein zu fahren. Im Westen sei kein Krieg mehr, und die Vereinigung der deutschen Einheiten mit den Engländern und Amerikanern stehe bevor. Das alles hätten sie im Rundfunk gehört.

Gerhard Lange und seine beiden Kameraden berieten. Schon am Tage zuvor hatten sich die drei zusammengefunden und überlegt, was sie am besten tun könnten. Jetzt kamen sie zu einem festen Entschluß. Sie trauten den HJ-Führern nicht, die waren kaum besser als ein Chamier. So blieb für sie nichts anderes übrig, als sich von der Gruppe zu trennen.

Am Morgen des 4. Mai schien es soweit zu sein. Gerhard Lange hat noch vieles in Erinnerung und erzählt weiter. «Wir merkten, daß die anderen aufbrechen wollten. Sofort gingen wir drei etwas abseits und legten uns in eine Mulde. Wir hatten die feste Absicht, auf jeden zu schießen, der uns zu nahe kommen würde. Doch es geschah nichts. Entweder waren wir ihnen gleichgültig, oder sie wollten keine Zeit mit Suchen verlieren. Als sie abgerückt waren, zogen auch wir los, zuerst nach Gingst und dann über Trent auf Schaprode zu.

Dort stellte eine Telefonistin für uns eine Verbindung nach Hiddensee her. Wir baten, ein Boot zum Übersetzen zu schicken, aber davon wollte in Vitte niemand etwas wissen. Erst als wir ihnen sagten, daß der eingezogene Bürgermeister bei uns sei, kam ein Lotsenboot herüber. Während der Überfahrt trafen wir mitten auf dem Wasser ein Fischerboot, das leck war. Auf ihm hockten drei Soldaten, die mit diesem Kahn nach Dänemark wollten. Nach einigem Hin und Her ließen sie sich ins Schlepp nehmen und fuhren mit uns nach Vitte. Dort stahlen sie das Lotsenboot und verschwanden auf Nimmerwiedersehen.

Auf Hiddensee erlebten meine Kameraden und ich die Besetzung der Insel durch die Rote Armee. Ruhig und diszipliniert gingen die Rotarmisten über die Wege und durch die Straßen der Ortschaften. Auch uns sahen sie nicht als Faschisten an. Ohne viel Umstände wurden wir mit einigen anderen nach Rügen zurückgebracht und übernachteten in Samtens. Dort suchte uns gegen Abend ein sowjetischer Offizier auf, der sehr gut deutsch sprach. Bis ein Uhr nachts unterhielt sich dieser Mann mit uns. Von allen Seiten beleuchtete er die Ursachen des Krieges, und immer wieder erläuterte er uns die Friedenspolitik seines Landes. Seine Heimat sei überfallen worden, deshalb hätte auch er zu den Waffen gegriffen. Sie würden alle viel lieber in den Werken und auf den Feldern arbeiten, statt zu schießen. Aber bevor nicht überall die arbeitenden Menschen die Macht besäßen, müßten auch in seinem Land Waffen geschmiedet werden und die Soldaten zur Verteidigung bereitstehen. Das hätte sie die Geschichte gelehrt.

Das lange Gespräch beeindruckte mich damals sehr. Der Offizier brachte alles so verständlich, und seine Worte drangen tief in uns ein. Unwillkürlich mußte ich an Fichtner und Chamier denken; wie anders war doch dieser sowjetische Mensch.

Am nächsten Morgen wurden wir früh geweckt und erreichten nach ein paar Stunden Fußmarsch den Rügendamm. Ohne Zwischenfälle kam ich über die Brücke. Auf dem kürzesten Wege ging ich nach Hause. Meine Eltern waren glücklich.

Mein Vater, Wilhelm Lange, hatte sich sofort der neuen Verwaltung zur Verfügung gestellt. Er arbeitete auch für die Kommandantur. Noch einmal sollte er in ihrem Auftrag mit den unmittelbaren Auswirkungen des Krieges in Berührung kommen. In der Umgebung Stralsunds hatte man die gefallenen Jungen gefunden, die Fichtner und Chamier gewissenlos vor die Stadt geschickt hatten. Sie waren in der Marienkirche aufgebahrt worden, damit die Eltern sie identifizieren konnten. Mein Vater sollte die Toten fotografieren. Schon die Aufnahmen, die er vom brennenden Stralsund nach dem Bombenangriff gemacht hatte, waren erschütternd; aber das hier ergriff ihn bedeutend stärker, hätte doch auch sein Sohn unter diesen Gefallenen sein können. Dann kamen die Eltern. Beim Anblick dieser Szenen schwor sich mein Vater, all seine Kraft einzusetzen, daß sich so etwas nicht wiederholen würde.»

Folgerichtig war auch die Entwicklung von Gerhard Lange. Was die sowjetischen Offiziere begonnen hatten, setzten Männer wie Heinrich Rau und Ernst Pollin fort. Ihr Wirken zeigte auch Gerhard den Weg, der beschritten werden mußte. Schwer waren die ersten Wochen und Monate, aber in ihnen zeichnete sich schon die Kraft des Neuen ab. Aus ihm wurde ein aktives Mitglied des antifaschistischen Jugendverbandes. Weiter zog es ihn in die vordersten Reihen. Bereits 1945 trat Gerhard in die Kommunistische Partei ein. Er ließ keine Möglichkeit der politischen Weiterbildung aus; immer fester wurde er mit dem Gedankengut des Marxismus verwurzelt. Sein Werdegang trat klar zutage. Heute bekleidet Gerhard Lange eine verantwortungsvolle Funktion in unserem Staatsapparat.

Noch Ende April 1945 hatte Generalmajor Hauschulz einen 40 Mann starken Zug junger Soldaten aus Andershof zum Einsatz bei Brandshagen gebracht. Am 1. Mai vormittags war es dadurch bei diesem Ort zu einem kurzen Schußwechsel gekommen. Es war der erste und letzte Einsatz Gerhard Hartmanns und seiner Kameraden gewesen. Ein paar Stunden später standen sie dann an einer sowjetischen Feldküche und stillten ihren Hunger. Sie waren froh, mit dem Leben davongekommen zu sein, aber auch bitter enttäuscht über die Offiziere, die vor dem Gefecht das Weite gesucht und sie ihrem Schicksal überlassen hatten. Jetzt lagen die Jungen in einer Scheune von Engelswacht, einem Dorf unweit Brandshagen. Sie wollten versuchen, am nächsten Tage Rostock zu erreichen. Doch lassen wir Gerhard Hartmann seinen Bericht fortsetzen.

«Nach den Schrecken des letzten Tages hatten wir gut ausgeschlafen. Wir schüttelten das Stroh aus Jacken und Hosen, aßen, was wir noch besaßen, und zogen los. Der 2. Mai war sonnig und schön. Aber schon bald wurde unserem Weitermarsch ein jähes

Ende bereitet. Ein sowjetischer Erkundungstrupp zu Pferde griff uns auf. Über Grimmen ging es nach Greifswald, wo wir uns in einem ehemaligen Kriegsgefangenenlager außerhalb der Stadt wiederfanden. Schweigend löffelten wir unsere Suppe aus, die wir empfangen hatten, und beobachteten alles um uns herum sehr skeptisch. Mit dieser Haltung begegneten wir auch einigen Leuten, die sich als Mitglieder des Nationalkomitees ‹Freies Deutschland› vorstellten und uns eine Zeitung ‹Freies Deutschland› mitbrachten. Alles, was sie uns sagten, nahmen wir ohne Anteilnahme zur Kenntnis. Worte wie Freiheit und der uns umgebende Stacheldrahtzaun – das konnten wir noch nicht recht in Einklang bringen.

Wir blieben nur ein paar Tage in Greifswald und marschierten mit einem größeren Trupp Soldaten nach Neubrandenburg. Hier erinnere ich mich noch sehr genau an den Morgen, als durch Flugblätter die Kapitulation verkündet wurde. Während der Jubel der sowjetischen Soldaten kein Ende nehmen wollte, saßen wir bedrückt in unseren engen Unterkünften. Was sollte nun werden? Die Frage hatte jeder auf den Lippen. Aber keiner wagte, sie auszusprechen.

Große Kolonnen wurden zusammengestellt. Wieder marschierten wir weiter. Über die Oder kamen wir nach Stargard. Jobstschule hieß der Gebäudekomplex, der uns aufnahm. Hier war schon eine Art Selbstverwaltung eingerichtet; aber die deutschen Leiter machten nicht immer den günstigsten Eindruck auf uns.

Erst nach einigen Wochen wurde es anders. Alle Jugendlichen unter achtzehn Jahren wurden herausgesucht und gesondert untergebracht. Zu uns kamen endlich Männer, denen wir lieber zuhörten. Sie sprachen konkreter, gingen auf unsere Fragen ein, und es gelang ihnen, uns langsam aus der Teilnahmslosigkeit herauszuziehen. Inzwischen waren wir in Graudenz gelandet. Wir begannen nicht mehr nur zuzuhören, sondern sprachen oft bis in die Nacht hinein untereinander über das Gehörte. Langsam begriffen wir, für wen unsere Väter und wir wirklich in den Kampf gezogen waren und warum der Krieg der Sowjetunion ein anderer was als der, den Deutschland angezettelt hatte. Allmählich verstanden wir: Wir waren noch jung, es lohnte sich, ganz von vorn anzufangen. Aber nicht mit denen, die uns ins Verderben geführt hatten. Selbst sollten wir es versuchen zu schaffen, dann würde es an wahren Freunden auch nicht fehlen.

‹Denkt an alles, was ihr inzwischen gelernt habt! Haltet die Augen und Ohren offen und wißt wohl zu unterscheiden, wer es gut mit euch meint, wer eure Freunde und wer eure Feinde sind!› Mit diesen Worten wurden wir im Oktober 1945 entlassen. Offene Waggons brachten uns über die Oder bis nach Scheune bei Stettin. In trostloser Stimmung hatten wir diesen Weg im Mai zu Fuß zurückgelegt, doch jetzt waren wir andere geworden. Noch nicht himmelhoch jauchzend, aber doch voller Hoffnung und Mut, am Aufbau eines neuen Lebens mitzuhelfen.

Dann hielt ich den Entlassungsschein in der Hand. Mein Name stand darauf. ‹Gerhard Hartmann und 10 Mann nach Rostock entlassen›. So machten wir uns gemeinsam auf die Reise. Über Stralsund ging die Fahrt, und mit gemischten Gefühlen sah ich Häuser und Türme dieser Stadt vorüberziehen. Hier waren das Ende und der Anfang gewesen. Ich schloß die Augen und erlebte noch einmal die Schießerei bei Brandshagen, sah die toten Rotarmisten an der Straße liegen und stand in Gedanken bei der Feldküche mit dem sowjetischen Offizier, der so gut deutsch gesprochen und in Leipzig studiert hatte. Noch gut drei Stunden, und Rostock kam in Sicht. Ich war zu Hause.

Die Arbeit nahm mich voll in Anspruch. Die Vergangenheit wich gänzlich von mir. Ich lernte Elektromaschinenbau und wurde 1949 Kranführer im Hafen. In dieser Umgebung fühlte ich mich wohl. Als mich dann die Arbeiter eines Tages fragten, wohin ich mich denn zugehörig fühlte, wurde ich Kandidat der Partei der Arbeiterklasse und trat der DSF bei. Es folgten Delegierungen zu Wirtschafts- und Parteischulen und praktische Arbeit im Partei- und Verwaltungsapparat, bis ich 1965 meinen Besuch in der Akademie der Rechtswissenschaften, Walter Ulbricht, mit dem Grad eines Diplomstaatswissenschaftlers abschließen konnte. Seit 1962 bin ich in der staatlichen Kontrolle tätig und leite die ABI im Kreis Rostock Land.

Ich habe das nicht erzählt, weil ich glaube, daß mein Lebensweg etwas Besonderes darstellt. Es waren viele, sehr viele, die diese Entwicklung nehmen konnten, weil sie in unserem Staat groß wurden, der ihnen solche Möglichkeiten bot.»

19

Wir zählten annähernd vierzig Mann, die als Kriegsgefangene in Richtung Jarmen marschierten. Das Asphaltband dehnte sich weit vor uns aus. Zu beiden Seiten der Straße standen hohe Bäume, deren Blätter sich noch nicht recht herausgetraut hatten. Von Stralsund kommend, waren wir einige Tage in Greifswald gewesen. Jetzt zog unsere kleine Kolonne weiter nach Süden. Vorläufiges Ziel sollte Neubrandenburg sein. Die begleitenden Rotarmisten paßten sich unserem Tempo an, das nicht gerade schnell war. Wir spürten ihre Anwesenheit kaum.

Die Felder waren noch wenig belebt. Nur vereinzelt warf ein Pflug dunkle Erdschollen auf die Seite. In den Ortschaften regte es sich schon. Die verbliebenen Einwohner begannen die Spuren des Krieges zu beseitigen. Wer sich in der Nähe der Straße befand, unterbrach seine Arbeit, wenn wir vorbeizogen. In viele Gesichter konnten wir blicken, in gleichgültige und tränenreiche. Der Krieg war zu Ende, aber was er angerichtet und hinterlassen hatte, lastete noch zu schwer auf den Menschen. Schweigend blickten sie uns nach.

In unseren Reihen wurden nur wenige Worte gewechselt. Ich hing ebenfalls meinen Gedanken nach. An Gerüchten und Vermutungen über die Frage, was in den nächsten Tagen aus uns werden würde, bestand kein Mangel. Es war unmöglich, aus all dem Gerede etwas Handfestes zu entnehmen. So kamen wir nach Neubrandenburg in ein Lager außerhalb der Stadt.

Zum ersten Male in meinem Leben befand ich mich hinter Stacheldraht, und in diesem Moment wurde es mir richtig bewußt: Du bist ein Gefangener. Der Zaun schloß eine große Fläche ein, aber mir war, als ob er um meinem Leib lag, nicht nur Arme und Beine fesselte, sondern immer stärker anzog. Meine anfängliche Niedergeschlagenheit schlug in Bitternis um. Ich versuchte, mich zur Einsicht zu zwingen. Wo Krieg ist, gibt es auch Gefangene; die sowjetischen Soldaten auf den Wachtürmen sind nicht schuld an deinem Schicksal, du bist nicht der einzige, dem es so geht, und viele andere Gedanken machte ich mir. Doch sie waren nicht imstande, das Anwachsen meiner Verschlossenheit aufzuhalten.

In großen Kolonnen verließen wir das Lager, überquerten die

Oder und hatten nach mehreren Tagesmärschen Stargard erreicht. Hier begannen die ersten Gespräche über den Krieg und seine Ursachen. Besonders beeindruckte mich der Beitrag eines Soldaten über das Ende Hitlers. Er war nicht, wie im Rundfunk verkündet worden war, an der Spitze seiner Soldaten gefallen. Feige hatte er sich in der Tiefe seines Bunkers verkrochen und von dort aus Tausende in den Tod gejagt, um sein Leben noch Stunden zu erhalten. Nicht nur Soldaten waren seine Opfer gewesen. In den U-Bahn-Schächten ertranken Frauen, Kinder und Verwundete. Dann entzog er sich durch Gift der Verantwortung und mit ihm Goebbels, der bis zum Schluß durch seine Hetze die Menschen verblendet hatte. Die anderen «Würdenträger» flohen oder tauchten unter. Ein schmähliches Ende! Unwillkürlich mußte ich an die letzten Tage in Stralsund und auf Rügen denken. Da wollte man auch Schulter an Schulter mit uns kämpfen, und sie waren alle geflohen, die Coburgs, die Breusings und die Hauschulz', feige, gewissenlos und ohne Verantwortungsgefühl.

Solche Berichte, die mit meinem eigenen Erleben zusammenhingen, konkrete Beispiele, die das Verbrecherische des faschistischen Systems zeigten, konnten meine Verschlossenheit etwas lösen. Aber wenn es darum ging, Ursachen aufzudecken, die Frage nach der notwendigen Gesellschaftsordnung zu stellen, in der so etwas nicht möglich sein würde, dann sah ich wieder den Stacheldrahtzaun, fühlte mich eingeengt und nicht fähig, tieferen Gedanken nachzugehen. Nicht zuletzt trugen die Untätigkeit und der eintönige Tagesrhythmus erheblich dazu bei, daß meine Teilnahmslosigkeit mich nicht verließ.

Dann war es soweit. Der immer wieder angekündigte Abtransport begann. Wir wurden untersucht, und mit jedem Tag verringerte sich unsere Zahl. Schießlich war auch ich unter denen, die zum Bahnhof marschierten. In Waggons verladen, fuhren wir unbekannten Zielen entgegen. Tage und Nächte rollten die Räder über den schier endlosen Schienenstrang, bis sich eines Morgens die Türen zum Aussteigen öffneten. Tschernigow hieß der Ort, den unsere lange Kolonne durchquerte. Auf einem größeren Platz rasteten wir. Die Häuser ringsherum waren fast völlig zerstört. Immer mehr Einwohner blieben in einiger Entfernung stehen und blickten uns ernst an.

«Was mögen die denken?» fragte mich ein Gefreiter, der neben mir saß. «Sehen Sie, eine Frau zeigt auf die Trümmer, und jetzt dreht sie das Gesicht ihres Kindes zu uns. Natürlich haben sie denen erzählt, daß wir allein an allem schuld sind, so wie sie es auch uns klarmachen wollen. Sie als Offizier müssen es doch besser wissen. Die Russen wollten uns angreifen, und da sind wir ihnen zuvorgekommen, nicht wahr?»

Er sah mich fragend an. Der Aufbruch enthob mich der Antwort; die Menschen am Straßenrand blickten uns schweigend nach. Doch das kurze Gespräch bohrte in mir weiter. Wenn uns nun doch keiner angreifen wollte, dann gingen ja auch die Trümmer in unseren Städten letzten Endes auf unser Schuldkonto, dann wären unsere Angriffe keine Verteidigung, sondern Überfälle gewesen.

Ein Raunen ging durch unsere Reihen, und alle Blicke konzentrierten sich auf einen Punkt. Vor uns auf einer Anhöhe lagen mehrere Baracken. Vier Wachtürme und einen Zaun konnte man deutlich erkennen. Dann öffnete sich das Tor. Während wir uns gründlich abduschten, kamen unsere Sachen in eine heiße Kammer. In den nächsten Wochen wurden wir nicht nur gut verpflegt, es wurden sogar Sonderrationen für Schwache und Kranke ausgegeben. Laufend fanden Untersuchungen statt, denen die notwendige Behandlung folgte. Sonst ließ man uns völlig in Ruhe. Diese Eintönigkeit wirkte wieder lähmend. Nicht nur ich hoffte, daß dieser Aufenthalt nicht von langer Dauer sein würde.

Eines Tages näherte sich aber beim Zählappell eine dichte Staubwolke dem Lager. Mehrere Lastkraftwagen hielten vor dem Tor. Zweihundert Mann bestiegen die Fahrzeuge, und ehe wir uns recht besannen, brausten die Wagen bereits über die Landstraße. Der Waldrand kam immer näher; dann bogen wir in eine breite Schneise ein.

Während der Fahrt auf den holprigen Waldwegen wurden wir kräftig durchgeschüttelt. Wir waren froh, als die Motoren endlich schwiegen. Mitten im Wald hatte man ein abgeholztes Geländestück mit einem Bretterzaun eingefaßt und einige Unterkünfte hergerichtet. Hier sollten wir längere Zeit bleiben.

Eine kleinere Gruppe verblieb im Lager, um an seiner Vervollständigung zu arbeiten; alle anderen gingen hinaus. Auch mir wurde ein Kommando von sechzig Mann anvertraut. Ich hatte endlich eine Aufgabe, die sowohl der Arbeit als auch den Männern gerecht werden mußte.

Der erste Winter, den wir durchmachten, war hart, aber nicht nur für uns. Auch die sowjetischen Holzfäller, mit denen wir zusammen arbeiteten, spürten ihn. Es fehlte noch an vielem. Der Krieg hatte diesem Land schweren Schaden zugefügt. Doch seine Menschen gaben uns von dem wenigen, was sie hatten, so daß alle dem Frühjahr gesund entgegensehen konnten.

Der Umgang mit den sowjetischen Arbeitern veranlaßte mich, etwas Russisch zu lernen. Die Arbeit und die Verantwortung für die Gefangenen meiner Kolonne lockerten mich innerlich etwas auf. Wir hörten vom Nürnberger Prozeß, durften das erste Mal schreiben, aber sonst kapselte uns der Wald so ziemlich von allem ab. In den Gesprächen unter uns fünf Offizieren und dem Arzt ging es mehr um den Austausch von Erinnerungen und die vielen Gerüchte, deren Zahl und Wandlungsfähigkeit nicht abnahm. Politische Aussprachen waren nur sehr selten und stießen nie bis auf die Grundfragen vor.

Eines Tages ließ mich ein sowjetischer Hauptmann zu sich rufen. Wenn ich einverstanden wäre, wollte man mich nach Moskau auf eine Schule schicken, kündigte er mir an. Nach einiger Bedenkzeit würde er meine Entscheidung einholen. Diese Aufforderung überraschte mich. Größere Überlegungen für die Zukunft hatte ich noch nicht angestellt. Ich war Gefangener, und dann zur Schule und noch dazu hier in der Sowjetunion – das brachte ich nicht zusammen. Meine Antwort an den sowjetischen Offizier war dementsprechend, ich lehnte ab. Er lächelte, als ich versuchte, meine Meinung zu begründen.

«Es ist sehr schade, daß Sie nicht wollen», meinte er schließlich, «Sie könnten sich viel Zeit und Mühe ersparen. Ich bin gewiß, früher oder später werden Sie alles begreifen und die Wahrheit erkennen.»

Er ging freundlich, wie er gekommen war.

Nahezu drei Jahre blieben wir im Wald. Dann brachten uns Lastkraftwagen wieder an die Bahnstrecke. Eine lange Fahrt in Richtung Süden führte uns in die Gegend von Makejewka. Hier arbeiteten wir über und unter Tage. Im Bergwerk war ich beim Vortrieb und danach über Tage als Maurer tätig.

Um diese Lager hatte man auch Stacheldraht gezogen, aber in ihnen gab es Bibliotheken. Anfangs suchte ich mir «neutrale» Literatur heraus, aber bald nahm ich die Werke von Engels und Lenin in die Hand, und mein Interesse wuchs von Tag zu Tag; ich war zumindest neugierig geworden. Die sowjetischen Menschen im

Schacht sprachen mit Hochachtung von ihrem Lenin, und besonders erinnere ich mich an einen Major der Roten Armee, der sich für meine Lateinkenntnisse interessierte. Die Verständigung zwischen uns war nicht immer leicht. Sein gebrochenes Deutsch und meine geringen Kenntnisse in Russisch zwangen uns, alles auf einen möglichst einfachen Nenner zu bringen, was auch manches für sich hatte. Der Krieg wäre nichts Natürliches, sondern von Menschen gemacht, versuchte er mir klarzumachen, er könne auch von Menschen vermieden werden. Schuld an allem sei das Privateigentum, nicht das kleine, sondern das große. Wer die Produktionsmittel hätte, könne Macht ausüben und auch Kriege führen. Wer kein solches Privateigentum habe, den interessiere kein Krieg, wer Werte schafft, der wird sie nicht zerstören wollen. Und diese Menschen müßten die Macht in den Händen haben, das ist die Klasse der Arbeiter. So oder ähnlich verliefen unsere Gespräche. Es waren nur einige, aber sie reichten, um mich jetzt zum Nachdenken zu bringen. Ich verstand ihn, aber es gab doch noch vieles, was mir nicht klar war.

Oktober 1949. Zu vieren saßen wir in einem Abteil. Das Rattern des Zuges, der von Frankfurt westwärts fuhr, störte uns wenig. Wir waren aus der Gefangenschaft entlassen und auf dem Weg zu unseren Heimatorten. Während eines Aufenthalts in Berlin wurden wir verpflegt. Noch waren die tiefen Wunden des Krieges deutlich zu sehen, aber auch zu spüren. «Kennen Sie den?» fragte mich eine ältere Frau und hielt mir das Foto eines jungen Soldaten vor die Augen. Wie oft mochte sie hier gewartet und diese Worte gesprochen haben?

In Rostock empfing mich mein Vater auf dem Bahnhof. Verstohlen wischte er sich eine Träne aus den Augen, als wir uns begrüßten. Meine Mutter war zu Hause geblieben. Die Freude, ihren Sohn wiederzuhaben, wollte sie nicht in die Öffentlichkeit tragen.

Mein Vater hatte sich gleich nach dem Einmarsch der sowjetischen Truppen in die Reihe derer gestellt, die ein neues, besseres Leben aufbauen wollten. Die gesamte Brennstoffversorgung Rostocks und Umgebung lag in seinen Händen. Er war Mitglied der SED und aktiv in der Gewerkschaftsbewegung tätig.

Als ich mich angemeldet hatte, besuchte ich ihn in seinem «Direktorzimmer». Es wurde ein längeres Gespräch, und meine Mutter mußte lange mit dem Abendbrot warten. Ich erzählte ihm von den letzten Kriegstagen auf Rügen, meiner anfänglichen Verschlossenheit in der Gefangenschaft und von den ersten Gedanken, die ich mir über die «große Politik» gemacht hatte.

«Du hast dich damals auf Rügen richtig entschieden, und deine Grundeinstellung ist in Ordnung», meinte er darauf. «Jetzt ist deine Frage nach der Notwendigkeit, aus der Ostzone einen selbständigen deutschen Staat zu machen, leichter zu beantworten. Das, was du mir soeben erzählt hast, nennen wir, und damit meine ich meine Partei, den Widerspruch zwischen gesellschaftlicher Produktion und privater Aneignung. Wir lehnen das Privateigentum nicht ab, aber es darf nicht auf der Ausbeutung anderer beruhen, darf nicht dazu dienen, weiter auszubeuten und Macht zu erwerben. Siehst du, und in Westdeutschland ist man anderer Meinung. Dort sitzen auch die Leute, die dich und die Soldaten im Stich gelassen haben. Da soll alles so bleiben, wie es war. Die einen arbeiten, und die anderen besitzen. Aber die Herren Krupp, Abs und auch die, deren Betrieb ich hier leite und den wir volkseigen gemacht haben, wollen alles wieder rückgängig machen. Schon werden die ersten Stimmen laut, unser Territorium in ihren Machtbereich mit einzubeziehen. Um diesen und anderen Bestrebungen nicht schutzlos ausgeliefert zu sein, schufen wir unseren Staat, ohne Krupp und ohne Nazis. Dabei fanden wir in der Sowjetunion einen guten Freund und Helfer. Weißt du, von dem Boden Deutschlands sind schon mehrere Kriege ausgegangen. Die Existenz unserer Deutschen Demokratischen Republik wird dafür sorgen, daß dieser Krieg der letzte war.

Wenn du erst einen Beruf gewählt hast und im Leben stehst, dann wirst du dich noch mit vielen Einzelproblemen auseinandersetzen müssen. Tu das gründlich, prüfe genau und geh immer von den Grundfragen aus, die du dir schon im wesentlichen beantwortet hast.»

Am nächsten Tag ging ich zur Universität, um mich nach den Voraussetzungen zur Aufnahme eines Studiums zu erkundigen. Aber die Zeit war mir zu lang, bis ich als 35jähriger Geld verdienen würde. Der Beruf des Lehrers hatte auch im Bereich meines Interesses gelegen. So nahm ich an einem Vorbereitungslehrgang teil, der gerade in Rostock lief. Nach erfolgreichem Abschluß konnte ich mich Ende April 1950 beim Leiter der Grundschule in

Franzburg im Kreis Stralsund melden und am 1. Mai meinen Dienst antreten.

Der Direktor begleitete mich in meine Klasse, und nach kurzer Vorstellung blieb ich allein mit den 40 Kindern, deren Augen mich erwartungsvoll ansahen. Welch ein Augenblick für einen Lehrer, zum ersten Mal vor einer Klasse zu stehen, wie wichtig, das erste richtige Wort zu finden. Schon nach wenigen Tagen spürte ich, daß ich es wohl gefunden hatte. Obwohl die Klasse 7 bald auf 56 Kinder angewachsen war, fanden wir schnell zu einer festen Gemeinschaft zusammen, in der fleißig gelernt, oft auf den Feldern mitzugepackt, aber auch Theater gespielt und froh gelacht wurde. Eine wichtige Erkenntnis hatte ich bald gewonnen. Nur gemeinsam mit den Schülern und Eltern konnten beste Ergebnisse erreicht werden. Es war eine schöne Zeit damals. Nicht immer war es leicht für manches Kind, für manche Eltern, auch nicht für mich, aber vielleicht freuten wir uns gerade deshalb um so mehr über das Erreichte.

Doch mit dem Beginn der Arbeit traten auch Probleme an mich heran, die es zu lösen galt. Ich merkte bald, daß mein bisher erworbenes Wissen nicht ausreichte. Auch die beiden Lehrerprüfungen, die ich in den nächsten zwei Jahren ablegte, konnten nicht darüber hinwegtäuschen. Ich begann ein Fernstudium für Mathematik, dem die Physik folgen sollte. Nahezu zehn Jahre dauerte es, bis ich meine Staatsexamen abgelegt hatte.

Das war nur die eine Seite. Die Kinder hatten nicht nur fachliche Fragen. Angesichts der Entwicklung in der BRD mußte ich ihnen auch zu Krieg und Kriegsgefahr Rede und Antwort stehen. Was überzeugte und beeindruckte mehr als das persönliche Erleben?

Mir kamen die Kriegsberichte meines Großvaters aus dem ersten Weltkrieg in den Sinn. Wir hatten interessiert zugehört und waren beinahe neidisch, ihn nicht miterlebt zu haben. Aber war das Geschilderte das wirkliche Antlitz des Krieges gewesen? Hatten diese «harmlosen» Geschichten der vielen Väter und Großväter nicht auch mitgeholfen, den zweiten Weltkrieg vorzubereiten, in uns den Drang nach «männlicher Bewährung» wachzurufen? Nein, den Krieg verherrlichen, das konnte und durfte ich nicht. Aber die Kinder nur mit dem Satz abspeisen, der Krieg sei etwas Schlechtes gewesen, das war weder befriedigend noch richtig. Soldat für wen, das war doch das Entscheidende. Eine einfache Kinderfrage, der noch viele andere folgten. Sie alle richtig zu beantworten war oft schwieriger, als es mir anfangs schien. Ich spürte die Verantwortung, die auf mir ruhte. Die Kinder glaubten, sie vertrauten mir und meinen Worten. Da mußte das, was ich sagte, richtig sein, innerer Überzeugung entsprechen und wohl begründet werden.

Monate und Jahre vergingen. Während meine fachliche Ausbildung voranging, blieb die politische Seite oft etwas zurück. Daran konnte der Lehrgang in dialektischem Materialismus und Politökonomie vor dem Fernstudium nichts ändern. Ich merkte bald, daß mir die Verschmelzung von fachlichen und weltanschaulich-politischen Problemen fehlte. Dazu trübten Unzulänglichkeiten in meiner unmittelbaren Umgebung mir oft den Blick für das Wesentliche, und meine kritische Einstellung machte mir das Leben nicht immer leicht. Ohne kritisches Mitdenken erschien mir aber eine Weiterentwicklung in der eigenen Arbeit und für das Gesamte nicht möglich, auch wenn es dabei oft Widersprüche zu überwinden galt und man nicht immer auf das nötige Verständnis stieß.

Trotz aller inneren und äußeren Hemmnisse oder vielleicht gerade deshalb versuchte ich angestrengter, die Zusammenhänge zu finden und die Einseitigkeit zu bekämpfen. So erkannte ich: Die naturwissenschaftlich-technische und die gesellschaftliche Entwicklung waren keine getrennten Vorgänge, sie bedingten einander. Hatten naturwissenschaftliche Erkenntnisse nicht oft entscheidende Veränderungen im Leben der Menschen hervorgerufen? Würden der Menschheit nicht bald in der Kernfusion riesige Energiemengen zur Verfügung stehen; dadurch mußte sie eine Gesellschaftsstruktur verlangen, in der es keinen Krieg geben durfte, eine Ordnung fordern, die es unmöglich machte, daß nur wenige über die ungeheuren Kräfte verfügten, sie als Machtmittel und zur Unterdrückung benutzen konnten? Das hieße aber nichts anderes, als die notwendige Vergesellschaftung dieser Energien, ja, aller Produktionsmittel, und die Macht in die Hände derer zu legen, die von Natur aus kein Interesse an kriegerischen Auseinandersetzungen hatten, in die Hände der arbeitenden Menschen, die die Werte schufen und sie erhalten wissen wollten.

Noch unvollkommene Gedanken, aber sie waren der Schlüssel für mich zu weiteren und richtigen Erkenntnissen. Und diese mußten alle Menschen haben, wenn die Erde einmal ein mit glücklichem Leben erfüllter Planet werden sollte und sich nicht als toter Himmelskörper um die Sonne bewegte, deren Strahlen nur noch das Zerstörungswerk der alten nicht früh genug gezügelten Ordnung beleuchteten.

Für mich als Lehrer einer Naturwissenschaft bedeutete diese Erkenntnis keineswegs eine Unterschätzung der fachlichen Bildung. Gerade in der Auseinandersetzung zwischen den Gesellschaftsordnungen würden die technische Entwicklung und die ökonomische Stärke eine entscheidende Rolle spielen. Auch eine wissenschaftlich fundierte Erziehung bedurfte einer guten Bildung. Aber eine Bildung ohne Erziehung macht die Menschen blind, sie sehen nicht, was mit den Ergebnissen ihrer Arbeit geschieht, sie können nicht Freund von Feind unterscheiden und sind den Einflüssen des Gegners preisgegeben.

Eine wissenschaftlich begründete Weltanschauung, gepaart mit den Erfahrungen aus dem Kampf der Arbeiterklasse, das waren die Grundlagen zur Ausbildung eines sozialistischen Bewußtseins.

Ein Lehrer kann nur dann seinen Auftrag erfüllen, wenn er mit einem soliden fachlichen Wissen und Können, einem wissenschaftlich fundierten Weltbild und einem klaren parteilichen Standpunkt vor seine Schüler treten kann und es versteht, ihnen alles so zu geben, daß sie es mit Herz und Hirn erfassen, die Zusammenhänge und das Wesentliche sehen, überzeugt werden und danach handeln. Ich bemühte und bemühe mich, diesem Ziel nahezukommen.

Auf der Suche nach dem «Richtigen» stand ich nicht im leeren Raum, gewann ich meine Erkenntnisse nicht nur in den vier Wänden meiner Wohnung oder der Schulstube. Die aktive gesellschaftliche Arbeit führte mich in das pulsierende Leben, mitten hinein in den Wandlungsprozeß aller Bürger unseres Staates. Die Ausübung staatlicher und gesellschaftlicher Funktionen, eigene Vortragstätigkeit in den umliegenden Ortschaften und die Durchführung von Weiterbildungsveranstaltungen waren mir gute und wichtige Helfer, um nach vielen konfliktreichen Jahren den richtigen Standpunkt zu finden.

Ein Markstein meiner politischen Entwicklung war die Aufnahme als Kandidat und Mitglied der Sozialistischen Einheitspartei Deutschlands. Dieses Jahr, 1964, brachte mir auch ein Erlebnis, das mich tief beeindruckte. In der Ostseezeitung war das Bild eines sowjetischen Offiziers abgedruckt, der einen Artikel über Stralsund und Rügen veröffentlicht hatte. Schon nach dem Lesen der ersten Zeilen wurde ich stutzig. Es waren die Ereignisse geschildert, die mit der Kapitulation der Insel Rügen zusammenhingen. Jetzt betrachtete ich das Bild genauer. Neunzehn Jahre waren eine lange Zeit, aber dennoch glaubte ich ihn wiederzuerkennen, den jungen sowjetischen Hauptmann, mit dem ich am 4. Mai 1945 vom Rügendamm bis Rambin gegangen war. Oberst Zyganow stand darunter, zur Zeit in Wünsdorf bei Berlin. Je länger ich hinsah, desto stärker wurde meine Gewißheit, daß er es sein mußte. Ich schrieb an die Redaktion nach Rostock und erhielt die Adresse.

Über meine Erlebnisse, die ich in Stralsund und auf Rügen am Ende des Krieges gehabt hatte, hatte ich nie mehr gesprochen. Erst während einer Unterhaltung mit dem Geschichtslehrer unserer Schule in Richtenberg wurde die Vergangenheit ans Tageslicht geholt. Der jetzige Dr. Klaus-Peter Zoellner erzählte aus seiner Studienzeit, in der er den Auftrag erhalten hatte, Ereignisse auf Rügen vom Mai 1945 zu erforschen.

«Eine wichtige Frage blieb trotz aller meiner Untersuchungen offen», schloß er seinen Bericht über diese Arbeit, «es mußte jemand am Rügendamm gestanden haben, der den sowjetischen Truppen den kampflosen Übergang ermöglichte, aber ich konnte niemand finden.»

Sein Erstaunen war groß, als ich ihm eröffnete, daß ich es gewesen sei. Jetzt ließ er keine Ruhe, und wir trennten uns erst, als er alles erfahren hatte, an das ich mich im Moment erinnern konnte.

Nun war es heraus. Bald erschien dann auch ein Artikel in der Stralsunder Rundschau. Die ersten beiden Zeugen waren gefunden worden, Frau Koch aus Rambin auf Rügen und der Lehrer Klöhn aus demselben Ort, die in mir den ehemaligen Oberleutnant wiedererkannten.

Und jetzt, ein Jahr später, das Bild in der Zeitung. Es wurden mehrere Seiten, alles, woran ich mich erinnern konnte, schrieb ich nieder und schickte es nach Wünsdorf. Meine Spannung wuchs von Tag zu Tag, und dann hielt ich den Brief von Oberst A. I. Zyganow in der Hand. Ich war bewegt, als ich die Zeilen las. Er war es, den ich vermutet hatte. Nicht nur seine Zustimmung zum Inhalt meines Schreibens an ihn bestätigte es mir. In seinen menschlichen Zügen, der echten Freude und dem ehrlichen Empfinden erkannte ich ihn wieder. Hier seine Zeilen:

«Wünsdorf, den 2. Juni 1964

Sehr geehrter Genosse Meyer!

Ihr Brief hat mich tief bewegt. An alles, was Sie im Brief schreiben, erinnere ich mich gut. Ich habe gewiß Ihre große Hilfe, die Sie damals bei der Vollziehung der offiziellen Übergabe der Insel Rügen der Sowjetarmee geleistet haben, nicht vergessen.

Darüber habe ich in meinem Artikel nicht geschrieben, weil ich mir nicht die Aufgabe gestellt habe, alles, was dort geschehen ist, zu schildern. Der Zeitungsartikel konnte ja auch nicht groß sein. Beiläufig gesagt, habe ich über Ihre Hilfe schon mal in einer Erzählung geschrieben, die im Mai 1955 in der Zeitung ‹Tägliche Rundschau› veröffentlicht wurde. Aber damals habe ich keine Zuschrift erhalten und glaubte deshalb, die Teilnehmer der damaligen Ereignisse seien schon nicht mehr am Leben.

Es freut mich sehr zu wissen, daß das nicht der Fall ist, Sie sind am Leben und gesund und haben den richtigen Weg im Leben gefunden. Das ist eine doppelte Freude für mich.

Natürlich würde ich mich gern mit Ihnen treffen. Wie läßt sich das machen? Der Bürgermeister von Rambin, Genosse Ebert, hat mich eingeladen, wieder dorthin zu Besuch zu kommen. Im Juni wird es mir gelingen, das zu schaffen. Wir könnten uns dann mit Ihnen wieder am Rügendamm treffen, wie damals 1945, und unsere Reise nach Rambin gemeinsam fortsetzen. Was meinen Sie dazu? Das wäre sehr interessant, glaube ich. Über den Tag der Abfahrt werde ich Sie benachrichtigen.

Ich danke Ihnen nochmals für Ihren Brief. Er war eine große Freude für mich.

Mit kommunistischem Gruß
Oberst A. I. Zyganow»

Ja, wir sahen uns wieder. Am 17. Juni vormittags stand ich am Rügendamm, genau an der Stelle, wo wir uns das erste Mal begegnet waren, damals als Gegner, und heute würden wir uns als Genossen die Hand reichen.

Eine Autokolonne näherte sich. Der erste Wagen hielt, Oberst Zyganow stieg aus. Dann standen wir uns gegenüber. Fest umschlossen sich unsere Hände. Jeder hatte sich wohl einige passende Worte zurechtgelegt, aber daraus wurde nicht allzuviel. Die Freude hatte uns übermannt, und ich weiß nicht, wer glücklicher war, er oder ich. Erst als wir zusammen im Wagen Platz genommen hatten, wurden wir gesprächiger. Sehr oft mußte der Wagen halten oder langsamer fahren. «Ja, hier war es! Ich erinnere mich genau!» Das waren immer wieder seine Worte. Bis nach Rambin hinein hatten wir viel gemeinsam Erlebtes auszutauschen.

Eine Inselrundfahrt und mehrere Besichtigungen ließen die Zeit schnell vergehen. Gegen Abend verabschiedeten wir uns; für den nächsten Tag war eine Zusammenkunft mit den Historikern der Universität Greifswald vorgesehen.

Der Rat der Stadt hatte es sich nicht nehmen lassen, dieses Treffen würdig zu umrahmen. Dann setzten wir uns. Verständigungsschwierigkeiten gab es nicht. Oberst Zyganow beherrschte unsere Sprache, und der Historiker Dr. Mai hatte während seiner Studienzeit in Leningrad sehr gut Russisch gelernt. Leider konnte der ehemalige Stadtkommandant, Oberst Petershagen, nicht kommen, für ihn sprach ein Vertreter. Oberst Zyganow ließ die ganzen Geschehnisse des Kriegsendes von Greifswald bis Rügen vor unserem geistigen Auge abrollen. Alles schwieg, denn jeder spürte deutlich, was durch die humanistische Grundhaltung der sowjetischen Kriegführung und Einsicht auf deutscher Seite den Menschen in den Städten und auf der Insel erspart geblieben war.

Auch ich mußte berichten, und als ich geendet hatte, wurde Oberst Zyganow um seine Meinung gebeten. Kurz, aber inhaltsschwer waren seine Sätze.

«Ich bestätige alles, was Genosse Meyer gesagt hat; nur bei einem kann ich es nicht tun. Es ist die Verhandlung in Stralsund, die in der Nacht vor der Besetzung der Insel geführt wurde. Ich war nicht dabei, aber ich glaube dem Genossen Meyer.»

Freude und Genugtuung erfüllten mich bei diesen Worten. Es war weniger die Bestätigung der einzelnen Geschehnisse, die mich bewegte. Er glaubte mir, obwohl er nicht dabeigewesen war; das beeindruckte mich sehr. Seinem Grundsatz des Vertrauens war er treu geblieben.

Seit dieser Begegnung verbindet uns beide eine herzliche Freundschaft, und mancher Brief überbrückt die Weite zur Sowjetunion, denn Oberst Zyganow wurde inzwischen in seine Heimat zurückberufen.

Der 20. Jahrestag der Befreiung rückte heran. Da klingelte am Abend des 27. April das Telefon. Zwei sowjetische Generale wollten mich sprechen, hieß es. Sie würden am nächsten Tag in Stralsund eintreffen. Ich verlebte eine unruhige Nacht. Sollte einer von ihnen derjenige sein, dem ich in der Nacht zum 4. Mai 1945 gegenübergestanden hatte?

Mit Vertretern der Partei und des Rates der Stadt Stralsund wartete ich am Vormittag des 28. April auf die angekündigten Gäste. Dann kamen sie. Ja, der zweite, das mußte er sein, schoß es mir durch den Kopf. Er war es bestimmt, der große, breitschultrige Offizier. Zuerst aber kam Armeegeneral Fedjuninski auf mich zu. Als Generaloberst hatte er die zweite Stoßarmee befehligt.

«Sie haben damals gut gehandelt, Tausenden von Menschen das Leben gerettet und so manches vor der Zerstörung bewahrt», ließ er mir durch die Dolmetscherin sagen. Das waren zwar schöne Worte, aber ich mußte sie abschwächen, denn nur der Wille des sowjetischen Kommandos, mit möglichst wenig Opfern das faschistische Regime zu zerschlagen, hatte meine Handlungsweise zum Erfolg geführt. Als meine Antwort übersetzt war, wurde sein Gesicht ernst.

«Vergessen Sie nicht», sagte er, «was auf dem Spiel stand. Die Ziele für die Flugzeuge und Geschütze waren ausgemacht, und sie hätten gesprochen, wenn die Bedingungen nicht eingehalten worden wären.»

Doch dann stand ich Generaloberst Ljastschenko gegenüber. Er hatte als Generalmajor die 90. Ropschaer Schützendivision befehligt. Seine Begrüßung war so herzlich, daß ich meinen Arm noch lange spürte; unsere Staturen waren doch sehr unterschiedlich.

«Erinnern Sie sich noch, Genosse Generaloberst», sagte ich, «als ich in der Nacht zum vierten Mai bei Ihnen war? Sie saßen auf einem Sofa, und Ihre breite Gestalt füllte es ziemlich aus.»

Er antwortete sofort: «Daran erinnere ich mich noch genau, und es war gut, daß Sie gekommen waren. Wie konnte der General Hauschulz nur seine Soldaten im Stich lassen!» Dann aber lachte er herzlich. «Was meine Gestalt angeht, Sie sehen, in der letzten Zeit ist hier noch etwas dazugekommen.» Er zeigte auf eine leichte Rundung unter seinem Uniformrock.

Wir stimmten in das frohe Lachen ein und setzten uns an einen Tisch. Während der weiteren Unterhaltung stand Generaloberst Ljastschenko auf, ging an seine Tasche und holte ein Bild heraus, dessen Rückseite er beschrieb. Dann reichte er es mir herüber und sagte: «Sehen Sie, das sind die jungen Burschen, die am Rügendamm angetreten waren.»

Mit ernstem Gesicht nahm ich das Bild in Empfang. Diese Kinder hatte ich also aus den Löchern geholt. Sie lebten. Vielleicht erkennt der eine oder andere sich wieder, wenn er dieses Foto sieht.

Als vor dem Rathaus noch einige Aufnahmen gemacht wurden, nahm mich Generaloberst N. G. Ljastschenko beiseite und forderte den Fotografen auf, doch von uns beiden ein Bild zu machen. So geschah es, und gleich anschließend rollten die Wagen zum Neuen Markt. Wir blieben etwas zurück, als die sowjetischen Offiziere an die Gräber ihrer gefallenen Soldaten traten. Es waren die Rotarmisten, die während der Schießerei bei Brandshagen ihr Leben lassen mußten, weil Generalmajor Hauschulz unbedingt «sein» Gefecht vor Stralsund haben wollte. Ich hatte es nicht verhindern können, weil ich nichts davon wußte. In der Stadt fiel keine Granate, weil die sowjetische Führung trotz dieser Provokation bei ihrem Entschluß blieb, keine schweren Waffen einzusetzen.

Die Wagen fuhren weiter. Über den Sund ging die Fahrt bis an die Stelle, wo der Rügendamm begann. Wir stiegen aus. Generaloberst N. G. Ljastschenko erinnerte sich gut. Hier standen wir uns an jenem Morgen des 4. Mai gegenüber, und dort – er zeigte zu den Häusern an der ehemaligen Anlegestelle der Fähre hinüber – hatte er sein Stabsquartier aufgeschlagen.

Es wurde wieder ein erlebnisreicher Tag für mich. Natürlich freute ich mich über die erneute Bestätigung und die Würdigung meiner Handlungsweise aus dem Munde dieser beiden Offiziere. Aber besonders berührte mich die Herzlichkeit, mit der sie mir begegneten.

Einige Tage später sahen wir uns in Greifswald bei einer Historikerkonferenz wieder. Vor einer Arbeitsgruppe sprach auch Generaloberst Ljastschenko. Als er geendet und sich von seinen Zuhörern verabschiedet hatte, nahm er plötzlich Oberst Petershagen und mich an seine Seite und fand nochmals herzliche und anerkennende Worte für das, was damals Greifswald, Stralsund und Rügen erspart geblieben war.

Dieses Wiedersehen mußte ihn stark aufgerüttelt haben, immer wieder schüttelte er unsere Hände.

Mein Zusammentreffen mit den sowjetischen Offizieren, die unmittelbar an dem damaligen Geschehen beteiligt gewesen waren, hatte das Interesse für diese Ereignisse wachgerufen. Deutsche und besonders sowjetische Journalisten suchten mich auf, um nähere Einzelheiten von mir zu erfahren. Sehr oft wurde die Frage an mich gerichtet, was mich bewogen hätte, in den letzten Tagen des Krieges so zu handeln. Viele von ihnen habe ich bestimmt enttäuscht, denn ich war kein Widerstandskämpfer, gehörte nicht zu denen, die das Wesen des Faschismus erkannt und bewußt gegen ihn gekämpft hatten. Ich war stets, außer der Genesungszeit nach meinen Verwundungen, an der Front gewesen, wo sich nur Soldaten gegenüberlagen. Hier glaubte ich, meine Pflicht erfüllen zu müssen, und tat es auch. Erst in Stralsund stand ich plötzlich einer ganz anderen Situation gegenüber und sah dadurch auch meine Vorgesetzten und die politisch Verantwortlichen in einem ganz anderen Licht.

Auf Grund meines Dienstgrades als Oberleutnant und meiner Dienststellung konnte ich keine großen Entscheidungen treffen, sondern nur meine Stimme gegen den sinnlosen Widerstand erheben und das in meinen Kräften Stehende tun, um der Vernichtung entgegenzuwirken. Zu dieser Einstellung brachten mich eben die Lage in Stralsund, die Menschen, die mir begegnet waren, besonders aber die Haltung meiner Vorgesetzten, die sich vorgenommen hatten, Stadt und Insel trotz der aussichtslosen Lage um des eigenen Ichs willen zu opfern. Während der letzten Nacht in Frankenthal, als ich dann auf mich allein gestellt war, die Verantwortung und die Möglichkeit, etwas zu tun, bei mir lagen, da sah ich sie noch einmal vor mir, die vielen Menschen in den Ortschaften, die ahnungslosen Soldaten an der Küste und die geflüchteten Generale und hohen Nazis. Ich entschied mich zu bleiben und hatte jetzt nur noch einen Gedanken, das Leben zu erhalten und jedes Blutvergießen und jede Verzögerung zu vermeiden.

Nicht weniger oft wurde ich aufgefordert, alles, was sich seinerzeit ereignet hatte, niederzuschreiben. Anfangs konnte ich mich nicht recht dazu entschließen; ich war weder Historiker noch Literat, aber als dann die Partei und der Militärverlag der Deutschen Demokratischen Republik sich der Sache annahmen, begann ich mit der Arbeit, ohne jedoch meine Tätigkeit als Lehrer und Fachberater zu unterbrechen.

So forschte ich zunächst nach Teilnehmern dieser Kämpfe,

sprach mit sehr vielen, um nicht zuletzt meinem Erinnerungsvermögen nachzuhelfen und Bestätigungen zu finden. Noch einmal holte ich die Vergangenheit, die ich überwunden hatte, Stück für Stück hervor, und ich muß gestehen, sollten noch Lücken in meiner Entscheidung, damals wie heute, gewesen sein, jetzt wurden sie geschlossen.

Als ich mit Gerhard Hartmann an der Stelle bei Brandshagen stand, wo damals das letzte Gefecht vor Stralsund stattgefunden hatte, meinte er: «Jetzt kommt mir alles so richtig zu Bewußtsein, was diese Verbrecher damals aus uns gemacht haben und mit uns vorhatten. Und ein großer Teil von ihnen hat in der BRD wieder die politische und die wirtschaftliche Macht in seinen Händen. Sie wußten, wohin sie flüchten mußten und konnten. Mir hat's damals gereicht, und ich bin froh, daß ich hier lebe, daß unser Staat einen starken Freund hat. Und auf diese Menschen habe ich damals geschossen, statt das Gewehr umzudrehen. Es ist unfaßbar.»

Seine Worte, mit denen er Vergangenheit und Gegenwart verband, stimmten. Als sich die Faschisten ihrer vernichtenden Niederlage bewußt geworden waren, versuchten sie ihre Herrschaft zu retten, indem sie sich den westlichen Mächten als Bündnispartner gegen die sozialistische Sowjetunion anboten. Auch der versuchte Großangriff 1944 in den Ardennen sollte nur dem Ziel dienen, den Westmächten zu zeigen, welch starker Bündnispartner sie noch waren. Doch die Sowjetunion zerschlug den faschistischen Machtapparat und seine Spekulationen.

In der Unterzeichnung des Potsdamer Abkommens und in dem Nürnberger Prozeß glaubten die Völker den endgültigen Schlußstrich zu sehen, eine Wiederkehr des Faschismus erschien ihnen nicht mehr möglich. Heute jedoch müssen wir erleben, wie faschistische Elemente wieder ihr Haupt erheben und sich Gruppen und Parteien bilden, zwar unter anderem Namen, aber mit der gleichen Zielstellung wie damals. Sehr deutlich trat mir vor Augen, wie die Gefühle der Menschen, wie die Begriffe Vaterland, Ehre, Heimat und viele andere für den Krieg mißbraucht wurden und heute dem gleichen Ziel dienen sollen wie einst. Wieder ist es der Antikommunismus, der die Menschen verblenden soll. Mit seiner Hilfe trieb der deutsche Imperialismus die Massen in den Tod. Heute rechnen dieselben Kräfte mit dem Vergessen und versuchen, die Vergangenheit zu bewältigen, indem sie sie verfälschen.

Meine vielen Gespräche mit den Menschen, die den Krieg bis zur Neige auskosten mußten, zeigten mir das wahre Bild der Vergangenheit und halfen mit, die Gegenwart richtig zu sehen. So ausgerüstet, begann ich mit dem Schreiben.

Nun liegt das Buch vor, das weder den Anspruch auf ein literarisches Werk noch auf Vollständigkeit erhebt. Ich bemühte mich lediglich, möglichst viele Geschehnisse zu erfassen.

Was sich damals ereignete, was ich erlebte und schilderte, darf sich nicht wiederholen. Die beste Garantie dafür sind die bewußte Stärkung unseres Staates durch gute Arbeit, die feste Freundschaft zur Sowjetunion, die Erziehung unserer Kinder zu Sozialisten und ein festes Bündnis aller fortschrittlichen Kräfte der Welt.

Sollte mein Schreiben ein wenig zu diesen Erkenntnissen beigetragen haben, sollten die Jüngeren erkennen, daß sie in einem Staat leben, dessen Politik ihnen so etwas ersparen will, und daß es sich lohnt, für ihn alles zu tun, dann hat dieses Buch seinen Zweck erfüllt.

Ich möchte nicht schließen, ohne denen noch einmal gedankt zu haben, die mir damals wie heute halfen. Es waren die sowjetischen Offiziere Armeegeneral Fedjuninski, Generaloberst Ljastschenko und Oberst Zyganow, es waren aber auch die Bezirksleitung meiner Partei und der Militärverlag der Deutschen Demokratischen Republik. Ich danke auch den Genossen Dr. Klaus-Peter Zoellner, Professor Dr. Lothar Elsner und Dr. Joachim Mai, die mir in den letzten Jahren zur Seite standen, aber auch den vielen Frauen und Männern, die mich durch ihre Aussagen bei den Nachforschungen unterstützten.

Gewidmet sei das Buch der deutsch-sowjetischen Freundschaft.

Nachwort

Im Mai 1964 baten mich Genossen von der Politischen Hauptverwaltung der NVA für die Zeitung «Volksarmee» um einen Artikel, der dem 19. Jahrestag der Befreiung Deutschlands vom Faschismus gewidmet sein sollte. Ich übernahm gern diesen Auftrag. Ich wollte den deutschen Lesern von den Gedanken und Stimmungen der sowjetischen Soldaten und von ihren Erwartungen und Hoffnungen erzählen, als sie mit dem Gewehr in der Hand erbitterte Kämpfe auf dem Territorium Deutschlands führten, um den Faschismus zu vernichten und das deutsche Volk von der Hitlertyrannei zu befreien. Wir glaubten bereits damals daran, daß die besten Kräfte des deutschen Volkes nach dem Sieg über den Faschismus den Weg zum Aufbau einer neuen, hellen Zukunft – des Sozialismus und Kommunismus – mit dem Sowjetvolk gemeinsam gehen werden.

Diese Gedanken der sowjetischen Soldaten waren nicht gute Wünsche schlechthin. Nein, wir sahen und wußten, daß im Kampf gegen den Faschismus die besten Söhne des deutschen Volkes wie Ernst Thälmann, Wilhelm Pieck, Walter Ulbricht und Tausende anderer deutscher Patrioten, die in der Illegalität in Deutschland oder an der sowjetisch-deutschen Front als Vertreter des Nationalkomitees «Freies Deutschland» wirkten, auf unserer Seite waren. Als die sowjetischen Truppen in ihrem Kampf gegen die Faschisten, die erbitterten Widerstand leisteten, ins Innere Deutschlands vorrückten, konnte man im Verhalten einzelner deutscher Soldaten und Offiziere neue Momente entdecken. Einige von ihnen sahen die Sinnlosigkeit eines weiteren Widerstands ein und wollten ihr Schicksal nicht mit dem Schicksal Hitlers verbinden. Die Handlungsweise von Oberst Petershagen in Greifswald und die darauffolgenden Ereignisse in Stralsund und auf Rügen bestätigten das.

Über all das wird auch in dem Artikel «Freundschaft für immer» gesprochen, der im «Neuen Deutschland» veröffentlicht wurde. Bald danach bekam ich Briefe von deutschen Lesern. Unter diesen

Briefen war einer, der mich überraschte und unsagbar freute. In dem Verfasser des Briefes erkannte ich den Mann wieder, an den ich in den Nachkriegsjahren oft gedacht habe, von dem ich meinen Freunden erzählt habe und wobei ich mir in diesem Zusammenhang Vorwürfe gemacht habe, daß mir damals nicht der Gedanke gekommen war, seine Adresse in meinem Soldatennotizblock zu notieren.

Uns hatte der Krieg miteinander bekannt gemacht oder, genauer gesagt, unsere gemeinsamen Handlungen, die auf schnellste Beendigung des Krieges im Norden Deutschlands gerichtet waren. Am 4. Mai 1945 begab sich der damalige Kommandeur der 90. Suworow-Rotbannerdivision und heutige Armeegeneral Nikolai Grigorjewitsch Ljastschenko mit einer kleinen Abteilung zur Insel Rügen, um gemäß der Kapitulationsurkunde, die am 3. Mai vom Kommandanten der Insel Rügen, Generalmajor Hauschulz, unterzeichnet worden war, die Insel zu besetzen. Am Ufer neben der Rügendammbrücke erwartete eine Gruppe von deutschen Soldaten und Unteroffizieren General Ljastschenko. Es waren auch Offiziere dort, aber General Hauschulz war nicht unter ihnen ... Gemäß den Kapitulationsbedingungen sollte er den Kommandeur der 90. Suworow-Division empfangen und ihm die Insel übergeben.

N. G. Ljastschenko hielt unsere Abteilung an und gab mir den Befehl, die Lage zu klären. Als ich den deutschen Soldaten entgegenging, sah ich, daß sie alle unbewaffnet waren. Ein paar Schritte vor dieser Soldatengruppe stand ein großer, schlanker Oberleutnant. Das war der Adjutant von General Hauschulz, Hans-Jürgen Meyer. Da ich nichts von der Flucht des deutschen Generals wußte und mir auch die Tatsache nicht bekannt war, daß Meyer in dieser Nacht in Stralsund im Stab der 90. Suworow-Division gewesen war, fragte ich ihn, wo sich General Hauschulz befinde und warum er nicht die Kapitulationsbestimmungen einhielte.

Meyer antwortete, daß Hauschulz von der Insel geflohen sei und daß er der Garnison nicht den Befehl zur Kapitulation gegeben habe. Ich teilte N. G. Ljastschenko die Worte Meyers mit. Der General dachte nach. Wir wußten nicht genau, was auf der Insel vorging. Nikolai Grigorjewitsch faßte den Entschluß, am Südzipfel der Insel das Dorf Altefähr zu besetzen und es als Brückenkopf zu behaupten, um den Verstärkungstruppen den Zugang zu ermöglichen. Mir wurde die Aufgabe gestellt, ins Innere der Insel vorzurücken, um den deutschen Soldaten unsere Absichten klarzumachen und die Überzeugungsarbeit zu organisieren, daß sie sich gefangengeben sollten.

Nikolai Grigorjewitsch gab der Gruppe, die sich ins Innere der Insel begeben sollte, beim Abschied mit auf den Weg, vorsichtig zu sein. Er wies auf den Ernst der Lage hin und sagte: «Zieht über alles genaue Erkundigungen ein. Ich werde in Altefähr sein. Denkt daran, daß die Heimat euch nicht vergißt.» Zu dieser Gruppe gehörten außer mir noch zwei Soldaten aus der Aufklärungskompanie der Division, an deren Namen ich mich nicht erinnere, sowie der Kameramann Hauptmann Samuil Abramowitsch Dawidson, der aus dem Stab der 2. Belorussischen Front zu uns gekommen war, und der Oberleutnant der Wehrmacht Hans-Jürgen Meyer.

In dem vorliegenden Buch beschreibt Hans-Jürgen Meyer eingehend und wahrheitsgetreu die weiteren Ereignisse, die mit der Befreiung der Insel in Zusammenhang stehen, und es ist deshalb nicht notwendig, im Nachwort darauf besonders einzugehen. Ich möchte nur erwähnen, daß mir bald klargeworden war, daß wir Meyer vertrauen konnten.

Uns kamen Kolonnen von unbewaffneten deutschen Soldaten mit weißen Flaggen entgegen, um sich in Gefangenschaft zu begeben. Jemand muß doch mit diesen Soldaten in der vergangenen Nacht gesprochen, ihnen die entstandene Lage klargemacht und ihnen den richtigen Rat für ihr weiteres Verhalten gegeben haben, kam es mir in den Kopf. Aber ich stellte Meyer diese Frage damals nicht, und er selbst sagte nichts darüber, da er offenbar annahm, daß die Rolle, die er gespielt hatte, um die Soldaten davon zu überzeugen, den Widerstand auf der Insel Rügen aufzugeben, mir auf Grund seines nächtlichen Besuchs in Stralsund bekannt sein müßte. Meyer hatte selbstlos und mutig gehandelt. Auf unserem Weg begegneten uns Gruppen deutscher Soldaten, die noch unschlüssig waren, die nicht wußten, was sie tun sollten. Es gab auch Betrunkene unter ihnen, die, wie man sagt, «keine Gefahr kannten». Zu ihnen ging Meyer und veranlaßte sie, aus ihren Löchern und Unterständen herauszukommen. Die Soldaten traten an, streckten die Waffen, und mir blieb nur noch übrig, ihnen die Passierscheine für die sowjetische Gefangenschaft auszuhändigen, ihnen zu zeigen, wohin sie gehen mußten, und Hauptmann Dawidson aufzufordern, diese Szenen zu filmen. Es ist schwer zu sagen, wie alles vonstatten gegangen wäre und was unser weiteres Schicksal gewesen wäre, wenn nicht der Oberleutnant Hans-Jürgen Meyer bei uns gewesen wäre.

Uns trennt jetzt fast ein Vierteljahrhundert von jenen denkwürdigen Ereignissen. Die Wunden des Krieges sind längst geheilt. Im östlichen Teil Deutschlands wurde der erste Arbeiter-und-Bauern-Staat in der Geschichte des deutschen Volkes gegründet, der zuversichtlich den Weg des Sozialismus geht. Eine enge, brüderliche Freundschaft verbindet heute das sowjetische Volk und die Werktätigen der DDR. Uns, die Teilnehmer des Großen Vaterländischen Krieges, und alle sowjetischen Menschen freuen die Erfolge der Werktätigen der DDR, die den Weg des Sozialismus und der deutsch-sowjetischen Freundschaft gehen. Wir sehen, daß die Opfer, die von den sowjetischen Menschen im Namen der Freiheit der Völker Europas gebracht worden sind, nicht vergeblich waren. Schon damals, als die Geschütze krachten und Blut floß, stellten die sowjetischen Soldaten niemals das deutsche Volk und die deutschen Faschisten auf eine Stufe.

Ich hatte in den Nachkriegsjahren mehrmals Gelegenheit, die DDR zu besuchen, und jedesmal entdeckte ich etwas Neues, etwas, was vorher noch nicht vorhanden war. Aber das wichtigste war – es waren neue Menschen herangewachsen, die unter der Führung der SED zu Erbauern des neuen Lebens geworden sind.

Leider ist die BRD einen anderen Weg gegangen. Hier herrschen wieder die Kräfte der Reaktion und Revanche – dieselben Kräfte, die Deutschland schon einmal in eine Katastrophe geführt haben.

Das Buch ist ein wahrheitsgetreuer und ehrlicher Bericht über die Gefahren, denen das deutsche Volk ausgesetzt ist, wenn es sich von der Ideologie des Nationalismus und Chauvinismus verleiten läßt.

Der mutige Bericht des Autors über den unheilvollen Einfluß der nationalistischen und chauvinistischen Ideologie auf das deutsche Volk in den Jahren des Faschismus macht dieses Werk sehr aktuell und widerlegt jene, die die Gefahr dieser Ideologie für die Bevölkerung der BRD bagatellisieren möchten.

Meyer verheimlicht nicht, daß er, als er unter den Einfluß der nazistischen Ideologie geraten war, sogar stolz war, daß er zum Offizier der Wehrmacht ernannt worden war, und er sah fast während des ganzen Krieges «seine Pflicht» darin, wie er schreibt, «als Soldat an der Front zu sein». Die Einsicht kam erst später. Erst im Endstadium des Krieges begann er zu verstehen, daß die Interessen des deutschen Volkes den Interessen der Hitlerclique und des deutschen Imperialismus überhaupt entgegengesetzt waren.

Das vorliegende Buch unterscheidet sich von früher veröffentlichtem Material über die Ereignisse auf der Insel Rügen, weil in ihm nicht nur umfangreiches Tatsachenmaterial gesammelt wurde, sondern auch das Schicksal der unmittelbaren Teilnehmer dieser Ereignisse, so gut es nach 25 Jahren möglich war, geschildert wird. Viele von ihnen, die sich wie der Autor des Buches vom nationalistischen und chauvinistischen Taumel befreit hatten, fanden als aktive Erbauer des Sozialismus ihren Platz im neuen Deutschland. Meyer zeigt mit großer Eindringlichkeit in seinem Buch den Humanismus der sowjetischen Soldaten und entlarvt die Verleumdungen gegen die Sowjetarmee, mit denen das deutsche Volk gezwungen werden sollte, bis zur letzten Patrone, bis zum letzten Mann zu kämpfen.

Die faschistischen Generale Hauschulz und Breusing, von denen in dem Buch die Rede ist, waren zu jeder Lüge und zu jedem ungeheuerlichen Verbrechen bereit, um ihre unabwendbare Niederlage, ihren unvermeidlichen Untergang hinauszuzögern – und wenn es nur für einen Tag oder für eine Stunde gewesen wäre.

Was war für sie schon der Tod deutscher Kinder, Frauen und alter Leute, sie dachten doch nur daran, ihre eigene Haut zu retten. Die sowjetischen Generale I. I. Fedjuninski und N. G. Ljastschenko, die das entschiedene Übergewicht der Kräfte besaßen, das ausgereicht hätte, um den Gegner im offenen Kampf zu vernichten, verhandelten geduldig mit den faschistischen Generalen, um sie nicht nur von der Sinnlosigkeit, sondern auch von dem verbrecherischen Charakter eines weiteren Widerstands der deutschen Truppen zu überzeugen.

Die sowjetischen Generale erreichten ihre Absicht, und die deutschen Truppen kapitulierten auf der Insel Rügen trotz des verräterischen Verhaltens der faschistischen Generale. Hunderte Deutsche wurden vor dem möglichen Tod und ihre Häuser und ihr Eigentum vor der Vernichtung gerettet. Was war jetzt noch die bösartige, verleumderische Propaganda über die «Greueltaten der Bolschewiki», die die Faschisten damals verbreitet hatten und die von neonazistischen Kräften in der BRD heute noch vertreten wird. Diese Herren sollten das Schicksal ihrer Vorgänger nicht vergessen. Das vorliegende Buch ist ein wichtiger Beitrag zur weiteren Festigung der deutsch-sowjetischen Freundschaft.

Oberst A. Zyganow

Anhang

Meine Arbeit unterstützten folgende Genossen und Freunde, indem sie mir Material übergaben, mich berieten, mir Hinweise und Ratschläge gaben:
Armeegeneral Iwan Iwanowitsch Fedjuninski, Armeegeneral Nikolai Grigorjewitsch Ljastschenko, Oberst Alexander Iljitsch Zyganow, Arnold Bünger, Rostock; Elfriede Bünger, Rostock; Herr Elgeti, Jarkvitz, jetzt Stralsund; Dr. Friedjung Glatzer, Stralsund; Gerhard Hartmann, Rostock; Frau Hoenartsch, Stralsund; Paul Januszewski, Wismar; Charlotte Jürgens, Grahler Fähre; Fritz Kempe, Sellin; Peter Klöhner, Kl. Bandelvitz; Walter Klöhn, Bergen-Süd; Frau Koch, Rambin; Rudolf Kotke, Glewitz; Gerhard Lange, Rostock; Wilhelm Lange, Rostock; Gerd Meier, Brandshagen; Walter Miklis, Altefähr; Ewald Müller, Stralsund; Otto Predel, Lietzow; Jochen Preußler, Rostock; Gärtner Quinnert, Stralsund; Ernst Saffran und Frau, Samtens; Heinz Schuldt, Stralsund; Kurt Schultz, Glewitzer Fähre; Wilhelm Schultz, Neu Lüdershagen; Karl Schultz, Stralsund; Ernst Schwabe, Bergen; Anneliese Vierck, Altefähr; Familie Volt, Andershof; Friedrich Waskow, Stahlbrode; Otto Zessin, Prohn.

Aus dem Stadtarchiv Stralsund wurden mir Aufzeichnungen von Otto Köpnick, Otto Kortüm und Paul Reetz zur Verfügung gestellt. Der Bericht über die Mission von Pfarrer Radek geht auf dessen Beitrag in den Stralsunder Monatsheften (Oktober 1957) zurück.

Für die Erarbeitung des Manuskripts benutzte ich folgende Literatur:

Geschichte des Großen Vaterländischen Krieges, Band 1–5, Berlin 1962–1967; Marschall der Sowjetunion G. K. Shukow, Erinnerungen und Gedanken, Berlin 1969; Die Entwicklung der Arbeiterbewegung in Stralsund; Dr. Joachim Mai, Vom Narew bis an die Elbe, Berlin 1965; G. L. Rosanow, Das Ende des Dritten Reiches, Berlin 1965; Walter Börst, Bilder aus Rügens Vergangenheit; Dr. Klaus-Peter Zoellner, Seminararbeit Rügen.